中国西部地区绿色发展研究

——以GEF三期项目省区为例

柯水发 等 著

中国书籍出版社
China Book Press

光明日报出版社

图书在版编目（CIP）数据

中国西部地区绿色发展研究：以 GEF 三期项目省区为例/柯水发 等著 . —北京：中国书籍出版社：光明日报出版社，2020.11

ISBN 978－7－5068－8065－7

Ⅰ.①中… Ⅱ.①柯… Ⅲ.①西部经济—绿色经济—区域经济发展—研究 Ⅳ.①F127

中国版本图书馆 CIP 数据核字（2020）第 210606 号

中国西部地区绿色发展研究——以 GEF 三期项目省区为例

柯水发 等著

责任编辑	毕 磊
责任印制	孙马飞 马 芝
封面设计	中联华文
出版发行	中国书籍出版社 光明日报出版社
地 址	北京市丰台区三路居路 97 号（邮编：100073）
电 话	（010）52257143（总编室） （010）52257140（发行部）
电子邮箱	eo@chinabp.com.cn
经 销	全国新华书店
印 刷	三河市华东印刷有限公司
开 本	710 毫米×1000 毫米 1/16
字 数	313 千字
印 张	18
版 次	2020 年 11 月第 1 版 2020 年 11 月第 1 次印刷
书 号	ISBN 978－7－5068－8065－7
定 价	75.00 元

版权所有 翻印必究

本书著者

一、主要著者
柯水发　何友均　叶　兵　宋增明

二、参著人员
卢　琦　沈泽昊　张　坤　Pak Sum Low
卢　平　黄永强　白立强　康　宏　陈　杰
李延德　周晓雷　刘　晓　王　山　窦红旗
赵铁珍　严如贺　冯琦雅　王宝锦　乔　丹
张晓晓　卢洋啸　马磊娜　李乐晨　李萌萌
郭乃铭

前　言

2002年10月，中国政府与全球环境基金（GEF）建立干旱生态系统土地退化防治伙伴关系，这是二者在土地退化领域建立的第一个伙伴关系，旨在通过引入综合生态系统管理（IEM）理念和建立利益相关方的伙伴关系，促进生态与民生改善。PRC-GEF干旱生态系统土地退化防治伙伴关系框架二期项目于2010年5月启动，2013年6月30日结束。为了继续推进中国西部地区的土地退化防治，应对气候变化，全球环境基金理事会于2014年6月正式批准"中国西部适应气候变化的可持续土地管理项目（三期项目）"。项目在青海、甘肃、陕西、内蒙古、四川、贵州六省（区）实施，期限三年，内容包括：推广可持续土地管理，提高生态系统应对气候变化的能力，改善退化土地管理，支持农村生计改善和绿色发展，通过加强可持续土地管理机制和能力建设推广可持续土地管理等。

绿色发展是西部退化土地地区发展的重要方向。可持续土地管理是西部绿色发展的重要内容和核心路径。2013年4月9日，《联合国防治荒漠化公约》第二次科学会议在德国波恩召开。会议发布的研究报告显示，全球土地退化导致的损失已相当于全球农业领域国内生产总值（GDP）的5%。2017年9月，《联合国防治荒漠化公约》第十三次缔约方会议所提出的"实现2030全球土地退化零增长目标"。中国绿化基金会与国际绿色经济协会于2017年9月10日在鄂尔多斯市国际会展中心联合举办了"荒漠化治理与绿色经济峰会"，主题为"发展绿色经济，推动荒漠化可持续治理"。GEF三期项目"中国西部适应气候变化的可持续土地管理项目"组分二内容为："加强退化土地管理，支持农村生计改善和绿色发展"。围绕退化土地可持续管理，设计了一系列绿色发展活动，如林下生态种植、林下绿色养殖、观光采摘农业示范、刺梨节水示范林、猕猴桃枝蔓粉碎还田技术示范及推广活动、生物堆肥技术示范及推广活动、森林病虫害生态防治活动等。

2016年9月，本书第一著者柯水发老师有幸以"绿色发展专家"身份加入

"中国林业科学研究院林业科技信息研究所"组织的专家组成员参加咨询项目竞标，并最终于2017年6月竞标成功。2017年8月3日，中国西部适应气候变化可持续土地专家咨询项目启动会和专家组工作讨论会召开，标志着专家工作全面正式启动。本书是专家咨询成果之一。

  本书内容包括八章，第一章节主要介绍了绿色发展的理论体系，以及我国的绿色发展行动；第二章主要介绍了西部地区绿色发展状况、框架以及路径；第三至五章主要介绍了农业、林业和草畜业的绿色发展状况及绿色发展模式；第六章主要介绍了西部地区的农村生活特点及具体模式；第七章主要介绍了项目省市区域以及GEF活动层面的绿色发展模式案例；第八章为GEF项目典型示范村的绿色发展调研分析报告。

  希望本书可为从事绿色发展研究和具体实践的相关人员提供一些有益的参考或借鉴。

  由于本书作者的时间和能力有限，本书不足之处敬请各位读者批评指正！

2019年12月20日

目 录
CONTENTS

第一章 中国绿色发展的理论与行动 ········· 1
  第一节 绿色发展理论 ········· 1
  第二节 中国绿色发展的政策、制度与行动 ········· 6
  第三节 中国绿色发展状况评价 ········· 12

第二章 中国西部地区的绿色发展 ········· **25**
  第一节 中国西部地区概况 ········· 25
  第二节 西部地区绿色发展研究成果概述 ········· 32
  第三节 西部地区绿色发展的主要制约因素分析 ········· 39
  第四节 西部地区绿色发展的政策举措与具体行动 ········· 51
  第五节 西部地区的绿色发展框架与路径 ········· 58

第三章 中国西部地区农业绿色发展分析 ········· **75**
  第一节 中国西部地区主要项目省份的农业生产状况及特点 ········· 75
  第二节 中国西部六个项目省区农业绿色发展状况 ········· 81
  第三节 中国西部地区主要项目省份的农业绿色生产模式 ········· 92
  第四节 本章小结 ········· 97

第四章 中国西部地区林业绿色发展分析 ········· **98**
  第一节 中国西部六个项目省区林业生产状况及特点 ········· 98
  第二节 中国西部六个项目省区林业绿色发展状况 ········· 103
  第三节 中国西部六个项目省区林业绿色生产具体模式 ········· 116
  第四节 本章小结 ········· 119

第五章 中国西部地区的草畜业绿色发展分析 ············ **121**
- 第一节 中国西部六个项目省区草畜业生产状况及特点 ········ **121**
- 第二节 中国西部六个项目省区草畜业绿色发展状况 ········ **128**
- 第三节 中国西部六个项目省区草畜业绿色生产具体模式 ······ **136**
- 第四节 本章小结 ····························· **140**

第六章 中国西部六省区的农村绿色生活 ··············· **143**
- 第一节 中国西部地区六个项目省区农村生活特征分析 ······· **143**
- 第二节 中国西部地区绿色生活的具体模式分析 ··········· **164**
- 第三节 本章小结 ····························· **179**

第七章 西部地区绿色发展模式探索 ·················· **181**
- 第一节 市域区域层面的绿色发展模式 ················ **181**
- 第二节 企业层面的绿色发展模式 ··················· **191**
- 第三节 其他绿色发展模式 ······················· **203**

第八章 GEF项目示范村绿色发展实践分析 ············· **218**
- 第一节 四川筠连县春风村项目创新点绿色发展分析 ········ **219**
- 第二节 甘肃省平凉市崆峒区新李村绿色发展分析 ·········· **223**
- 第三节 青海大通县将军沟村绿色发展活动投入与产出分析 ···· **234**
- 第四节 GEF项目创新示范点农户绿色生产和绿色生活状况分析 ·· **242**

参考文献 ·································· **259**

鸣　谢 ···································· **275**

第一章

中国绿色发展的理论与行动

第一节 绿色发展理论

一、绿色发展的提出

(一) 绿色发展的全球背景

自1962年美国学者蕾切尔·卡逊（Rachel Carson）发表《寂静的春天》以来，经过1972年的《只有一个地球》和联合国人类环境会议、1987年《我们共同的未来》和1992年联合国里约环境与发展大会，一直到2011年的《迈向绿色经济》和"里约+20"联合国可持续发展会议，世界性的绿色浪潮可分为三次。当前的绿色经济是世界绿色浪潮发展演进的新成果，具有与以往的绿色浪潮不同的时代背景，具有对传统的褐色经济进行范式更替的革命意义。

第一次绿色浪潮——环境主义的浪潮。第一次绿色浪潮发生在20世纪60—70年代，实践上是经济增长对资源环境的负面影响被发现，理论思考以《寂静的春天》和《只有一个地球》等著作为代表，制度性事件是1972年的斯德哥尔摩联合国人类环境会议，提出环境保护应该成为发展的重要方面。第一次绿色浪潮的理论成果，一是对追求无限增长的经济增长模式提出了批评和反思，指出褐色经济在经济增长的同时没有带来所期望的环境和社会的发展。二是强调从末端治理的角度消除经济增长的负面环境影响，具有先污染后治理的特征，环境保护部门开始成为环境治理的体制力量。总体上，第一次绿色浪潮是在经济系统之外考虑环境问题，没有涉及经济发展模式本身，本质上属于对传统经济的补救。1972年出版的《增长的极限》，超前性地提出用强可持续性的模式替代无限增长的褐色经济模式，但是经济增长的生态极限尚没有显现，因此难以成为理论思考和政策制定的主流。同年,在瑞典首都斯德哥尔摩召开第一次人类环境与发展会议,与会的133个国家的1300多名代表出席,发表了《人类环境宣言》。

第二次绿色浪潮——弱可持续的浪潮。第二次绿色浪潮发生在20世纪80—90年代,实践上是要制止经济增长与资源环境退化的分裂状况,理论思考以《我们共同的未来》和《倍数4》等著作为代表,制度性事件是1992年的里约联合国环境与发展会议,确立了可持续发展战略。第二次绿色浪潮的理论成果:一是提出了基于弱可持续发展的绿色思想,强调经济、社会、环境等三个支柱总和意义上的非减发展,认为只要经济增长的成果能够充抵资源环境退化,发展仍然是可持续的;二是从末端治理进入生产过程,提出了经济增长的绿色化改进,重点是提高资源环境的生产效率。总体上,第二次绿色浪潮要求在经济模式不变的情况下提高效率,没有考虑经济模式本身需要变革。1989年Pearce出版《绿色经济的蓝图》,区分弱可持续性和强可持续性,指出前者强调经济、社会、环境三个支柱的总和进步,只要经济增长能抵消环境和社会损失,就是可持续发展;而后者强调可持续发展的关键是自然资本如地球生态服务等的非减化,如果不是,那么即使有很大的经济增长,也不是可持续发展。但是当时的主流采纳了弱可持续发展作为政策依据。1992年,联合国环境与发展大会召开,将"可持续发展"由理论上升为国际社会共同推行的发展战略,世界各国开始积极探索符合本国国情的可持续发展道路,有近100个国家制定了国家级的可持续发展战略。

第三次绿色浪潮——强可持续的浪潮。第三次绿色浪潮发生在2000年至今,实践上发现过去40年的经济增长已经超越了地球的生态承载能力,要求实现环境非下降的经济增长的声音趋向强烈,气候问题和低碳经济即是典型,理论思考以联合国环境署2008年的《全球绿色新政》和2011年的《迈向绿色经济》等为代表,制度性事件是2012年的"里约+20"联合国可持续发展大会,在呼吁经济范式变革的意义上提出了绿色经济新理念。2000年,联合国(UN)制定了可持续发展中短期的千禧发展目标,并提出至2015年的经济、社会和环境三方面的众多具体目标,但这些目标的完成情况并不理想。2002年,联合国召开可持续发展首脑会议,提出开始实施下一代人资源保护战略等。2008年国际金融危机爆发后,发达国家倡导绿色经济,以应对金融危机和全球气候变化,关键内容是降低对化石能源的依赖。2008年,联合国环境规划署(UNEP)发起了"绿色经济"和"绿色新政"倡议,提出至2030年的中短期时间里将当前褐色经济向绿色经济转型,实现绿色发展。因此绿色发展可以视为推动可持续发展的中短期战略。2011年，经合组织（OECD）出版《迈向绿色增长》报告，在报告中，指出绿色增长并不是可持续发展的一种替代方案，而应当将其认为是可持续发展的一个组成部分。2012年世界银行（WB）出版《包容性绿色增长：通向可持续发展之路》报告，在报告中指出绿色增长是协调发展中国家经济快速增长与有效管理环境的唯一之路。2012年，近130个国家和地区的领导人以及6万多名来自各地的组织机构代表，参加了在巴西里约热内卢举行的"里约+20"峰会，发表了成果文件《我们期望的未来》，提出世界各国"再次承诺实现可持续发展，确保为我们的地球和今世后代，促进创造经济、社会、环境可持续的未来"。2015年9月25日，联合国可持续发展峰会在纽约总部召开，联合国193个成员国将在峰会上正式通过17个可持续发展目标，具体包括：消除贫困，消除饥饿，良好健康与福祉，优质教育，性别平等，清洁饮水与卫生设施，廉价和清洁能源，体面工作和经济增长，工业、创新和基础设施，缩小差距，可持续城市和社区，负责任的消费和生产，气候行动，水下生物，陆地生物，和平、正义与强大机构，促进目标实现的伙伴关系。可持续发展目标旨在从2015年到2030年间以综合方式彻底解决社会、经济和环境三个维度的发展问题，转向可持续发展道路。这一时期绿色发展浪潮有两个特征，一是提出了基于强可持续发展的绿色思想，强调地球关键自然资本的非减发展，意味着人类经济社会发展必须尊重地球边界和自然极限。二是提出了包含自然资本在内的生产函数，要求绿色经济在提高人造资本的资源生产率的同时，要将投资从传统的消耗自然资本转向维护和扩展自然资本，要求通过教育、学习等方式积累和提高有利于绿色经济的人力资本。总体上，与前两次浪潮相比，当前的第三次绿色浪潮或绿色经济浪潮具有强烈的经济变革意义，认为过去40年占主导地位的褐色经济需要终结，代之以在关键自然资本非退化下的经济增长即强调强可持续性的绿色经济新模式。

为了顺应绿色发展大趋势，各国纷纷出台促进绿色发展的战略。英国在2007年出台了《气候变化法案》，成为世界上第一个对二氧化碳排放进行立法的国家，2009年英国发布《低碳转型计划》和《可再生战略》等国家战略文件，鼓励低碳绿色产业发展。2009年，美国奥巴马政府明确提出"绿色新政"，旨在通过大力发展清洁能源，在新兴产业的全球竞争中抢占制高点，并从2010年开始发布并实施《可持续力绩效战略规划》。2009年，韩国公布了《绿色国家增长战略及五年计划》。2010年，法国先后公布了《绿色法案》及《2010—2013年国家可持续发展战略》，试图从绿色工业和可持续性农业等方面构建"绿色而公平的经济"，实现"生态善治"。2012年，日本召开国家战略会议，提出了"绿色发展战略"总体规划。发展中国家同样追随绿色发展的大趋势。中国作为最大的发展中国家，坚定地做出走绿色发展道路的战略抉择，并呼吁国际社会携手而行，共谋全球生态文明建设之路，坚持走绿色、低碳、循环、可持续发展之路。墨西哥早在1990年就公布了《全国生态保护纲要》，积极实施反污染整体计划，墨西哥也是最早引入绿色GDP的国家和地区之一。2010年南非举办国家绿色峰会，指出绿色发展是可持续发展的一个途径，要从根本上解决经济增长、社会保障和自然生态系统之间相互依存的问题。2015年，138个国家、195个国家代表团，近2000个非政府组织团体，参加巴黎气候变化大会，近200个缔约方成功达成《巴黎协定》。全球绿色发展已呈现出政治协同和科技合作的态势，但同时发达国家和发展中国家之间在应对气候变化和绿色发展的全球责任方面仍旧存有一定的分歧和差异。

二、绿色发展的内涵

绿色发展是将经济系统、资源系统、环境系统和社会系统四维一体的有机相结合的发展理论，是建立在生态环境容量和资源承载力的约束条件下，以经济绿色、资源节约、环境友好、社会和谐为主要内容，以绿色创新为基本途径，以实现经济可持续发展、资源利用效益最大化、环境保护最优化、社会福利分配最佳为根本目标的发展模式，如图1-1所示。形象地讲，绿色发展就是"前人种树，后人乘凉"；辩证地说，绿色发展就是"既要绿水青山，又要金山银山；绿水青山就是金山银山"。

绿色发展系统是由经济绿色发展、资源节约、环境友好和社会和谐四部分内容有机构成，缺一不可，值得强调的是，本书中社会和谐仅指狭义上社会系统良好运行。其中，资源节约和环境友好为经济绿色发展提供初始财富和良好的外部环境，是经济绿色健康发展的前提条件，而经济绿色发展为资源节约利用和环境保护提供技术、资本等方面的支撑；环境友好是资源节约的外在约束，只有在实现环境友好，资源节约才有实际意义，而资源节约又是环境友好的重要组成部分，不能实现资源节约就不能实现环境友好；经济绿色发展是和谐社会实现的动力，反之，社会和谐又为绿色经济发展提供智力支持和社会保障；环境友好、资源节约是构建和谐社会的前提条件，而构建和谐社会又以环境友好、资源节约为必然要求。

图1-1 绿色发展的含义

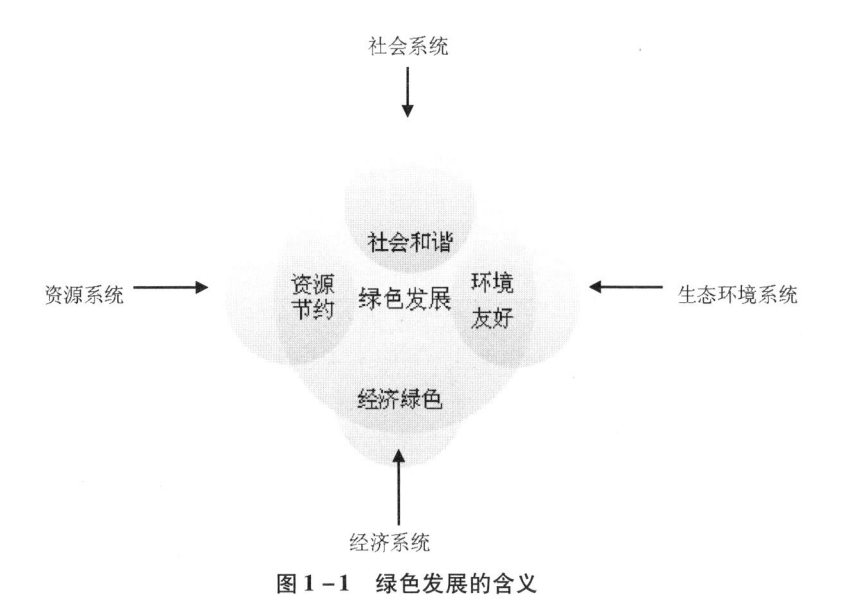

三、绿色发展的本质要求

绿色发展本质上要求经济、社会与环境的协调统一，且资源与环境应是经济社会发展的内生变量。绿色发展本质上要求形成绿色的经济增长模式，强调在保护自然资产的前提下实现经济增长，还应主动建立以绿色为核心的经济形态，创造基于绿色市场的新的增长引擎。绿色发展本质上要求关注生态系统的服务功能和生态价值，绿色发展不仅涵盖资源节约与高效利用、生态环境友好环境，更重要的是应主动投资自然，认识生态价值。绿色发展本质上要求关注人类福祉和社会公平，即包容的绿色发展，强调创造基于绿色产业和绿色技术的新的就业机会，减少贫困，降低财富分配严重不均，实现社会的公平正义，提升全人类的福利。绿色发展本质上要求依靠制度创新和技术创新。绿色发展的推进有赖于一系列体制、法规和政策条例等一系列制度体系的引领和支撑，如资源生态管理红线、自然资源资产负债表、生态补偿制度、绿色绩效考核制度、绿色财税金融制度、绿色投资和贸易制度等。此外，绿色发展强调通过创新技术获得新的增长点。技术创新不仅能够推动传统产业改造升级，降低资源损耗率和环境负效应，实现生产的绿色化，还能通过培育和发展节能环保、新一代信息技术、生物、新能源、新材料等产业创造新的增长动力。总之，绿色发展是一个系统工程，涉及观念、教育、技术、人才、组织、市场、产业、政策、制度等多个方面。

第二节 中国绿色发展的政策、制度与行动

一、中国绿色发展的政策体系

改革开放以来，中国的国内外环境发生着深刻的变化，中国政府顺应时代发展的要求，形成中国现有的绿色发展法律政策体系。本书将从"一横一纵"两个维度进行分析。"横向维度"涉及中国绿色发展在经济、资源、生态环境及社会治理等方面的政策体系。"纵向维度"则包括以《宪法》为根本准则，以单行法律、行政法规和地方性法规、行政规章以及政策性文件等为框架的绿色发展法律政策体系。

20世纪80年代以来，中国政府制定并出台的众多法律填补了绿色发展在不同领域的空白。21世纪以来，为应对新形势、新问题的严峻挑战，围绕着经济、资源、生态环境及社会等诸多方面不断出台和修订相关法律文件，初步构建起了全方位绿色发展的法律法规框架。其中涉及绿色发展的法律主要包括《食品安全法》《清洁生产促进法》《循环经济促进法》等；涉及资源节约利用的主要有《森林法》《草原法》《渔业法》《矿产资源法》《土地管理法》《电力法》《煤炭法》《节约能源法》等；涉及生态环境保护的法律包括《野生动物保护法》《大气污染防治法》《环境保护法》《水土保持法》《固体废物污染防治法》《环境噪音防治法》《海洋环境保护法》《放射性污染防治法》《水污染防治法》；涉及构建和谐社会的主要包括《义务教育法》《劳动法》《食品安全法》《人口与计划生育法》《就业促进法》《社会保险法》等（见表1-1）。

表1-1 中国主要涉及绿色发展的法律文件

法律名称	实施的过程	法律涉及绿色发展的内容
《森林法》	1985年实施	资源集约利用
《草原法》	1985年实施	资源集约利用
《渔业法》	1986年实施，2000年修订，2004年修订	资源集约利用
《矿产资源法》	1986年实施，1996年修订	资源集约利用

续表

法律名称	实施的过程	法律涉及绿色发展的内容
《义务教育法》	1986年实施，2006年修订，2015年修订	和谐社会
《土地管理法》	1987年实施，2004年修订	资源利用
《野生动物保护法》	1988年实施，2004年修订、2016年修订	环境保护
《大气污染防治法》	1988年实施，1995年修订，2000年修订，2016年修订	环境保护
《环境保护法》	1989年实施	环境保护
《水土保持法》	1991年实施，2011年修订	环境保护
《劳动法》	1994年实施	和谐社会
《食品安全法》	1995年实施，2009年修订，2015年修订	和谐社会、绿色经济
《电力法》	1996年实施	资源利用
《煤炭法》	1996年实施，2011年修订	资源利用
《固体废物污染防治法》	1996年实施，2004年修订，2016年修订	环境保护
《环境噪音防治法》	1997年实施	环境保护
《节约能源法》	1997年实施，2007年修订	资源利用
《海洋环境保护法》	2000年实施，2013修订，2016修订	环境保护
《人口与计划生育法》	2002年实施，2015年修订	和谐社会
《清洁生产促进法》	2003年实施	绿色经济
《放射性污染防治法》	2003年实施	环境保护
《可再生能源法》	2005年实施，2010年修订	资源利用
《就业促进法》	2008年实施，2015年修订	和谐社会
《水污染防治法》	2008年实施	环境保护
《循环经济促进法》	2009年实施	绿色经济
《社会保险法》	2010年实施	和谐社会

资料来源：作者根据文献资料整理

自2011年中国"十二五"规划中涉及绿色发展理念以来，国务院及下属各部委相继制定并出台了多部涉及经济发展、资源利用、环境保护和社会治理等方面的重要政策文件（见表1-2）。特别是重点加强了绿色能源政策、绿色生产制造政策、绿色物流政策、绿色采购政策、绿色交通政策、绿色建筑政策、绿色核算政策和绿色消费政策等一系列绿色政策体系建设。

表1-2 2011—2017中国出台涉及绿色发展的政策文件

年份	名称	文件涉及绿色发展的内容
2011	《国民经济和社会发展第十二规划纲要》	绿色发展
	《中国农村扶贫开发纲要（2011—2020年）》	和谐社会
2013	《国家农业节水纲要（2012—2020年）》	资源利用
	《关于加快发展节能环保产业的意见》	资源利用、环境保护
	《畜禽规模养殖污染防治条例》	环境保护
	《城镇排水与污水处理条例》	环境保护
2014	《关于改善农村人居环境的指导意见》	和谐社会、环境保护
	《大气污染防治行动计划》	环境保护
2015	《关于加强节能标准化工作的意见》	资源利用
	《国民经济和社会发展第十三个五年规划》	绿色发展
	《中共中央国务院关于加强推进生态文明建设的意见》	绿色发展
2016	《湿地保护修复制度方案》	环境保护
	《关于完善支持政策促进农民持续增收的若干意见》	和谐社会
	《全国农业现代化规划（2016—2020年）》	绿色发展
	《关于石化产业调结构促转型增效益的指导意见》	资源利用
	《"十三五"节能减排综合工作方案》	资源利用
	《关于深入推进农业供给侧结构性改革加快培育农业农村发展新动能的若干意见》	绿色经济
	《"十三五"脱贫攻坚计划》	和谐社会
	《林业"十三五"规划》	资源利用、环境保护
	《全国地下水污染防治规划（2011—2020年）》	资源利用、环境保护
	《"十三五"生态环境保护规划》	环境保护
	《关于健全生态保护补偿机制的意见》	环境保护

续表

年份	名称	文件涉及绿色发展的内容
2017	《关于推进农业供给侧结构性改革的实施意见》	绿色发展
	《中华人民共和国环境保护税法实施条例》	环境保护
	《关于创新农村基础设施投融资体制机制的指导意见》	绿色经济
	《关于全民所有自然资源资产有偿使用制度改革的指导意见》	资源利用
	《工业绿色发展规划（2016—2020年）》	绿色发展
	《关于促进绿色消费的指导意见》	绿色发展
	《关于加快推进农业供给侧结构性改革大力发展粮食产业经济的意见》	绿色经济
	《关于支持社会力量提供多层次多样化医疗服务的意见》	和谐社会
	《关于推进金融支持农业绿色发展工作的通知》	绿色经济
	《"十三五"国家食品安全规划》	和谐社会
	《关于创新体制机制推进农业绿色发展的意见》	绿色发展
	《国务院办公厅关于加快推进畜禽养殖废弃物资源化利用的意见》	资源利用
	《农业部关于实施农业绿色发展五大行动的通知》	绿色发展

资料来源：作者根据文献资料整理

二、中国绿色发展的制度体系

随着绿色发展进程的逐步推进，中国政府建立了一系列较完备的绿色发展制度体系，同时，该体系也发挥着越来越重要的作用。总体而言，根据该体系中促进绿色发展的实施主体不同，可以分为两种类型：一类是促进绿色发展的市场制度，主要包括：（1）资源与环境产权制度。如用能权、用水权、碳排放权初始分配制度、自然资源资产产权制度、环境产权制度、矿产资源国家权益金制度、资源有偿使用制度、生态价值评估制度、自然资源资产负债表制度等。（2）交易制度。如碳排放权交易制度、排污权有偿使用和交易制度、水权交易制度、环境污染第三方治理制度、重点单位碳排放报告、核查、核证和配额管理制度等。另一类是促进绿色发展的政府制度体系，主要包括：（1）激励制度。具体包括生态补偿制度、财税金融激励制度、考核评价奖励制度、绿色认证和政府绿色采购制度等。（2）约束制度。具体包括自然资源用途管制制度、最严格的环境保护制度、最严格的水资源管理制度、最严格的源头保护制度、生态修复制度、生态红线制度、重点生态功能区实行产业准入负面清单制度、污染排放总量控制制度、重要资源集约节约利用制度、生产者责任延伸制度、污染物排放强制性保险责任制度等。(3) 政府监管制度。具体包括自然资源管理体制、省以下环保机构监测监察执法垂直管理体制、国家公园体制、资源环境承载能力监测预警机制、国土空间开发许可制度、污染物排放许可制度、企业环境信用记录和违法排污黑名单制度、突发生态环境事件信息报告和公开机制等。(4) 问责制度。具体包括党政同责制度、环境损害责任终身追究制度、领导干部自然资源资产和环境保护责任离任审计制度、生态环境损害评估和赔偿制度、环境公益诉讼制度、环境污染监管执法制度等(李佐军,2016)。

三、中国绿色发展的主要行动

伴随着绿色发展理念不断深化并上升为国家战略,为解决当前所面临的严峻形势,中国政府根据现阶段国情制定并实施了一系列绿色发展行动方略。本书将从推动绿色经济发展、实现资源集约利用、促进生态资源保护、构建和谐社会四方面加以阐述。

(一) 推动经济绿色发展

中国政府通过调整产业结构、促进产业技术进步等措施,大力发展绿色经济。主要的重大行动包括:严格控制过剩行业新增产能,推动淘汰落后和过剩产能;发展生态绿色、高效安全的现代农业技术,深入开展节水农业、循环农业、有机农业、现代林业等;制定实施造纸、印染等十大重点耗水行业专项治理方案,大幅降低污染物排放强度;以燃煤电厂超低排放改造为重点,对电力、钢铁、建材、石化、有色金属等重点行业,实施综合治理,对二氧化硫、氮氧化物、烟粉尘以及重金属等多污染物实施协同控制。加快新能源汽车技术攻关和示范推广、推动半导体照明产业化、推动垃圾处理技术装备成套化、攻克污染土壤修复技术、深化废弃物综合利用、推动海水淡化技术创新,壮大环保服务业;开展绿色建筑行动;以绿色粮源、绿色仓储、绿色工厂、绿色园区为重点,构建绿色粮食产业体系。

(二) 实现资源集约、高效和节约利用

中国政府主要通过制定相关制度、实施示范工程等方式持续促进资源集约利用。主要的重大行动包括严格实行休渔禁渔制度,探索开展近海捕捞限额管理试点,实施珍稀物种拯救计划;完善国有土地、水资源、矿产资源、国有森林资源、国有草原资源、海域海岛有偿使用制度；扩大农作物合理轮作体系补助试点，扩大新一轮退耕还林还草规模，启动牧区草原防灾减灾工程；推广稻壳发电等新能源项目；实施节能减排工程，如主要大气污染物重点减排功能、主要水污染物减排工程，建设资源循环利用产业示范基地、工业废弃物综合利用产业基地、工农复合型循环经济示范区，推进生产和生活系统循环联接，构建绿色低碳循环的产业体系；实施锅炉窑炉改造、电机系统节能、能量系统优化、余热余压利用、节约替代石油、建筑节能、绿色照明等节能改造工程，以及节能技术产业化示范工程、节能产品惠民工程、合同能源管理推广工程和节能能力建设工程；建设海绵城市。

（三）促进生态环境保护

中国政府主要通过强化生态空间管控，促进供给侧结构改革，严防重点行业污染、强化绿色科技引领等方式实现生态环境的保护。主要的重大行动包括引导人口逐步有序转移，建设"两屏三带"国家生态安全屏障（青藏高原生态安全屏障、黄土高原—川滇生态安全屏障、东北森林带生态安全屏障、北方防沙带生态安全屏障、南方丘陵山地带生态安全屏障），整合建设一批国家公园，发展森林城市、园林城市、森林小镇，保护森林、草原及湿地系统，构建生物多样性保护网。控制面源污染，推进化肥农药使用量零增长；建设一批病虫害统防统治与绿色防控融合示范基地，建立农药产品追溯系统；建立污水垃圾处理农户缴费制度，流域污染综合治理，完善农村污水垃圾处理费用调整机制；实施土地分类管理，防治土壤污染；实施资源综合利用、废旧商品回收体系、"城市矿产"示范基地、再制造产业化、餐厨废弃物资源化、产业园区循环化改造、资源循环利用技术示范推广等循环经济重点工程；实现预报信息全国共享、联网发布，完善重度及以上污染天气的区域联合预警和联防联控制度；工业企业编制年度排污状况报告，完善工业园区污水集中处理设施；大气污染重点区域气化。发展资源节约循环利用的关键技术，建立城镇生活垃圾资源化利用、再生资源回收利用、工业固体废物综合利用等技术体系；重点针对大气、水、土壤等问题，形成源头预防、末端治理和生态环境修复的成套技术；建立以科学研究为先导的生态环保科技创新理论体系，以应用示范为支撑的生态环保技术研发体系，以人体健康为目标的环境基准和环境标准体系，以提升竞争力为核心的环保产业培育体系，以服务保障为基础的环保科技管理体系。

（四）构建和谐社会

建设和谐社会是一项复杂的系统工程，大体上包括教育、医疗卫生、居民收入水平与质量等多方因素构成。为此，中国政府主要的重大行动包括深入推进义务教育均衡发展。打造一大批有较强服务竞争力的社会办医疗机构，形成若干具有影响力的特色健康服务产业集聚区；完善全民医保体系，全面推开城乡居民大病保险、重特大疾病医疗救助、疾病应急救助机制；实施食品安全检（监）测能力建设项目，建立了食品安全综合协调机制并明确办事机构，推动农药残留治理工程。推动绿色消费，大规模发展绿色建筑，提高城市建成区公交车占机动化出行的比例；推进产业扶贫工程，如农林种养产业扶贫工程，贫困地区培训工程，资产收益扶贫工程，农村公路工程，农村电网改造升级工程，网络通信扶贫工程，农村社区服务体系建设工程、农村一二三产业融合发展试点示范工程、生态建设扶贫工程、土地和环境整治工程、农村危房改造工程、以工代赈工程、公共卫生厕所建设工程等。

第三节 中国绿色发展状况评价

一、相关评价指标体系概况

要对我国的绿色发展水平进行分析，最重要的就是要建立科学合理的评价指标体系和使用正确的评价方法。评价指标体系的构建是否合理将直接影响到评价结果的准确性，评价方法的选择是准确进行评价的基础和保障。

在构建绿色发展指标体系方面，李志霞（2013）从"经济增长绿化度""资源环境承载潜力"和"政府政策扶持力度"三个方面对指标进行设计，以保证了各地区在经济、资源环境、政府等方面的综合考察。"经济增长绿化度"主要考察经济在增长过程中对资源消耗和对环境的影响程度；"政府扶持力度"主要反映社会组织者处理解决资源、环境与经济发展矛盾的水平与力度。具体指标选取情况见表1-3。建完绿色发展评价体系后，李志霞（2013）使用熵权法对绿色发展水平时空演变进行评价分析。

表1-3 绿色发展评价指标选取

评价指标设计	准则层	具体指标选取
经济增长绿化度	绿色增长效率	人均地区生产总值
		万元GDP能耗
		万元GDP二氧化硫排放
		万元GDP化学需氧量排放
		万元GDP氨氮排放
		人均城镇生活消费用电
	第一产业的增长对绿色发展的贡献	土地产出率
		有效灌溉面积占耕地面积比重
	第三产业经济增长对绿色发展的贡献	第三产业增加值比重
资源环境承载潜力	资源、能源的消耗与环境保护	人均水资源率
		森林覆盖率
		湿地面积占国土面积比重
	环境压力与气候变化	单位土地面积二氧化碳排放量
		单位土地面积COD排放量
		单位土地面积氨氮排放量
		单位耕地面积化肥施用量
		单位耕地面积农药使用量
政府扶持力度	政府对绿色投资的贡献	环境保护支出占财政支出比重
		科教文卫支出占地方财政支出比重
	政府对基础设施和城市管理	城市人均公园绿地面积
		城市自来水普及率
		城市污水处理率
		城市每万人拥有公交车辆
		城市公共交通运营线路网长度
		建成区绿化覆盖率
	政府对环境治理的力度	人均当年年薪增加造林面积
		工业二氧化碳去除率
		工业废水化学需氧量去除率
		工业废水氨氮去除率

资料来源：李志霞，2013。

斯丽娟（2016）对于西部地区绿色发展的评析基于社会—经济—自然复合生态系统的理论，构建了城市绿色发展效率评估框架，基于数据包括分析（Data Envelopment Analysis，DEA）建立了我国西部城市绿色发展效率的评价方法。并以甘肃省为研究对象，对甘肃省主要城市绿色发展的特征、限制因素等方面进行系统分析。其指标体系的选取参考了国际经合组织（OECD）的绿色发展评价指标体系等国际上流行和权威的绿色发展评价体系，同时考虑了我国西部地区城市资源环境利用、社会经济发展等特征与问题，具体见表1－4。根据数据包括分析的评价方法，结果表明甘肃主要城市的绿色发展水平整体有所提升，其中定西、金昌、陇南和武威市绿色发展水平提升较为明显，省会兰州的绿色发展水平相对不高。

表1－4　我国西部城市绿色发展效率评价指标体系

方向层	准则层	要素层	指标层
资源环境输入方向	资源环境	水	人均城市水资源消耗量
		能源	人均城市化石能源消耗
		土地	人均城市建设用地面积
		污染负荷	人均城市污水排放量
城市发展输出方向	社会公平	健康	预期寿命
		教育	人均城市教育财政支出
		住房	城市居民人均住房面积
	经济发展	生活水平	恩格尔系数
		经济贡献	人均GDP
	自然福利	生态休闲	人均城市绿地面积
		清洁空气	空气质量优良天数

资料来源：斯丽娟，2016。

2016年12月12日，在建设生态文明的新时期，根据党中央和国务院指示精神，在研究和总结国外绿色发展和可持续发展等相关理论和实践成果的基础上，结合中国经济增长和环保的现实，国家统计局、国家发改委、环境保护部、中央组织部会同有关部门共同发布了我国各地区的《绿色发展指标体系》。这是我国官方首次发布绿色发展指数，其指标体系的特点是：既强调把绿色发展与发展结合起来的内涵，强调了资源、生态、环境、生产与生活等多方面，更突出了各地区的绿色发展的测评比较。

李文正等人（2017）以环境宜居绿色水平、经济增长绿色水平、环境承载力绿色水平和环境治理绿色水平四个方面为准则层，共设计了36个基础指标（见表1-5）。评价方法则采用了层次分析法和熵值法相结合的组合赋权法。根据文中评价结果显示，西部地区12个省份中，环境宜居绿色水平前三名分别是内蒙古、重庆和四川；环境承载力绿色水平方面青海和贵州垫底；环境治理绿色水平最高的是新疆、内蒙古和宁夏；绿色发展综合水平前三位分别是重庆、内蒙古和四川。

表1-5 城市绿色发展水平的指标体系

准则层	指标层
环境宜居绿色水平	城市人均公园绿地面积
	建成区绿化覆盖率
	城市用水普及率
	城市燃气普及率
	城市居民每万人拥有公共汽车
	每万人拥有公共厕所
经济增长绿色水平	人均GDP
	单位GDP能耗
	第二产业劳动力生产率
	第三产业增加值占比率
	第三产业劳动生产率
	单位工业增加值二氧化碳排放量
	单位工业增加值氮氧化物排放量
	单位工业增加值烟（粉）尘排放量
	单位工业增加值化学需氧量排放量
	单位工业增加值氨氮排放量
环境承载力绿色水平	单位建成区面积二氧化碳排放量
	单位建成区面积氮氧化物排放量
	单位建成区面积烟（粉）尘排放量
	单位建成区面积化学需氧量排放量
	单位建成区面积氨氮排放量
	单位生面积二氧化碳排放量
	单位省城面积氨氮化物排放量

续表

准则层	指标层
环境承载力绿色水平	单位省城面积二氧化硫排放量
	单位省城面积氮氧物排放量
	单位省城面积烟（粉）尘排放量
	单位省城面积化学需氧量排放量
	单位省城面积氨氮排放量
环境治理绿色水平	环境污染治理投资占GDP比率
	城市生活垃圾无害化处理率
	城市生活污水集中处理率
	工业用水重复利用率
	工业固体废弃物综合利用率
	工业二氧化碳去除率
	工业二氧化硫去除率
	工业氨氮化物去除率
	工业烟（粉）尘去除率
	工业氨氮去除率

资料来源：李文正等，2017。

二、中国绿色发展的评价指标体系建构

本书基于设定的绿色发展的定义，并结合《2016年生态文明建设年度评价公报》《绿色发展指标体系》及黄人杰（2014）、王傲雪（2016）等人的研究成果，制定了衡量中国绿色发展的指标体系。该体系旨在从经济、资源、环境及社会四个维度较为全面科学地衡量了当代中国绿色发展情况，如表1-6所示。

表1-6　中国绿色发展的评价指标体系

目标层	系统层	指标层
中国绿色发展评价体系	经济绿色	绿色节能产业增加值占GDP比重
		绿色产品市场占有率（高效节能产品市场占有率）
		研究与试验发展经费支出占GDP比重
		三大产业结构比重
		绿色财政资金占比（%）

续表

目标层	系统层	指标层
中国绿色发展评价体系	资源节约	万元GDP燃煤消耗（吨）
		万元GDP二氧化硫排放（吨）
		万元GDP用水量（吨）
		万元GDP耗电量（千瓦时）
		煤炭占能源消费总量比重（%）
		耕地保有量（亿亩）
	环境友好	污水集中处理率（%）
		生活垃圾无害化处理率（%）
		化学需氧量①（亿吨）
		地级及以上城市空气质量优良天数比率（%）
		近岸海域水质优良（一、二类）比例（%）
		单位耕地面积农药使用量（千克/亩）
		森林覆盖率（%）
		新增造林面积（万公顷）
		国家公园建设（个）
		湿地、草原保有量（亿亩）
	社会和谐	新能源汽车保有量增长率（%）
		农村自来水普及率（%）
		农村卫生厕所普及率（%）
		居民健康素养水平②（%）
		特色小镇建设③（个）
		建档立卡贫困人口④占比（%）
		义务教育占比（%）
		每万人口全科医生数⑤（人）

资料来源：作者基于文献研究制作。

① 化学需氧量：以化学方法测量水样中需要被氧化的还原性物质的量。
② 居民健康素养水平：个人获取和理解健康信息，并运用这些信息维护和促进自身健康的能力。
③ 特色小镇：基于县域经济基础，利用自身的信息经济、块状经济、山水资源、历史人文等独特优势，以高端制造、信息技术、创新创业等为主要特点的创新经济模式。
④ 建档立卡贫困人口：按照精准扶贫、精准脱贫要求，为确保脱贫一户、销号一户，使用扶贫开发建档立卡信息系统核定的贫困人口数。
⑤ 每万人口全科医生数：每一万名公民所拥有的覆盖全部医疗科室的医生人数。

三、中国绿色发展进展状况

根据上述所构建的指标体系、相关统计资料与政策性规划等相关内容可知,截至2015年,中国在促进和实施绿色发展的过程中取得了一系列重要的成果,本书将从四方面进行阐述。

(一)经济绿色增长现状分析

2011—2015年间,中国的绿色经济迅猛发展并取得骄人成绩。2015年经济总量稳居世界第二位,人均国内生产总值增至49351元(折合7924美元);经济结构调整取得重大进展;林业总产值为的5.94万亿元,林业一二三产业结构更加优化,林产品生产和贸易持续保持7.5%以上的较高增速;农业稳定增长,第三产业增加值占国内生产总值比重超过第二产业,农产品加工业产值与农业总产值比达到2.2∶1;乡镇企业增加值年均增长10%,农垦生产总值年均增长9%;居民消费率不断提高,城乡区域差距趋于缩小,常住人口城镇化率达到56.1%,基础设施水平全面跃升;高新技术产业、战略性新兴产业加快发展。此外,将一些重要指标与2010年末进行比较分析,均呈现良好的发展趋势(见表1-7)。

表1-7 "十二五"期间经济绿色增长部分指标完成情况

指标	2010	2015	增长率(%)
研究与试验发展经费支出(亿元)	7063	14169.88	100.62
科技成果登记数(项)	42108	55284	31.29
高技术产业新产品开发经费(大中型工业企业口径)(亿元)	1006.94	2574.6	155.69
三次产业构成:第一产业增加值(%)	9.5	8.8	-7.37
三次产业构成:第二产业增加值(%)	46.4	40.9	-11.85
三次产业构成:第三产业增加值(%)	44.1	50.2	13.83

资料来源:根据《中国统计年鉴》整理。

尽管,当前经济绿色增长取得了巨大成就,但仍存在诸多问题。例如,绿色发展的顶层设计已出现成效,但保障和促进绿色发展的政策法律体系不完整、不健全,政策执行力的可持续性有待提高;绿色金融创新步伐较慢,与债券市场相关的基本规范、核定标准和监督体系都不够完备,缺乏清晰、统一、权威的规范和标准，与绿色金融发展的相关市场配套体系不完善甚至缺位，尚未成为推动绿色发展的强劲动力。绿色技术创新需要长时间的积累，短时间内很难产生质变。为此，中国政府正在全方面构建绿色、低碳、循环发展的经济体系；大力发展绿色金融产业，促进市场导向的绿色技术创新体系。

(二) 资源节约利用

2011—2015年间是中国提高资源利用效率的重要时期。截至2015年，全国万元国内生产总值能耗下降到0.869吨标准煤（按2005年价格计算），比2010年的1.034吨标准煤下降16%，比2005年的1.276吨标准煤下降32%；实现节约能源6.7亿吨标准煤；工业锅炉、窑炉平均运行效率分别提高5个百分点和2个百分点；电机系统运行效率提高2—3个百分点，新增余热余压发电能力2000万千瓦，北方采暖地区既有居住建筑供热计量和节能改造4亿平方米以上；夏热冬冷地区既有居住建筑节能改造5000万平方米，公共建筑节能改造6000万平方米；实现单位工业增加值用水量下降30%；化肥、农药的利用水平明显提高，农作物秸秆综合利用率力争达到80%以上，适宜农户沼气普及率达到50%以上，草原退化得到有效遏制，水生生物资源养护水平显著提高，累计放流各类水生生物苗种1500亿尾。此外，将一些重要指标与2010年末进行比较分析，均有所改善（见表1-8）。

表1-8 "十二五"期间资源集约利用部分指标完成情况

指标	2010	2015	增长率（%）
节水灌溉面积（千公顷）	27313.9	31060.4	13.72
耕地保有量（亿亩）	18.18	18.18	0.00
水资源重复利用率（%）	77.39	80.0	3.3
万元国内生产总值煤炭消耗量（吨/万元）	0.84	0.66	-21.43
万元国内生产总值石油消耗量（吨/万元）	0.11	0.09	-18.18
能源加工转化效率（%）	72.52	73.72	1.65

资料来源：根据《中国能源统计年鉴》整理。

然而，中国现阶段处于经济新常态时期，面临着产能过剩，高耗能、高污染企业需要转型升级的攻坚时期，经济下滑、转型的阵痛在所难免。因此，必须壮大节能环保产业、清洁生产产业、清洁能源产业；推进能源生产和消费革命，构建清洁低碳、安全高效的能源体系；推进资源全面节约和循环利用，实施国家节水行动，降低能耗、物耗，实现生产系统和生活系统循环联接。

（三）生态环境保护

2011—2015年间，绿色发展在生态环境保护领域取得了巨大成果。中国碳排放强度下降了21.8%，相当于少排放23.4亿吨二氧化碳。全国化学需氧量控制在2347.6万吨，比2010年下降10%；全国氨氮和氮氧化物排放总量分别控制在238.0万吨、2046.2万吨，比2010年分别下降10%；城市污水处理率达到85%，建污水管网15.9万千米，新增污水处理规模4569万立方米/日，新建污泥处理处置规模518万吨（干泥）/年，新建污水再生利用设施规模2675万立方米/日；建设100个资源综合利用示范基地、80个废旧商品回收体系示范城市、50个"城市矿产"示范基地、5个再制造产业集聚区、100个城市餐厨废弃物资源化利用和无害化处理示范工程；基本淘汰2005年以前注册运营的"黄标车"，加快提升车用燃油品质。全国造林面积增长20%，达到3000万公顷；森林抚育工作全面展开，达到3968万公顷等。此外，还将一些重要指标与2010年末进行比较，均有较大提高（见表1-9）。

表1-9 "十二五"期间生态环境保护部分指标完成情况

指标	2010	2015	增长率（%）
全海域未达到第一类海水水质标准的海域面积（平方千米）	177720	154610	-13.00
二氧化硫排放量（万吨）	2185.1	1859.1	-14.92
自然保护区面积（个）	2588	2740	5.87
本年度新增防治水土流失面积（千公顷）	4014.7	5384.6	34.12
湿地面积（千公顷）	38485.5	53602.6	39.28
沙化面积（万公顷）	17310.77	17310.77	0.00
造林总面积（万公顷）	591.0	768.4	30.02
天保工程林木管护面积（公顷）	104857371	114267121	8.97
国际重要湿地（个）	37	49	32.43

续表

指标	2010	2015	增长率（%）
突发重大环境事件（个）	420	334	-20.48
环境治理总投资（亿元）	7612.2	8806.4	15.69
垃圾处理投资（亿元）	127.40	188.63	48.06
地级及以上城市空气质量优良天数比率（%）	—	76.7	—
受污染耕地安全利用率（%）		70.6	
草原综合植被覆盖度（%）	—	54	

资料来源：根据《中国环境统计年鉴》整理。

生态保护是一项需要长久坚持的事业，也是需要全民支持的事业。然而，一方面，当前中国的制度、法律体系还在完善中，破坏生态环境的事件还时有发生，同时生态环境的自我修复需要相当长的时间，因而中国目前仍面临严峻的环境形势；另一方面，中国公民的生态环保意识、绿色意识有待进一步提高，生活和消费习惯短时间内很难有所改变。为此，中国政府坚持试点—修正—推广的政策制定实施模式，尽量保证政策制度的时效性。同时大力倡导简约适度、绿色低碳的生活方式，反对奢侈浪费和不合理消费，开展创建节约型机关、绿色家庭、绿色学校、绿色社区和绿色出行等行动，营造绿色环保的社会氛围，使公民受到潜移默化的熏陶。

（四）和谐社会建设

2011—2015年间，中国在构建和谐社会各领域取得重大突破。截至2015年，教育方面，全国义务教育巩固率达到93%，实现基本均衡的县（市、区）比例达到65%；医疗卫生方面，食源性疾病监测网络哨点医院达3883家，食品污染物和有害因素监测点达2656个，建立了100家农产品质量安全风险评估实验室，国家卫生计生委清理食品标准5000项，整合400项，发布新的食品安全国家标准926项、合计指标1.4万余项；居民健康方面，人均预期寿命达到76.34岁，比2010年提高1.51岁，婴儿死亡率由13.1‰下降到8.1‰，5岁以下儿童死亡率由16.4‰下降到10.7‰，孕产妇死亡率由30/10万下降到20.1/10万，居民主要健康指标总体上优于中高收入国家平均水平；减贫与促进增收方面，贫困人口减至5630万，农林牧渔业增加值年均增长5%左右，累计转移农业劳动力 4000 万人；农村居民人均纯收入年均增长 7% 以上。此外，还将一些重要指标与 2010 年末进行比较，均有较大改善（见表 1-10）。

众所周知，中国是世界上人口最多的国家。当前，在全面建成小康社会的道路上最大的绊脚石就是贫困问题。截至 2017 年，中国还未实现人口全部脱贫的目标。即使已经脱贫的人口也容易因为内外部原因再次返贫。为此，中国提出驻村干部一对一帮扶计划，即从基层行政组织（通常是乡镇一级）中选派干部到自然村或行政村根据本村的实际情况，甚至是每一户村民的特点进行帮助扶持，促进其早日脱贫。

表 1-10 "十二五"期间和谐社会部分指标完成情况

指标	2010	2015	增长率（%）
每万人医疗机构床位数（张）	35.8	51.12	42.3
教育经费（万元）	195618471	361291927	84.69
参加养老保险人数（万人）	25707.3	35361.2	37.55
人均公园绿地面积（平方米）	11.2	13.4	19.64
卫生厕所普及率（%）	67.4	78.4	16.32
太阳能灶	1617233	2325927	43.82
农村沼气池产气量（亿立方米）	139.6	153.9	10.24
绝对贫困人口（亿）	0.6561	0.563	-11.5

资料来源：根据《中国环境统计年鉴》和《中国统计年鉴》整理。

四、中国绿色发展展望

尽管，当前中国在绿色发展方面取得了一定的成绩，但总体而言，仍是低水平、不全面和不充分的。中国是世界上最大的发展中国家和世界上人口最多的国家的基本国情仍未改变，可喜的是，经过改革开放近 40 年的发展，2017 年中国的国内生产总值（GDP）已经超过 80 万亿人民币[1]，中国有信心、有能力在经济、资源、环境及社会四个维度的各个领域持续广泛而深入地推行绿色发

---

[1] 资料来源于《中华人民共和国 2017 年国民经济和社会发展统计公报》，通过 2017 年最后一天的中美汇率折算获得。

展战略。根据中国政府出台的"十三五"规划和有关绿色发展的法规和指导意见，梳理出未来五年，中国绿色发展的四大目标。

在促进绿色经济方面，力争2020年要高耗能行业实现能耗限额标准全覆盖，80%以上的能效指标达到国际先进水平；农业科技贡献率由56%上升为60%，战略性新兴产业增加值和服务业增加值占国内生产总值比重分别提高到15%和56%，节能环保、新能源装备、新能源汽车等绿色低碳产业总产值突破10万亿元，成为支柱产业。

在资源有效利用方面，耕地保有量保持维持18.65亿亩；草原综合植被覆盖率由54%上升为56%；农田灌溉水有效利用系数由0.532上升为0.55，主要农作物农药利用率由36.6%上升为40%，主要农作物化肥利用率由35.2%上升为40%，农膜回收率由60%上升为80%，养殖废弃物利用率由60%上升为75%；石化行业万元工业增加值能源消耗、二氧化碳排放量、用水量分别比"十二五"末下降8%、10%和14%；地级及以上城市建成区污水基本实现全收集、全处理，城市、县城污水处理率分别达到95%、85%左右；餐厨废弃物资源化率达到30%；非化石能源装机比重达到39%。煤炭占能源消费总量的比重降至58%以下。

在生态环境保护方面，到2020年，全国湿地面积不低于8亿亩，其中，自然湿地面积不低于7亿亩，新增湿地面积300万亩，湿地保护率提高到50%以上；全国地下水污染加剧趋势得到初步遏制，质量极差的地下水比例控制在15%左右；全国自然岸线（不包括海岛岸线）保有率不低于35%，整治修复海岸线1000千米；林地保有量达到31230万公顷，单位面积森林蓄积量达到95立方米/公顷，森林植被碳储量达到95亿吨，建设储备林1400万公顷；城市人均公园绿地面积达到14.6平方米，城市建成区绿地率达到38.9%。

在和谐社会方面，到2020年，农民收入比2010年翻一番；大城市公共交通分担率达到30%；新增乘用车平均燃料消耗量降至5.0升/百千米；全国义务教育巩固率达到95%；标准化生产示范园（场）全部通过"三品一标"（无公害农产品、绿色食品、有机农产品和农产品地理标志）认证登记，有机农产品种植基地面积达到300万公顷，绿色食品种植基地面积达到1200万公顷；覆盖城乡居民的基本医疗卫生制度基本建立，实现人人享有基本医疗卫生服务；消灭绝对贫困人口。

中国的绿色发展具有复杂性、艰巨性和动态性。未来中国的绿色发展将从浅绿走向深绿，由借鉴引进、消化和吸收国外先进理论、技术及方法论转变为自主创新、积极推广自身的绿色发展成果，辐射和带动周边国家，并逐步影响和造福世界；未来中国的绿色发展将更加注重人文关怀，坚持发展成果惠及广大人民，坚持公平正义，真正实现人与人、人与自然的和谐共生，满足人对全面发展的需求；未来中国的绿色发展将紧紧抓住互联网技术和大数据时代的机遇，全方位、多角度在时间和空间上拓展和开发绿色发展潜力。

第二章

中国西部地区的绿色发展

第一节 中国西部地区概况

根据中国国务院西部开发领导小组办公室提供的数据，中国西部地区包括陕西省、四川省、云南省、贵州省、重庆市、广西壮族自治区、甘肃省、青海省、宁夏回族自治区、西藏自治区、新疆维吾尔自治区、内蒙古自治区12个省、自治区和直辖市。

西部地区土地面积681万平方千米，占全国总面积的71.4%；人口约3.5亿，占全国总人口的28.6%。西部地区疆域辽阔，大部分地区是我国经济欠发达、需要加强开发的地区。同时，西部地区与蒙古、俄罗斯、塔吉克斯坦、哈萨克斯坦、吉尔吉斯斯坦、巴基斯坦、阿富汗、不丹、尼泊尔、印度、缅甸、老挝、越南12个国家接壤，陆地边境线长达1.8万余千米，约占全国陆地边境线的91%；与东南亚许多国家隔海相望，有大陆海岸线1595千米，约占全国海岸线的1/11。

一、西部地区的经济发展概况

实施西部大开发以来，西部地区利用自身的资源优势克服了区位劣势和非均衡发展的宏观经济政策影响，经济发展速度明显提升，人民收入迅速提高。在面临资源日益枯竭问题时，西部地区紧跟国家"生态文明发展"的号召，实施绿色发展。

如图2-1所示，西部地区生产总值均呈上升趋势，其中四川省的生产总值增速大步前进，远远超过西部其他地区，而青海、宁夏、西藏三个省份近五年地区生产总值平稳，增速较小，是西部地区中经济较落后的地区，不足四川地区生产总值的十分之一。可以看出，不仅我国东西部经济差距大，西部地区不同省份的经济差异也非常明显。

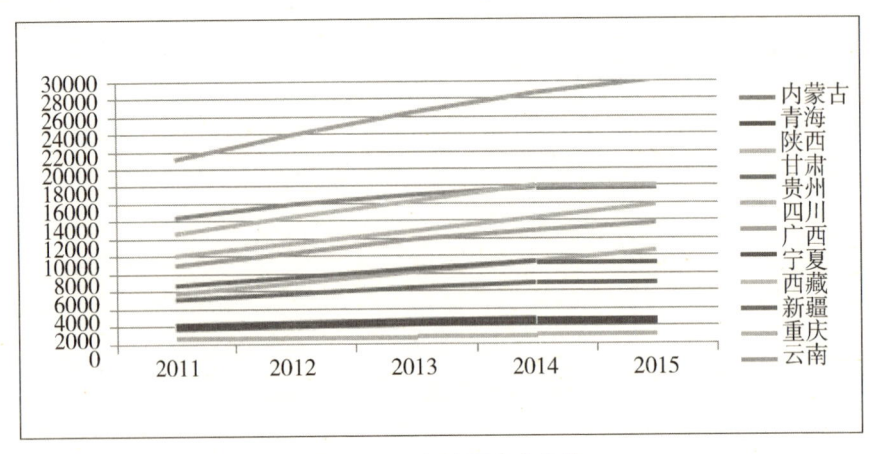

图 2-1　西部地区生产总值

数据来源:《中国统计年鉴》。

从农林牧渔四个维度来看（图2-2至图2-5），随着我国绿色经济的发展，农林牧渔技术的提高和推广，西部地区农林牧渔总产值得到较快增长。农业总产值方面，四川省依旧遥遥领先于西部其他各省份。贵州省增速最快，尤其是2013—2015年间，增幅高达34.1%。内蒙古因2015年旱灾相当严重，受灾面积高达2171.7千公顷，严重影响农业经济发展。另外，青海、宁夏、西藏基本没有起伏。林业总产值方面，云南省因2012年旱情严重，导致林业发展遭受巨大

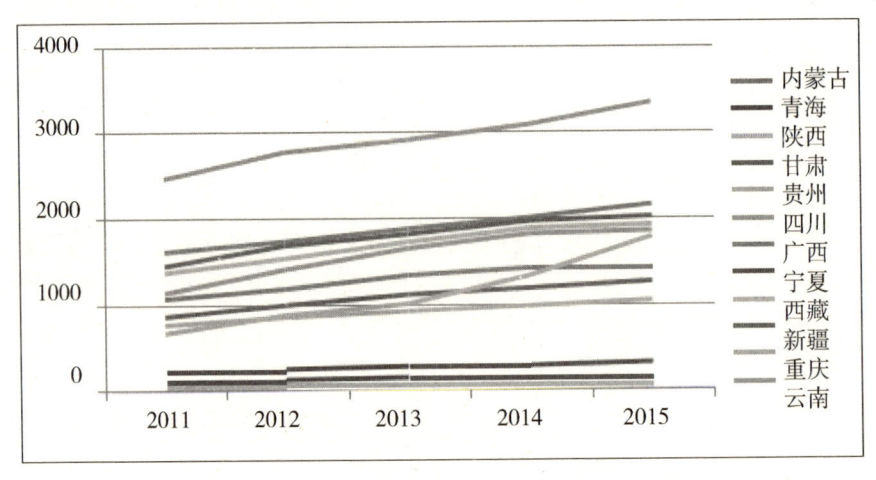

图 2-2　西部地区农业生产总值

数据来源:《中国统计年鉴》。

损失。在政府正确领导下，云南林业很快恢复增长，与广西不相上下占据前两位。四川省增幅稳定排名第三，贵州省在2013—2015年林业总产值大幅度上升，增速为38.2%。而内蒙古近年来呈现下降的趋势，但降幅较小。牧业总产值方面，四川省牧业总产值是排名第二的内蒙古的两倍多，差距较大。除了地域优势，与四川省人民政府积极推动现代畜牧业升级转型密切相关。而内蒙古的牧业总产值从2013年开始呈下降趋势。另外，青海、宁夏、西藏依旧垫底且没有起色。渔业总产值方面，广西壮族自治区渔业总产值是西部地区中最高且增速最快的，其次是四川省，其他西部地区渔业总产值大部分稳中有升。

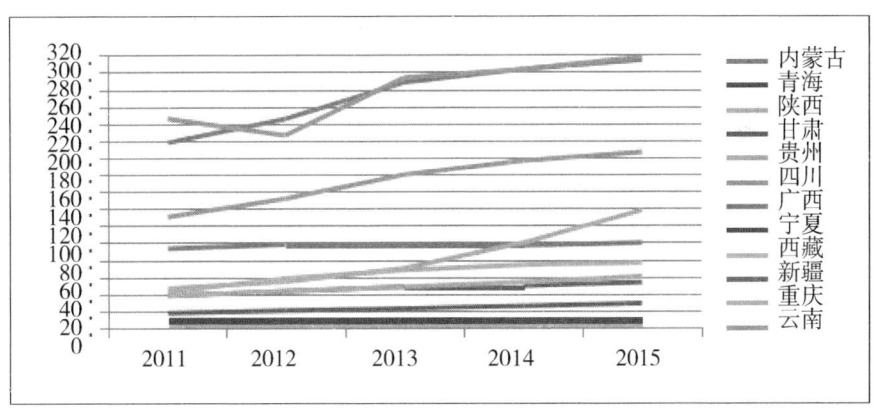

图 2-3 西部地区林业总产值

数据来源：《中国统计年鉴》。

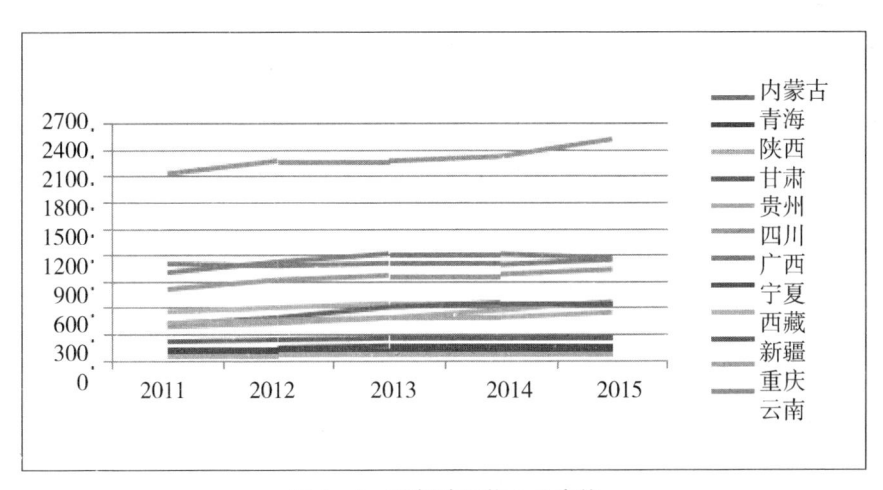

图 2-4 西部地区牧业总产值

数据来源：《中国统计年鉴》。

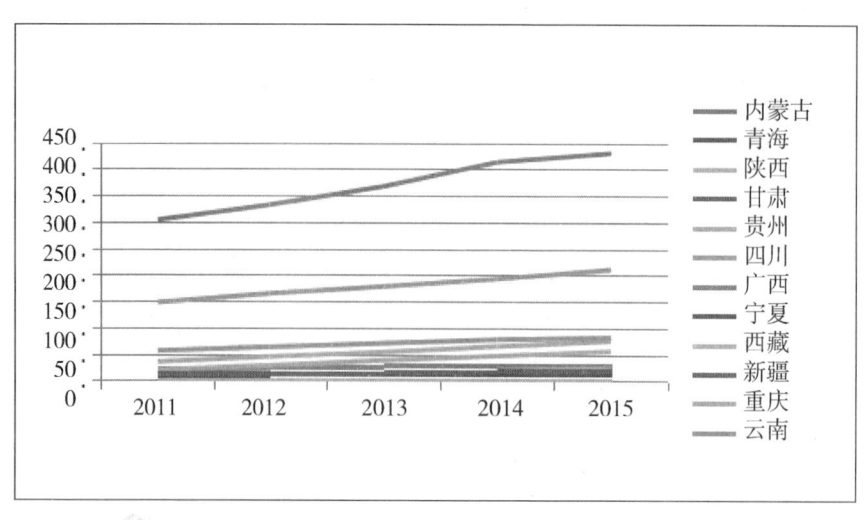

图 2-5 西部地区渔业总产值

数据来源：《中国统计年鉴》。

二、六个项目区的自然状况

西部地区是中国生态环境最脆弱的地区，也是自然灾害多发区，近年来影响较大的地震、旱灾、冰冻等自然灾害均发生在西部地区。2011—2015 年，西部地区的农作物受灾面积占全国的比重均在 35% 以上，远高于东部地区，受灾人口数占比在 33% 以上。下面聚焦西部地区的内蒙古自治区、青海省、陕西省、甘肃省、贵州省和四川省，重点介绍这六个项目区的自然状况和社会简况。

根据第八次全国森林资源清查结果，我国森林资源进入了数量增长、质量提升的稳步发展时期。但是实现 2020 年森林增长目标任务艰巨。现有宜林地质量好的仅占 10%，质量差的多达 54%，且 2/3 分布在西北、西南地区，立地条件差，造林难度越来越大，造林投入越来越高（徐济德，2014）。如下表 2-1 所示，西部地区森林面积占全国森林资源比重 21.15%，其中内蒙古和四川森林面积分别位居第一位和第二位，但森林覆盖率分别排在第四位和第三位。六个项目区的草原面积占据全国草原面积的 41.48%，其中内蒙古草原面积最为广阔。尽管西部地区草原辽阔，但是长期以来西部地区草原退化严重，制约着生态功能的发挥和生产力提高，可用草原面积逐年减少。因此实行绿色发展非常重要，这不仅与西部地区的经济发展相关，更关乎生态恢复和可持续发展。西部地区湿地资源丰富，占据全国湿地面积一半以上，六个项目区的湿地面积占全国湿地面积 33.79%，其中青海省湿地面积位居全国第一，占全国湿地面积

15.19%。值得注意的是，尽管十年来我国湿地保护力度不断加大，西部各省区自治区政府也高度重视，但我国湿地面积仍减少了约8.82%，究其原因之一是西部地区地方湿地保护立法走在国家立法前面，造成地方立法缺乏上位法对下位法的统一引领和指导（杨柳蕙、罗锋懋，2016）。

表2-1 六个项目区自然状况

类别 省份	森林面积 （万公顷）	森林覆盖率（%）	草原面积 （千公顷）	湿地面积 （千公顷）
内蒙古	2487.90	21.03	78804.5	6010.6
青海	406.39	5.63	36369.7	8143.6
陕西	853.24	41.42	5206.2	308.5
甘肃	507.45	11.28	17904.2	1693.9
贵州	653.35	37.09	4287.3	209.7
四川	1703.74	35.22	20380.4	1747.8
合计	6612.07		162952.3	18114.1
占全国比重	21.5%		41.48%	33.79%

数据来源：第八次全国森林资源清查结果、第二次全国湿地资源调查结果、《中国统计年鉴》。

我国自古以来就是一个自然灾害频繁的国家，从自然灾害的时空分布上看，几乎90%以上的自然灾害都出现在我国西部地区，生态环境较为脆弱。不过随着我国经济实力和科技技术的增强，防灾减灾工作颇见成效。如下表2-2所示，六个项目区近五年的旱灾受灾面积、洪涝山体滑坡泥石流和台风受灾面积、低温冷冻和雪灾受灾面积、风雹灾害受灾面积均在波折中呈下降趋势，而且有些年份降幅惊人。其中2012年旱灾受灾面积下降幅度为67.8%，2014年洪涝山体滑坡泥石流和台风受灾面积下降幅度为51.66%，2015年风雹灾害受灾面积下降了60.49%，2015年低温冷冻个雪灾受灾面积下降幅度达到71.73%。这些成果不仅取决于自然因素，更与我国绿色发展的要求、西部地区政府的努力分不开。不过值得注意的是，旱灾仍是大头。

表2-2 六个项目区自然灾害情况　　　　　　　　　　单位：千公顷

	年份 省份	2011	2012	2013	2014	2015
旱灾	内蒙古	1131.2	453.6	582.6	1313.6	2171.7
	青海	184.7	33.3	41.7	23.9	126.5
	陕西	260	227.6	400	434.7	561.6
	甘肃	915.6	498.1	694.9	644.2	533.1
	贵州	1822.5	132.5	1175	9.5	18.9
	四川	522.8	222	800.4	576.8	222.9
	合计	4866.8	1567.1	3694.6	3002.7	3634.7
	全国	16304.2	9339.8	14100.4	12271.7	10609.7
洪涝、山体滑坡、泥石流和台风	内蒙古	389.9	965.5	549.1	77.8	185.2
	青海	27.7	36	15.5	14.1	9.8
	陕西	369.9	209.3	199	143.2	90.9
	甘肃	102	195.4	278.6	155.3	80.6
	贵州	111.1	301	123.3	411.7	160.6
	四川	519	644.4	605.1	292.5	258.1
	合计	1519.6	2351.6	1770.6	1094.6	785.2
	全国	8409.9	11220.4	11426.9	7222.0	7341.3
低温冷冻和雪灾	内蒙古	169.1	398.1	131.8	47.5	42.4
	青海	7.3	36.2	83.2	64.3	34.4
	陕西	5.5	9.3	98.9	4.5	16.3
	甘肃	48.3	102.7	102.9	675.8	134.5
	贵州	552.2	20.4	54.9	43.9	4.0
	四川	361.2	30.4	25.5	17.5	9.7
	合计	1143.6	597.1	497.2	853.5	241.3
	全国	4447.1	1617.8	2320.1	2132.5	900.3

续表

	年份省份	2011	2012	2013	2014	2015
风雹灾害	内蒙古	346.4	243.5	469.6	439.4	301.5
	青海	65.8	49.4	30.8	67.5	49.8
	陕西	127.1	62.7	115.5	189.8	75.5
	甘肃	200.7	220.3	200.9	143.1	263
	贵州	84.4	88.2	169.2	1160.9	40.8
	四川	95.2	47.1	62.4	29.8	71.7
	合计	919.6	711.2	1048.4	2030.5	802.3
	全国	3309.3	2780.8	3387.3	3225.4	2918

数据来源：《中国统计年鉴》。

从六个项目区内部具体来看，自然灾害呈现区域性特征。以2015年为例，如图2-6所示，西北地区——内蒙古、陕西、甘肃旱灾情况严峻，尤其是内蒙古，其旱灾受灾面积占据六个项目区受灾面积的59.75%。西南地区——贵州、四川则洪涝、山体滑坡、泥石流和台风多发。另外，低温冷冻和雪灾与风暴灾害在甘肃省最严重。

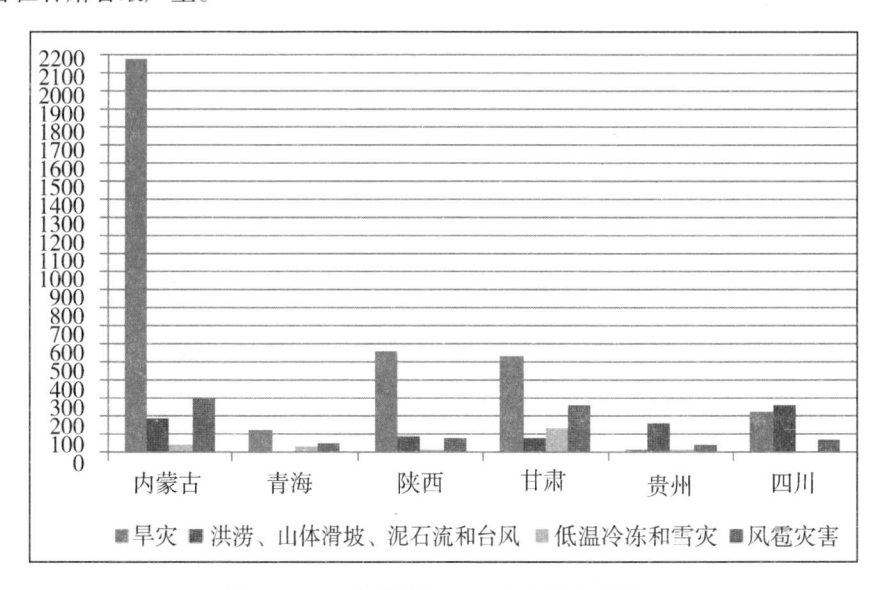

图2-6 六个项目区2015年自然灾害情况

数据来源：《中国统计年鉴》。

第二节 西部地区绿色发展研究成果概述

一、针对西部整体绿色发展的研究成果

1999年我国的西部大开发战略正式出台，并在实施十年之后，2010年7月中共中央及国务院印发《关于深入实施西部大开发战略的若干意见》明确了新十年西部大开发总体要求和发展目标（彭曦、陈仲常，2016）。"西部大开发"是中华人民共和国中央政府的一项政策，目的是"把东部沿海地区的剩余经济发展能力，用以提高西部地区的经济和社会发展水平、巩固国防"。随着西部大开发战略的不断推进，人们越来越多地关注到西部发展的挑战与机遇。

与此同时，绿色发展理念的深入人心，也对西部发展产生了重要的影响。绿色发展就是更加注重经济发展与环境保护的统一协调，采取积极的以人为本的可持续发展措施，积极促进生态平衡，并创造出人类生存发展的新环境（联合国开发计划署，2002；胡鞍钢，2004；刘可文等人，2005）。在西部大开发的背景下，西部贫困地区的发展主要面临着高强度的经济开发和环境保护之间的矛盾（刘可文等人，2005），绿色发展与西部发展之间似乎存在着此消彼长的关系。另外，也有学者提出绿色发展的理念和模式可以帮助西部更好地实现发展。基于此，学界对于绿色发展与西部发展的关系以及作用模式进行了一系列的探讨和研究。

刘可文等人（2005）认为西部贫困地区的发展和绿色发展的要求之间存在一定的矛盾，作者从宏观的角度来分析后认为自然生态环境恶化、人地关系矛盾加剧以及产业结构单一，发展思路僵化是西部贫困地区的地域特征和致贫原因，由此认为西部贫困地区的发展问题关键在于推动绿色发展以及化解人与自然环境日益激化的冲突，并提出了实施绿色发展战略，改善生态环境，促进生态平衡；积极发展西部教育，特别是绿色教育，提高人口素质；开发绿色产业，调整产业结构以及实施绿色GDP、用绿色发展眼光看待贫困地区发展等绿色发展策略，缩短西部贫困地区与发达地区的差距，走上可持续发展之路。

甄霖等人（2013）借鉴国际经验，对西部地区整体绿色发展提供了参考。作者通过研究澳大利亚水资源管理、矿产业开发和生物库案例；加拿大经济手段保护生物多样性案例；瑞士农业旅游和西班牙绿色工业发展案例以及澳大利亚"清洁可持续技能培训计划"经验等，为中国西部绿色发展提供了五点启示：

制定绿色发展的制度安排和路线图；开展动态的绩效监测评估与考核，建立切合实际的可量化的考核体系；建立生态产权或自然资源产权交易市场化的激励机制，并选择典型区先行先试，建立长期稳定有效的生态补偿机制；利益相关者积极主动参与到绿色发展的进程之中；提供绿色就业机会，提高劳动力技能和素质。

王珂、秦成逊（2013）从整体层面研究了实现西部绿色发展的整体路径。作者认为走绿色发展之路是西部地区经济发展方式转型的内在要求，是有效化解经济发展与环境资源矛盾的必然选择。作者在分析了西部地区发展绿色经济的优势和面临的挑战之后，结合国外经验与案例，提出大力发展循环经济和低碳经济型产业，积极发展生态农业产业和生态旅游产业，促进传统资源加工产业向新兴绿色产业转型，推动西部地区产业的园区式与集群式发展，促进西部地区新能源产业优先发展等微观层面建议，以及构建完善的绿色发展指标考核体系、建立和完善生态补偿机制和相应的交易机制、建立严厉的环保奖惩机制等宏观层面措施，综合促进西部地区的绿色发展。

冯嫘等人（2013）从宏观角度出发，对西部地区的绿色发展制度构建进行研究。作者认为构建完善的绿色发展制度是西部地区实现绿色发展的内在要求，在分析了国家级与省级的相关政策法规之后，作者认为西部地区绿色发展的制度存在着"生态省"创建制度尚不完善、生态环境保护制度不完善、生态补偿制度存在缺失、绿色发展核算体系尚未建立、国土资源保护制度机制有待健全等问题，由此提出了树立有民族特色的绿色发展价值信念，建立有自身特色的"绿色GDP"考核制度，在制度框架下建立严厉的环境危害惩处机制，建立行之有效的多层次生态补偿机制，健全国土资源开发保护机制等一系列政策建议，促进西部地区绿色发展制度建立与完善。

魏静（2016）认为在绿色发展的视角下，西部经济发展存在着重大的挑战与诸多的问题，通过对绿色发展概念与内涵的梳理，作者提出西部在发展经济的同时也要兼顾绿色环保的原则，推动绿色城镇化建设，培养绿色消费习惯以及完善对领导者的绿色政绩考核是将西部开发与绿色发展结合在一起的有效措施。

蒋尉（2016）从多层治理角度出发研究了西部地区绿色发展的非技术创新系统。作者引入并扩展了MLG模型，通过案例比较认为有效的非技术创新系统可以激发地方政府之间的同级博弈并产生绿色偏好的逐级传导和扩散效应，从而驱动地方政府的战略及政策调整，增加绿色投入和提高效率。由此提出了完善非技术创新系统，提高绿色治理能力；主动进行偏好干涉，发挥非技术创新系统的逐级传导和同级扩散效应；以地市级为执行层，由非技术创新系统从宏观和微观层面驱动绿色转型；建立统一的绿色核算体系；建立全国联网的"一卡通"式的干部考核体系，彻底消除"短视"效应等措施增强西部地区绿色发展的有效性。

尹传斌和蒋奇杰（2017）以绿色全要素生产率分析框架为切入点，对西部地区绿色发展进行研究。作者采用基于 SBM 模型的 Malmquist – Luenburger 生产率指数测算西部地区的绿色全要素生产率，并对西部地区绿色全要素生产率指数及其分解进行分析，并通过实证分析研究西部地区绿色全要素生产率的影响因素。作者认为人均实际地区生产总值与绿色全要素生产率之间存在"U 型"曲线关系，产业结构的调整有利于西部地区绿色全要素生产率的提高，煤炭消费占能源消费比重对西部地区绿色全要素生产率具有显著的负面影响，对外开放有利于提高西部地区绿色全要素生产率的提高，西部地区在进出口贸易中获得了经济发展和资源环境的双赢，科学技术水平对西部绿色全要素生产率具有显著的正向促进作用。总体上，西部地区绿色全要素生产率是进步的，但是对西部地区经济增长的贡献较低，西部地区绿色技术效率存在下降的趋势，绿色技术进步是绿色全要素生产率增长的来源，推进西部地区绿色发展需要进一步提高绿色全要素生产率。在此基础上，作者提出西部地区绿色发展要创新驱动、科学统一规划、调整优化产业结构和能源消费结构、完善绿色发展的制度和机制等政策建议。

柳映潇和王衡（2017）以智慧生态城市为切入点测度西部主要城市的生态足迹与环境承载力，认为总体而言西部主要城市生态承载力不能满足当前城市经济发展的生态需求，在明确城市绿色可持续发展的目标上，需要选择以自身可持续性、可推广复制、自主持续改进的智慧生态城市建设为基础，结合规划设计物质能量流模型、发展绿色低碳技术、采用 PPP 融资模式、发展绿色交通、推行绿色建筑、创新绿色发展机制以及建立西部城市资源生态补偿机制等一系列措施推进西部城市绿色发展。

谭志雄（2017）认为西部欠发达地区实施绿色发展的总体思路为：以共筑生态文明，促进区域协调发展为宗旨，以提升人民生活品质和实现可持续发展为根本，以转变发展方式、节约和集约利用资源、保护和改善生态环境、构建城乡一体化的生态环境安全体系为重点，以培育绿色文化、发展绿色经济、保障生态安全、完善绿色发展机制为主要任务，形成经济发展与生态环境相协调的产业结构、增长方式和消费模式，倡导人人共建、人人共享的建设之路，探索欠发达地区以绿色为导向的新型发展模式，成为西部地区绿色发展的先行示范区。另外，西部欠发达地区绿色发展应按照绿色发展的价值理念，推进经济社会发展与绿色发展双向互动融合，加快转变发展方式和政府职能，推行绿色生产方式和消费方式，推动体制机制和路径创新，通过构建组织协调机制、综合决策机制、评估预警机制、考核奖惩机制、交流合作机制以及公众参与机制等，努力将生态资源和生态资产转化为现实生产力，助推西部欠发达地区精准扶贫和实现科学发展。

二、针对西部单个具体省份绿色发展的研究成果

孙凌宇（2011）从宏观角度研究了青海绿色发展的目标、原则及主要特质。作者认为青海发展绿色经济应该切实转变发展方式，使经济社会全面走上可持续发展道路。优化产业结构，发展具有低碳高质特征的产业体系；加快绿色创新，切实提高我省资源环境绩效；大力发展绿色金融，增强市场活力。在绿色发展的过程中需要遵循把资源节约、环境友好、社会和谐有机结合起来；把政府调控、企业主体和全民参与有机结合起来；把敢于创新、大胆实践、先行先试有机结合起来；把循序渐进、突出重点、统筹规划有机结合起来的原则。作者还在此基础上总结了青海绿色发展需要把握的坚持生态立省战略，大力发展生态经济；抓住机遇，有所作为，大力发展新能源经济；注重自然资源的综合利用，大力推进循环经济；充分发挥生态优势，积极发展碳交易的特质，从而全方位有主导方向地推进青海省的绿色发展道路。

李广泳（2011）从青海省整体情况出发，重点研究了绿色发展的实现路径。作者通过分析绿色发展路径的基本要求，认为青海省绿色发展具有绿色导向的新型工业化、绿色导向的新型城市化之路、绿色导向的新型现代化、绿色导向的创新发展之路四条路径，并在此基础上对每一种路径提出了对应的政策建议，如对煤炭、石油、天然气和有色金属等矿产资源实行保护性开发，对运往东部的能源和原材料征收生态补偿税，用于该地区的生态保护与修复；引进适合青海需要的先进技术，发展与当地资源加工密切的产业；生产模式的绿色与低碳转型；消费模式的绿色与低碳转型；城市化模式的低碳转型，着力发展紧凑型、组团型的城市空间和区域空间来减少碳排放；加强生态保护，合理开发利用资源；发展生态经济，积极推进生态农牧业，走出具有高原经济特色、环境特色的生态化之路，发展具有生态环保型、区域特色型的本土化特色产业，尤其像高原生物医药、高原绿色食品加工、畜产品深加工等；改善城乡人居环境，统筹规划城镇体系，加速城市化进程，开展城镇建设生态化，营造生态功能完善、环境优美、生活舒适的人居环境；着力推进政府职能转变，创新政府管理方式，

确立积极发展非政府组织的理念；打破"消灭农村"推行城市化的僵化思维，进而要"建设农村"，走城市建设与乡村建设并行的道路，走城乡一体化的道路；推进城乡一体化发展是一个长期过程，不同的阶段、不同的区域，应充分考虑当地经济发展的水平、政府的财力、城乡建设的基础等条件，重要的是从当地实际出发，做好符合当地生产力水平的规划，明确总体思路和工作目标、重点，进行分类指导；政府发挥主导作用的同时还要发挥农民的积极性；促进社会公平正义，正确反映和兼顾不同方面的群众的利益，正确处理人民内部矛盾和其他社会矛盾，妥善协调各方面的利益关系；构建和谐的社会关系，以构建和谐的社会关系为主线，全面推进全社会和谐发展；健全社会保障体系，进一步完善城镇各种保险和被征地农民社会保障制度，加快建立农村养老保险和农民工社会保险制度；加强安全生产，加强社会治安综合治理，建立安全预警与应急管理机制等一系列具体措施促进青海省的绿色发展。

巩雪茹（2016）以西藏非公有制企业为重点研究对象，对西藏地区的绿色发展进行了研究和探讨。作者通过大量的问卷调查和实地调研认为西藏非公有制企业存在缺乏绿色发展理念、绿色发展潜力、绿色责任能力、绿色市场导向、灵活监管机制的问题，并在此基础上提出了加强绿色理念宣传与政策导向，帮助树立"低碳、绿色、环保"的经营发展理念；结合西藏特色资源优势，支持具有比较优势和资源特色的西藏藏医药业、高原特色生物产业、高原绿色食（饮）品加工业、特色农畜产品加工业、民族手工业、文化旅游和现代服务业等"绿色"产业茁壮成长；加快对西藏非公有制企业现有生产项目的技改工作，着力引进现代高科技和资源节约型、环境友好型项目落户西藏非公有制企业；集中民力、激发民智，强化绿色引导与管理，培育形成"以大带小、以优促劣、联邦互助、共同发展"的绿色经济发展合力；提升西藏非公有制企业承担绿色发展责任能力；科学评价西藏非公有制企业绿色经济效益，不断完善环境指标评价体系；全面开展非公有制企业绿色产品认证工作；提升绿色消费竞争能力，给予绿色产品适当价格补贴，推动绿色消费市场发展；培育绿色消费文化和绿色竞争意识；建立一套科学、有效的财务核算与考核评价机制；形成以"财政资金为引导、银行信贷资金为依托、担保和信用资金为保障"的绿色融资体系；试点开征"生态税"，让非公有制企业能够主动承担部分生态维护和环境降级成本等一整套政策措施，促进西藏非公有制企业绿色发展，环保节约型企业从中获益，从而推进整个西藏的绿色经济发展进程。

刘青扬（2016）通过分析绿色红利的基本内涵、实现形式，对促进贵州少数民族地区绿色发展、赢得绿色红利进行研究。作者认为绿色工业红利，是跨越传统工业化某些阶段,发展对生态环境有特殊偏好的新兴产业;绿色农业红利,是立足良好的生物资源和气候条件,发展具有自身特色的现代山地高效农业;绿色旅游红利,是发挥自然风光、生态环境、民族文化的综合优势,走一条不同于其他省份的、独具贵州特色的新路;绿色城镇红利,是依托地形地貌优化城镇形态和功能,推动城镇化由高环境冲击型向低环境冲击型的转变;绿色乡村红利,是统筹城乡一体化发展,通过集约规划建设使一部分农村直接过渡到城镇。在此基础上作者提出在"十三五"规划制定及执行中,应时刻贯穿绿色发展和生态文明的理念,将绿色发展和生态文明建设融入各细分领域的发展规划,推动经济的绿色化建设;创新绿色金融产品,大力推广绿色贷款、绿色债券、绿色保险、绿色投资银行,加快发展绿色私募股权和风险投资基金、绿色交易所交易基金、共同基金,以财政资金撬动社会融资;通过税收的方式调节市场行为,拓展绿色产品的市场。完善绿色财政政策,建立绿色发展专项资金,完善绿色补贴政策,加大绿色采购力度,实行生态补偿制度;树立正确的考核导向,建立体现绿色发展的政绩考核体系,转变仅对 GDP 进行简单考核的传统考核方式,在考核中重点突出生态环境、绿色 GDP、资源利用效率等指标释放绿色红利的产业、金融、财税和考核政策,促进贵州的绿色发展。

张中奎(2016)以贵州黔东南民族村寨为例,研究了绿色发展理念下民族村寨的未来发展。作者认为对于民族旅游型村寨,要继续稳健发展,不能一味追求多、大、快、全,以毁灭民族文化来换取经济的高速发展;对于民族工艺产业型村寨,可以在巩固已有的特色民族工艺基础上,利用旅游淘宝,适度发展高质量的观摩旅游;对于真山真水真文化的民族原生态文化型村寨,遵循"住城镇、游生态民俗"的原则,不要局限于发展常规性民族旅游,要利用旅游淘宝,主打农业观光体验旅游。另外,还需要引导绿色消费、构建绿色村寨等措施真正实现民族村寨的绿色发展。

魏媛(2017)从绿色发展的角度采用成本法对贵州工业化进程中的环境污染损失价值进行定量评估,研究结果表明,2010—2013年贵州环境污染损失价值由107.39亿元增加到148.689亿元,环境污染损失价值占GDP的比值由2010年的2.41%下降到2013年的1.86%,三年间下降了0.55个百分点。作者认为贵州经济增长对环境的负外部性减弱,新型工业化、新型城镇化及绿色、低碳发展取得了一定的成效。绿色发展概念的推行有利于贵州经济的进一步发展,而与此同时,贵州的经济发展也促进了绿色发展。

雷德雨(2017)重点研究了贵州工业的绿色发展路径,作者认为绿色制造是贵州工业发展的根本方向,为实现这一目标需要推进传统能源产业绿色发展,大力发展新能源和清洁能源，夯实绿色制造的微观企业基础，推动绿色流程型、离散型制造业发展，提高绿色设计能力以及配套保障体制机制等措施齐头并进。

张欣莉等人（2016）以四川秦巴山区的山地经济区域规划部署政策体系为研究对象，参照国家及四川省近年来对秦巴山区进行区域规划和部署的相关政策文件，从整体大方向上理清政策思路及基本目标，并结合实际调研走访情况，对现有政策的落实基础进行梳理评估，分析现存政策与绿色循环经济发展的呼应点及盲点。通过分析当前政策的问题，作者提出绿色开发水利水电，连片治理山区流域；高效开发人力资源，实现军工高校转移；健全考核体系，加强社会监督；完善法律法规，保障政策执行有力；确立综合评价体系，保障政策实施有效；引入惩奖补偿机制，保障政策运行有方等绿色保护政策转变、强化政策保障体系的政策优化建议，形成绿色循环经济发展的基本途径，促进秦巴地区绿色发展。

薛宗保（2016）以四川达州为例，研究了绿色发展理念下推进城市生态文明建设的路径与措施。作者通过分析达州生态文明城市建设现状以及达州推进生态文明城市建设面临经济基础较为薄弱、生态承载能力有限、产业结构刚性制约等问题，提出了以生态城市为目标，提升城乡整体形象；以生态建设为基础，加快生态修复；推广生态循环农业，加快绿色发展；加快工业结构优化，发展生态工业；实践考核评价体系建设；建设激励机制体系等政策建议，以推动四川达州的城市生态文明建设和绿色发展。

李美慧等人（2016）以技术范式生态化转变为视角，讨论了四川省秦巴山区的绿色发展道路。作者认为秦巴山区需要走以绿色、低碳、循环为特征的生态发展之路，从而增强基础建设，提升经济水平，并进一步提出了强化和提升对技术范式生态化转变的认知水平，整合相关产业构建四川秦巴山区技术范式共同体，科技创新支撑构筑四川秦巴山区技术范式升级轨道等具体措施，实现绿色跨越式发展，走可持续的生态发展之路。

邱高会（2016）以四川产业结构绿色转型为研究重点，认为四川的产业结构绿色转型是建成长江上游生态屏障的助推器以及建设"美丽四川"的根本要求，想要实现产业绿色转型需要大力发展第三产业，提高第三产业尤其是现代服务业比重；打造高新技术产业集群，不断提高产业的科技含量；加快构建绿色低碳产业体系，大幅提高产业绿色化程度；加强科技创新，为产业绿色转型提供动力支持以及强化制度创新，为产业绿色转型提供制度保障，持续推动四川省乃至西部地区的绿色发展，实现经济发展与环境保护的双赢局面。

斯丽娟（2016）以城市社会—经济—自然复合生态系统理论为基础，采用数据包络分析方法，构建我国西部城市绿色发展效率的评价指标体系和评价模型，并以甘肃省主要城市为评估案例，对 1985—2010 年间甘肃省主要城市的绿色发展效率进行评价，认为甘肃主要城市的绿色发展水平整体有所提升，并讨论其资源环境绿色发展的优化潜力，提出甘肃省主要城市未来绿色发展的关键要素发展方向是综合考虑社会经济发展的诉求与生态环境保护和资源能源有效利用等多方面的现状和条件，重点考虑城市及区域发展能力、城市发展水平、城市及区域工业化产业化发展程度、城市贫困及精准扶贫、城市居民福祉等方面；需要把社会公平、经济效益的提升放在重要的地位；综合考虑城市生态系统稳定与服务支撑能力、环境承载力与环境污染负荷、自然资源条件、能源及矿产资源基础与禀赋，以生态环境保护和资源能源节约为发展核心。

辛晓彤（2016）从后发优势的角度研究了内蒙古在面临经济增长速度减缓、粗放型产业比重大、现代服务业发展水平不高等挑战下的绿色发展道路。作者对内蒙古地区具有明显后发优势的产业结构、技术和人力资本三个方面进行分析后，提出了提升要素禀赋质量，促进产业优化升级、发展绿色经济，实现经济增长和生态保护协调发展以及深化改革，促进创新驱动发展等政策建议，促进内蒙古经济健康可持续发展。

周闯（2016）以绿色发展的视野，研究了内蒙古自治区节能减排与经济协调发展。作者认为内蒙古由于受资源禀赋和所处发展阶段等因素影响，经济增长对煤炭资源的依赖程度较高，且主要行业多是资源型行业，要通过减少资源使用量的方式来实现节能减排的空间非常有限。在绿色发展的道路上，需要争取国家层面的差别化政策、积极探索碳排放权体系建设、完善节能减碳投入机制、推动自主创新，促进产业协调发展、加快推进企业自主创新、加强政府体制机制创新、加快理顺资源产权关系，探索政府对资源资本化的有效方式；实行严格的污染物排放总量控制指标，根据环境容量制定产业准入环境标准，推进排放权、排污权制度改革，合理控制排放、排污许可证的增发，制定合理的排放、排污权有偿取得价格；对引进和培养高层次人才、建立重点实验室和工程技术研究中心成效显著的园区、自治区给予奖励；促进资源型产业和非资源型产业协调发展等一系列举措促进内蒙古发展绿色经济。

第三节　西部地区绿色发展的主要制约因素分析

"十二五"规划纲要提出未来五年中国将走绿色发展之路，"十三五"规划纲要提出创新、协调、绿色、开放、共享的五大发展理念，可见绿色发展是当前中国可持续发展的重要议题。绿色发展对西部地区来说重要且必要，一方面，我国西部地区自然资源丰富，不仅是我国资源能源的续接地，而且是我国的大江大河源头和重要自然生态屏障。但由于地理位置、自然环境和历史文化等方面的原因，西部地区的经济发展相对滞后，生态环境较为脆弱。并且因资源消耗拉动的经济增长使得西部地区面临着资源枯竭的问题。因此西部地区资源、环境与经济发展的矛盾日益突出，实施绿色发展刻不容缓。另一方面，西部地区作为生态安全战略格局"两屏三带"的重要部分，在国家绿色发展战略中具有重要的资源和能源战略地位，西部地区的绿色发展直接关系到国家绿色发展战略的实现。因此，推动西部地区的绿色发展，对整个中国的绿色发展实现具有重要的意义。

通过贯彻落实科学发展观，建设生态文明，建设环境友好型和资源节约型社会，近几年，西部地区正在不断推进绿色发展的战略部署。从具体行动上看，西部地区在节能减排、发展循环经济、推动低碳经济、加大环境保护投资、建立环境经济政策体系等方面做了大量工作。但是这些绿色发展的相关实践还是初步的、非自觉的。西部地区要实现绿色发展还面临着艰巨挑战（王珂等，2013）。

一、西部生态环境的制约

西部地处我国内陆，地势复杂多变，是生态最为脆弱的地区，尤其是在西部大开发后，经济快速发展，对生态环境的破坏加剧（张宝琴，2008）。根据西部地区生态脆弱的表现形式不同，可以分为西南生态脆弱区、西北生态脆弱区、青藏生态脆弱区。

西南生态脆弱区主要包括滇、川、渝、黔和桂，地貌以山地和石漠化为主。具体表现为：土层薄，植被存活率低；雨量大，融水侵蚀厉害；山地多，水热条件不均衡（曹建华，2008）。西北生态脆弱区主要包括新、甘、宁、陕和内蒙古，主要特征为干旱和沙漠化。具体表现为：降水少，水资源短缺；风沙活动频繁，土壤沙化；土壤贫瘠，植被覆盖率低。青藏生态脆弱区主要指青海和西藏，是高寒复合侵蚀地区。具体表现为：海拔高，气候冷，植被稀疏，土壤具有各种侵蚀现象，是生态环境最恶劣的地方。随着人类发展，西部地区生态进一步恶化，植被减少、水土流失、环境污染等生态问题频发。

西部地区生态条件脆弱表现在西北地区是我国水土流失重灾区，森林覆盖率低；而且西部地区水资源匮乏，土地沙化日益扩大，同时，西部地区生态环境脆弱也导致一系列自然灾害频发。这些自然因素都是制约西部绿色发展的原因（刘海霞，2015）。

（一）森林覆盖率低，水土流失严重

虽然国家持续开展植树造林工程，从国家公布的数据显示今年西部地区林地面积有所增加（表2-3），但林地系统仍然存在一些问题。当前保留下来的原始林、天然林老化严重；被砍伐后的天然林逐步转化为天然次生林。从数量上看，林地面积整体增加，人工林比例增加，林地生态功能弱化。综合评价西部林地情况认为，天然林早期破坏严重，近年人工林建设力度增大，虽然数量上增长，但林地树种趋向单一化，地下水耗量大，生态功能部分缺失，整体林地资源环境状况不容乐观（陈芳淼，2013）。

表2-3 西部六个项目省区林地变化状况

森林面积（万公顷）	四川省	贵州省	甘肃省	陕西省	青海省	内蒙古自治区
2010	1659.52	556.92	468.78	767.56	370.01	2366.4
2016	1703.74	653.35	507.45	853.24	406.39	2487.9

数据来源：通过CNKI中国经济社会发展数据统计库整理所得。

据最新的第八次全国森林资源清查数据显示，全国森林面积2.08亿公顷，森林覆盖率21.63%，西部地区森林覆盖率达17.05%。然而，我国森林覆盖率远低于全球31%的平均水平，人均森林面积仅为世界人均水平的1/4，人均森林蓄积只有世界人均水平的1/7。西部大部分地区森林覆盖率十分低下，青海仅为0.35%，新疆为0.79%，甘肃为4.33%。森林资源总量相对不足、分布不均的现实状况也没有得到根本改变，我国仍然是一个森林资源短缺、生态系统脆弱的国家。

目前全国水土流失面积为360万平方千米，而西部地区的水土流失面积约占80%。黄河中下游的黄土高原植被稀少，沟壑纵横，一遇雨水，泥沙俱下，是世界上水土流失面积最广、强度最大的地区，水土流失面积达45.4万平方千米。严重的水土流失，破坏了生态系统自身的修复能力，破坏了生态平衡，影响经济发展，危及人民的生命财产安全。

（二）沙漠化土地面积分析

荒漠化是"地球的癌症"，是一个全球性的环境问题。我国荒漠化面积已占国土面积的27.3%，是荒漠化最严重的国家之一。"每年新增沙漠化面积2400多平方千米，90%分布在西部地区"（曹萍，2009）。我国沙地资源大部分分布于西部民族区域，面积较大的12个沙漠、沙地均位于我国西北部。第四次荒漠化公告显示，2009年，我国荒漠化、沙化最严重的省份均集中在我国西北部地区，分别为新疆、内蒙古、西藏、青海、甘肃（表2-4）。经查阅资料可知，从2005年到2010年，除去个别省份外，西部各省份沙漠化面积有了一定程度的减少。但从2010年开始，西部各省份沙漠化面积并没有变化。就当前形势看，我国西部地区土地荒漠化和沙化整体得到初步遏制，荒漠化和沙化土地面积减少，但局部地区仍有扩展。综合前人资料，近百年间，新疆、内蒙古广大地区沙漠成扩大化趋势，北方黄土高原地带沙地扩张，水土流失严重。

表2-4 西部六个项目省区沙漠化状况

沙化土地面积（万公顷）	四川省	贵州省	甘肃省	陕西省	青海省	内蒙古自治区
2005	91.44	0.67	1203.46	143.44	1255.83	4159.36
2010	91.38	0.62	1192.24	141.32	1250.35	4146.83
2015	91.38	0.62	1192.24	141.32	1250.35	4146.83

数据来源：通过CNKI中国经济社会发展数据统计库整理所得。

西部地区沙漠化在一定程度上制约了绿色发展的开展与进行，绿色发展需要依靠的土地成了难题，而西部地区特殊的地理条件与天然形成的自然环境，以及由于人为因素导致的土地沙漠化，成为我们目前发展西部绿色生态建设的一个制约因素。

（三）湿地—水系资源分析

湿地—水系自然生态系统的蓄水调洪、调节气候、净化水体、保护土壤和生物多样性等功能，对于西部地区生态环境稳定和社会经济发展有着重要作用。近年来，随着区域人口增长及工、农业发展，西部水资源紧缺形势日趋严峻，湿地—水系面临巨大生存危机，区域内水资源量整体呈锐减趋势（陈芳淼，2013）。

近年来我国西部地区湿地面积呈现了增长的趋势（表2-5），但实际上，自然湿地的面积在逐渐减少。近60年来，新疆地区天然湿地面积减少了55%（王保才等，2009），这个数字其实是很惊人的。艾比湖、巴里坤湖、乌伦古湖、博斯腾湖面积严重萎缩,孔雀河、开渡河、玛纳斯河、塔里木河等河流径流量大幅缩减;罗布泊、玛纳斯湖均已干涸或发生干涸。西南地区水资源丰富,但湿地—水系资源状况也不容乐观。1949年至21世纪初,云南省大于1平方千米的湖泊数减少了一半。近20年来,四川西北部已有200多个湖泊干涸,湿地面积减少超过60%。而且,由于地下水资源的过量开采导致近些年西部各地地下水位下降迅速。

表2-5 西部六个项目省区湿地面积变化情况

沙化土地面积（万公顷）	四川省	贵州省	甘肃省	陕西省	青海省	内蒙古自治区
2005	961.7	79.4	1258.1	292.9	4126	4245
2010	961.7	79.4	1258.1	293	5569	4245
2016	1747.8	209.7	1693.9	308.5	8143.6	6010.6

数据来源:通过CNKI中国经济社会发展数据统计库整理所得。

从表2-6中我们可以很清晰地看到,近10年来,我国西部地区地下水资源总量是呈现减少下降的趋势。这与我们西部大开发以来过度开采、过度注重经济效益有关。西部虽然资源丰富,可属于干旱地区,由于自然条件的制约,水资源并不丰富。同时,西部地区生态又非常脆弱,近些年过度的开采与过分地追求经济效益给西部地区的湿地—水系资源系统带来了一定的损害。而日益减少的地下水也给我们谋求西部的绿色发展带来一定的阻碍。

表2-6 西部六个项目省区地下水资源状况

地下水资源量（亿立方米）	四川省	贵州省	甘肃省	陕西省	青海省	内蒙古自治区
2003	596.4	247.9	136.9	173.1	273.9	239.2
2010	595	251.4	124.2	142.9	340.1	227.65
2015	584	282.2	100.9	120.6	273.6	224.6

数据来源:通过CNKI中国经济社会发展数据统计库整理所得。

以云南省为例,自然湿地面积占国土面积的比重自2011年以来有了较大幅度的增长，近几年一直处于没有较大变化的状态，百分比呈现上下略微浮动的状态。但整体来看，湿地面积占国土面积的百分比还是处于较低的水平。综合看来，我国西部湿地—水系资源整体上处于较低发展水平，是整个地理系统的安全状况的重要表征，也是制约西部绿色发展的一个不可忽略的因素，应当引起重视（吴以敩，1992）。

（四）生态系统脆弱，各类灾害频发

我国是世界上生态脆弱性表现最明显的国家之一。西部地处内陆，地域广袤辽阔，是许多大江大河的发源地和重要的资源后备地，但是西部区大陆性气候显著，常年干燥少雨，导致生态系统中生物链简单。西部地区特别是西北地区生态环境十分脆弱，是一个生态危机区。西部绝大部分省区位于生态环境脆弱区，生态系统稳定性较差，环境变化产生的影响较大。宁夏、西藏、青海、甘肃和贵州是全国生态最脆弱的五个省区，环境的自我修复能力和调节能力弱，人类行为引起的变化特别明显，一旦受到影响，恢复所需时间相当漫长（周鹏，2013）。

西部地区是我国各类灾害的频发区，全国70%的突发性地质灾害发生在西部地区，黄土高原地区、青藏高原、西南石山区，常年遭受干旱等严重自然灾害。我们选取2015年的数据分析，由表2-7可知，西部地区全年自然灾害受灾面积和人口占全国自然灾害受灾面积与人口的22%，因为西部特殊的生态条件，多发生特大自然灾害，且造成很大的受灾面积和受灾人口，影响西部地区的发展，成为制约西部绿色发展的一个关键因素。

表2-7 2015年西部六个项目省区受灾情况

指标	中国	四川省	贵州省	甘肃省	陕西省	青海省	内蒙古自治区
自然灾害受灾（万公顷）	2176.98	56.27	22.44	101.12	74.43	22.05	270.08
自然灾害受灾人口（万人次）	18620.3	997.5	581.03	658	583	189.5	584.4

数据来源：通过CNKI中国经济社会发展数据统计库整理所得。

二、人才及观念因素的制约

（一）基础教育薄弱，人才短缺

由于受到地理及人文环境等因素影响，西部地区的文化教育水平明显落后于全国平均水平,而文盲率长期居于全国前列,而且,西部地区由于资金支持不足,导致基础教育投入薄弱,基础教育资源和设施均不完善,这表明西部地区人力资源的整体素质偏低。而且,西部地区由于其特殊的地理位置,教育资源稀少,高等院校较少,高新产业发展不足,导致人才流失严重,尤其是近五年来,西部地区的人才流失现象越发凸显。以博士、教授等高层次人才为例,跨省调出的人数是同期调入的两倍以上(彭金龙,2018)。成为实现绿色发展的瓶颈。

我们由表 2-8 和表 2-9 可以看出,首先,西部省份基础教育学校数量偏少,尤其是青海省、内蒙古自治区和甘肃省,基础教育资源发展较为缓慢。在小学学校的数量上,各省份并不低,但是初高中学校数开始锐减,尤其以农村地区更甚。一个省的农村高中学校数量才有十几所,西部地区在教育方面还需加大投入,为培养出更高层次的人才而努力。

表 2-8　2014 年西部六个项目省区基础教育情况

指标	四川省	贵州省	甘肃省	陕西省	青海省	内蒙古自治区
城市普通初中学校数(所)	261	182	97	163	28	190
城市普通高中学校数(所)	213	122	145	234	37	146
城市小学学校数(所)	542	351	260	511	70	397

数据来源:通过 CNKI 中国经济社会发展数据统计库整理所得。

表 2-9　2014 年西部六个项目省区基础教育情况

指标	四川省	贵州省	陕西省	青海省	甘肃省	内蒙古自治区
农村小学学校数(所)	6884	10904	8682	1554	10337	1752
农村普通初中学校数(所)	2121	1215	1458	197	1150	271
农村普通高中学校数(所)	28	46	170	12	54	10

数据来源:通过 CNKI 中国经济社会发展数据统计库整理所得。

全国中央部委属高校有111所,而整个西部地区除四川省、陕西省有六所,重庆、甘肃有两所,贵州、内蒙古各有一所之外,其他地区均没有。教育资源分布不均,不仅培养不出高精尖人才,更导致人才流失严重。

同时,西部地区各省份高技术产业的稀少也是造成人才流失的一个重要的因素。对于东部沿海发达地区,西部地区一直处于资本稀缺、企业技术水平整体落后、人才缺失的状况(表2-10)。2009年,西部地区大中型工业企业研发人员全时当量仅占全国11.75%;相应的研发经费仅占全国的9.88%;新产品销售收入仅占全国的10.48%,其中开发新产品销售收入出口额仅占全国的3.57%(张先鹏,2018)。

表2-10 2014年西部省份高技术产业发展情况

指标	四川省	贵州省	陕西省	青海省	甘肃省	内蒙古自治区
高技术产业企业数(个)	911	193	435	36	117	95
高技术产业大型企业数(个)	61	16	38	0	3	5

数据来源:通过CNKI中国经济社会发展数据统计库整理所得。

(二)观念因素

思想决定思路,思路决定出路。一直以来,受经济社会发展水平的制约,绿色发展的价值观在西部地区尚未普遍形成。一些地区,特别是民族地区,信息流通不畅,思想观念仍然较落后。一些地方群众甚至地方政府领导的头脑中仍难以摆脱陈旧的思想观念,不能适应绿色发展观念(胡长生等,2018)。在经济发展过程中,由于资源价格相对较低,认为自然资源是可以无限供给的,造成了资源的掠夺性开发和浪费性使用。各地方政府为了区域自身利益最大化,在发展方向上,区域间存在着同质竞争和重复投资,从而影响西部地区绿色发展战略的实现。因此,要从观念上彻底改变资源无价和资源可无限供给的想法,认可绿色发展的重要性,并通过改变落后观念,树立牢固的绿色发展意识,来配合并促进绿色发展的实现。

三、产业及技术因素的制约

（一）产业发展水平的制约

工业的主导地位并未改变，产业的资源依赖特征并未扭转。作为我国主要的能源集中地和输出地，西部地区产业具有明显的资源依赖型特征（宋周莺，2013），形成了高消耗、高排放的产业发展模式。从西部地区的产业构成来看，工业依然是主导产业，2016年其占比依然高达78.65%。西部地区的矿产、石油等资源较为丰富，以原煤为例，2016年西部地区所生产原煤就占全国原煤总产量的57.11%。因此，长期以来，推动西部地区工业增长的动力都是资源密集型产业，煤炭采选业、石油和天然气开采业、石油加工炼焦业、金属矿采选业、非金属矿采选业、金属冶炼及压延等在绝大部分西部省区产值中都占较大比重（黄林秀，2012）。以内蒙古为例，2015年，其煤炭采选业、石油和天然气开采业、有色金属矿采选业、石油加工、炼焦和核燃料加工业、非金属矿采选业等产业产值分别为2931.13亿、715.34亿元、613.17亿元、592.9亿元和237.46亿元，占其工业总产值7739.18亿元的65.77%。从整体上看，2015年西部地区上述产业产值占到西部地区工业总产值的45.05%。因此，尽管西部地区的产业结构总体上已经得到了优化，但其资源依赖的特征并没有得到根本扭转，资源密集型产业依然占据主导地位。

战略性新兴产业发展较慢。大力发展高端装备制造、新一代信息技术、生物医药、新能源、新材料、节能环保、新能源汽车等战略性新兴产业，是我国产结构优化调整的方向和重大举措。但目前，我国战略性新兴产业大都集聚在东南沿海发达地区，中西部尤其是西部地区所占比重较低。数据显示，2016年西部地区战略性新兴产业产值占全国战略性新兴产业产值的比重还不到20%，其产值规模较小，发展远远不足。

（二）产业规模

随着工业化进程，产业结构的演变首先表现为第一产业在国民经济中的比重和劳动力就业比重的下降。西部地区尽管也在沿着这一规律演变，但进程缓慢。西部地区是我国主要的农业经济区域，目前西部第一产业从业人数较多、产业结构水平低，表现为效益偏低的农业。

由表2-11可以看出，西部地区相比东北地区而言，第一产业占比较高，而且多为效益偏低的农业，产业结构还需不断优化发展。

表 2-11 2014 年西部地区产业结构分析

指标	西部地区 生产总值（亿元）	西部地区 占全国比重（%）	东北地区 生产总值（亿元）	东北地区 占全国比重（%）
第一产业	138073.5	20.2	57469.8	8.4
第二产业	16426.8	28.2	6421.8	11
第三产业	66090.1	20.5	27175.9	8.4

数据来源：由《2014 年统计年鉴》整理所得。

西部地区的第二产业发展面临着既缺资本、技术，又缺人才和创新思维的局面。即使是西部地区目前已有的较为成熟的工业企业，也都建立于较早时候，工业发展较为缓慢，民族地区的工业发展更是艰难。目前，第二产业的专业化水平虽然有不同程度提高，但内部结构性矛盾依然突出。

自 20 世纪 90 年代以来，随着西部大开发战略的深入实施，西部地区的旅游业不断发展，使西部地区第三产业的地位和作用也越来越突出。第三产业虽然在生产总值中占到了相当的比重，但这一比重是以第二产业的弱势发展为基础的。在第三产业内部，传统低层次服务业占有较大比重，对经济增长的贡献作用还不明显；在就业创造方面，绝大部分省区是均低于全国平均水平的。

由于特殊的战略地位，我国西部地区的产业结构在一定程度上并没有考虑到现实西部地区的因素，产业结构较扭曲。20 世纪末，西部大开发战略的实施为我国西部地区经济发展提供了新的契机。但与此同时，西部当地产业结构的调整和优化已对西部开发进展及其效果产生了实质性的影响。

西部地区主要依靠第一产业农林牧产业的生产来创造生产总值。从表 2-12 可以看出，西部地区各个产业的生产总值占全国生产总值的比例还较低，虽然，近年来，西部地区第三产业的发展已经有了明显的进步，但从整个国家的发展来看，西部地区还是呈现出了产业结构不合理，目前发展水平较高的依然是服务类行业。

西部大开发战略实施以来，在国家各种鼓励政策引导下西部地区新兴产业规模虽然实现了稳步增长，但是利用西部战略资源仍是国内外资本流入西部的主要动机，西部地区新兴产业的发展也具有较强的政策和资源禀赋依赖性，导致新兴产业发展的内生动力不足。加之未能有效促进产业结构优化升级，人才引进具有明显的被动性，承接产业转移无序竞争，在一定程度上加剧了产业内部发展不协调。西部地区产业规模以及产业结构的不合理目前也是制约西部地区绿色发展的一个重要因素。

表2-12 2016年西部地区产业规模

指标	生产总值（亿元）	占全国比重（%）
第一产业	138073.5	20.2
第二产业	16426.8	28.2
第三产业	66090.1	20.5

数据来源：《中国统计年鉴》。

（三）产业效率

产业发展能耗较高。支撑粗放型经济增长的重要条件就是大量的资源投入，而靠拼资源的资源依赖型产业的发展使得西部地区的能源消耗较为严重，单位GDP能耗较高，能源转换效率较低，成为我国碳排放的重灾区（尹传斌，2017）。数据显示，在西部地区一次能源消费结构中，煤炭比重超出80%。2016年全国共消耗煤炭424941.78万吨，其中，西部地区所消耗的煤炭就占到了全国的31.65%，焦炭、石油等消耗量也均占到了全国的20%以上。而煤炭单种能源的碳排放系数高，造成二氧化碳减排困境，严重影响了西部地区的生态环境。2016年，全国能源加工转换效率只有73.85%，对于占全国50%以上能源生产的西部地区而言，其能源加工转换效率拉低了全国能源加工转换效率。

由表2-13我们可以看到，我国西部省份的单位GDP能耗要普遍高于全国平均水平。发展能耗高、效率低是目前西部各省产业发展面临的主要问题，同时，巨大的不可再生能源的消耗也是制约西部绿色发展的一个很重要的因素。

表2-13 2010年西部省份单位GDP能耗

指标	中国	贵州省	四川省	内蒙古自治区	陕西省	青海省
单位GDP能耗（吨标准煤/万元）	1.077	2.35	1.34	2.01	1.172	2.69

数据来源：由CNKI中国经济与社会发展统计数据库整理。

（四）产业技术水平

产业技术水平是一个国家科技和经济发展水平的集中体现。当一个国家具备一定的产业技术基础和发展条件，步入一个新的发展阶段时，自主创新就成为进一步提升产业技术水平的主要手段。西部地区产业技术水平不高，知识产权积累有限，从产业发展阶段看，从模仿到创新是实施追赶的一条捷径，在模仿的基础上必须依靠自主创新才能够提升产业技术能力和水平。

但是，因为历史、地区以及经济因素的影响，西部地区的教育水平较低，教育投入少，劳动力的素质也处于较低的水平，劳动力素质低下不能满足现代行业的要求，产业发展缺乏创新型人才，缺乏创新性技术，大部分集中在加工制作上，没有掌握核心技术。

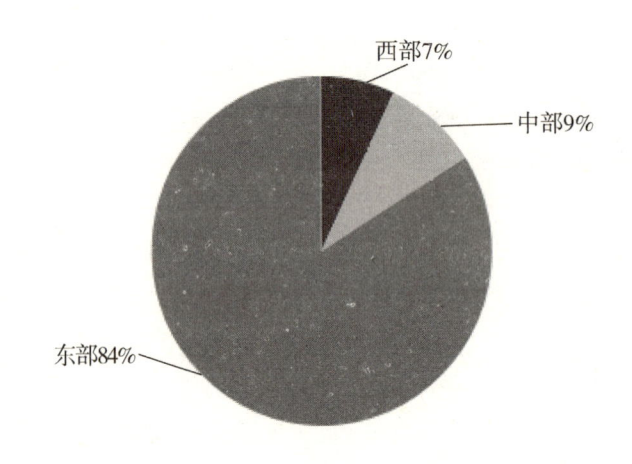

图2-7 高新技术产业年均总产值百分比

我们从图2-7可以很清晰看到，西部各省份高新技术产业发展占比明显要低，显示西部地区在高新技术产业方面发展不足，缺乏核心技术的掌握，缺乏创造力与创新型人才。目前西部地区新兴产业仍未扭转严重不平衡发展的局面，这与政策导向下的外生性驱动力有关，也与西部地区总体经济发展水平有关。同时，高精尖技术型人才的缺失也有很大的限制因素。高校较少，同时，由于特殊的地理原因，人才流失性较强，造成西部地区普遍缺少创新型企业。同时，产业的技术水平低也是制约西部地区绿色发展的一个重要因素。

四、地方政府以及政策的影响

(一) 地方政府管理不当

一些地方政府绿色发展意识淡薄,绿色措施不力,导致绿色发展滞后。更有甚者,一些地方政府在对待保护环境、绿色发展要求上,阳奉阴违,导致生态环境的严重破坏。如祁连山是我国西部的重要生态安全屏障,国家级自然保护区,但在祁连山生态环境保护上,有关方面认识不深刻,片面追求经济增长和显性政绩,长期存在生态环境为经济发展让路的情况,不作为、乱作为,生态监管层层失守,致使违规违法开发矿产资源、建设水电设施、偷排偷放等情况十分严重,导致保护区局部植被破坏、地表塌陷、水土流失、河道污染甚至断流(史艺璇, 2018)。

(二) 制度限制,产权不清晰

产权清晰是解决资源滥用和环境污染的重要手段。目前,西部地区尚缺少完善的制度和机制对企业为了自身经济利益所造成的环境污染和无节制使用自然资源的外部非经济性行为进行制约:如明晰的产权制度、评价机制、监管机制、交易机制和补偿机制。产权不明晰和产权配置不当是西部地区资源耗竭和环境恶化的根源。西部地区的绿色发展,需要进行制度创新。新的制度是要将绿色发展下资源节约和环境友好作为绿色GDP的重要内容来考核。能否建立完善的制度是对西部地区严峻考验。

第四节 西部地区绿色发展的政策举措与具体行动

一、西部地区绿色发展规划及政策

为了推动国家的绿色发展和解决本省份的困境,西部地区各省份都做了不懈的努力。四川省为深入贯彻落实农业供给侧结构性改革的战略部署,破解畜牧生产效能不高、养殖布局结构不合理、农牧结合不紧密、养殖废弃物资源化利用水平低等突出问题,推进畜牧业转型升级绿色发展,加快四川农业创新绿色发展,切实提高发展质量效益和竞争力。青海省贯彻落实创新协调绿色开放共享的新发展理念,坚持就地消纳、绿色循环、综合利用,以畜牧养殖大县和规模养殖场为重点,以就地就近用于农村能源和农用有机肥为主要处理方向,健全制度体系，强化责任落实，完善扶持政策，加强科技支撑，严格执法监管，扎实有序推进畜禽养殖废弃物资源化利用工作，为实施乡村振兴战略提供有力支撑。内蒙古自治区以绿色生态为导向，因地制宜，推广符合本地实际的粪污资源化利用主导模式，以沼气和生物天然气为主要处理方向，以农用有机肥和农村牧区能源为主要利用方向，全面推进畜禽养殖废弃物资源化利用，实现区域内种养平衡，加快构建种养结合、农牧循环的可持续发展新格局，为全区农牧业健康发展提供有力支撑。陕西省树立绿色、循环、低碳和全寿命期理念，科学指导城乡建筑绿色发展，按照突出重点、分类指导、政府引导、市场推动的原则，完善政策法规，健全标准体系，创新工作机制，营造市场环境，大力提高资源利用效率，合理改善建筑舒适性，转变城乡建设模式，开展绿色建筑行动，促进资源节约型、环境友好型社会建设，实现经济社会全面、协调、可持续发展。贵州省以县乡村造林绿化、新一轮退耕还林还草为抓手，全面绿化宜林荒山荒地，努力把林业培育为生态建设的增长点，切实守住发展和生态两条红线。新疆维吾尔自治区着力构建保护生态环境的长效机制，认真贯彻落实习近平总书记关于新疆工作重要讲话精神，提升新疆环境保护生态文明建设水平，加快美丽新疆建设。具体文件见下表2-14。

表2-14 西部各省重要绿色发展文件

省份	各省重要文件	主要内容
四川	2017-10-19《推进畜牧业转型升级绿色发展意见》	1. 优化完善规划布局 2. 调整优化畜禽结构 3. 推进生产方式、经营方式转型升级 4. 推进畜产品品牌化创建
四川	2016-11-07《推进农业供给侧结构性改革加快四川农业创新绿色发展行动方案》	1. 推进结构性调整 2. 推进标准化生产 3. 强化质量安全监管
青海	2017-12-2《青海省人民政府办公厅关于加快推进畜禽养殖废弃物资源化利用的实施意见》	1. 完善规模养殖场主体责任制度 2. 健全绩效考评制度 3. 完善畜禽养殖污染监管制度 4. 构建种养循环发展机制
内蒙古	2017-10-17《畜禽粪污资源化利用工作方案（2017—2020年)》	1. 实施畜禽规模养殖环评 2. 加强禽畜养殖污染监管 3. 构建种养循环发展机制 4. 确定主推技术模式

续表

省份	各省重要文件	主要内容
陕西	2013-08-05《陕西省绿色建筑行动实施方案》	1. 加强公共建筑节能管理 2. 大力发展绿色建材 3. 推进可再生能源建筑规模化应用 4. 推进建筑废弃物资源化利用
甘肃	2014-07-07《甘肃省加快转型发展建设国家生态安全屏障综合试验区总体方案》	1. 构建四大生态安全屏障 2. 推进五大区域可持续发展
贵州	2015-02-27《绿色贵州建设三年行动计划（2015—2017年）》	1. 大力实施封山育林、人工造林 2. 大力实施退耕还林还草 3. 大力推进石漠化地区综合治理
云南	2017-01-20《云南省沿边开放经济带发展规划（2016—2020年）》	1. 推进生态建设与环境保护联防联控 2. 发展壮大沿边特色产业 3. 建设边境特色多城镇体系
重庆	2015-01-20《关于新一轮退耕还林还草的实施意见》	1. 种苗造林费补助、工作经费补助、现金补助 2. 鼓励社会资本参与退耕还林还草 3. 在不破坏植被前提下允许发展林下经济
新疆	2017-09-13《关于进一步完善自治区生态环境保护长效机制的意见》	1. 各司其职、各负其责 2. 全面排查、以点带面 3. 组织专家科学论证出台环保长效机制
宁夏	2016-10-28《新一轮草原生态保护补助奖励政策实施指导意见》	1. 对全区2599万亩草原进行禁牧补助 2. 对绩效突出地区进行奖励 3. 实行封顶保底 4. 维护承包权益
西藏	2015-05-13《西藏自治区生态环境保护监督管理办法》	1. 严禁引入高污染、高排放、高耗能产业和项目 2. 旅游等资源开发和交通等基础建设应依法进行环境影响评价

资料来源：作者根据文献资料整理。

从西部12省份的"十三五"规划也可以看出，西部各地区未来五年的发展思路中，绿色发展理念更为突出。其中宁夏在水、大气、土壤等治理方面较为突出，在水方面城镇及工园区污水处理设施全覆盖，加强黄河流域河干支流、主要排水沟、湖泊湿地等重点流域水污染治理。严格执行环境空气质量标准，实施全面达标排放计划。另外还建设六盘山生态补偿试验区，加快主体功能区建设。四川省将环境保护作为倒逼转型升级的主要手段，全面打响绿色发展战略，积极推进生产方式和生活方式向低碳、绿色转变。内蒙古自治区在纲要中提出要产业能源结构绿色化，推动绿色农畜产品生产加工输出基地建设，"两屏三带"生态安全战略格局中做好北方生态安全屏障。陕西省通过构建以效率、和谐、持续为目标的经济增长和社会发展方式，来推动绿色经济转型，基本思路为绿色农业要"产业化生态化、生态产业化"，绿色工业要"资源利用集约化、生产过程清洁化"，将绿色理念集中在积极培育以低碳排放为特征的新的增长点。具体如下表2-15所示。

表2-15 西部各省份"十三五"规划之绿色发展（摘要）

省份	"十三五"规划绿色发展（摘要）
四川	构筑生态文明新家园，坚持生态优先、绿色发展，构建科技含量高、资源消耗低、环境污染少的产业结构和生产方式，倡导勤俭节约、绿色低碳、文明健康的生活方式和消费模式，建立健全生态文明制度体系，全面推进生态省建设
青海	青海省绿色发展、生态保护建设走在西部前列，积极建立特色生态农牧业产业发展，全面形成生态农牧业发展新格局
内蒙古	以把我区建设成为绿色农畜产品生产加工输出基地和北方重要生态屏障为总目标，推动农牧业现代化建设和农牧民增收致富。加快能源、水利、气象、林业、环境资源等领域的数字化、网络化、智能化改造升级，促进生态环境保护的绿色化、精准化和高效化
陕西	坚持绿色优煤；食品加工方面打造西部绿色生态食品生产加工基地；大力开发污染防治生态保护修复的绿环保；重点推进陕南绿色循环发展
甘肃	绿色是永续发展的必要条件和人民对美好生活追求的重要体现。坚持节约资源和保护环境的基本国策，以建设生态文明省为目标，坚持走生产发展、生活富裕、生态良好的文明发展道路，推进国家生态安全屏障综合试验区建设，大力发展循环经济，加快建设资源节约型、环境友好型社会，推进美丽甘肃建设，推动人与自然和谐发展

续表

省份	"十三五"规划绿色发展
贵州	牢牢守住山青、天蓝、水清、地洁四条生态底线，努力建设生态优势突出的贵州。在产业方面大力推进农业现代化，加快发展现代山地特色高效农业
云南	以构建开放型经济为引领、拓展产业发展空间，以构建创新型经济为关键、加快产业动力转换，以高端化为标杆、提高产业市场竞争力，以信息化为支撑、促进产业融合发展，以绿色化为根本、推动产业可持续发展的"两型三化"的云南特色产业体系
重庆	坚持尊重自然、顺应自然、保护自然，牢牢把握"五个决不能"底线，保障生态安全，改善环境质量，提高资源利用效率，推动生产方式、生活方式和消费模式绿色转型，把重庆建成碧水青山、绿色低碳、人文厚重、和谐宜居的生态文明城市
广西	立足绿色强区、生态惠民，深入推进生态文明建设，大力发展生态经济，形成节约资源和保护环境的空间格局、产业结构和生产方式，走出一条富有广西特色的产业强、百姓富、生态美的绿色转型绿色崛起之路，把绿色优势转化为发展优势
新疆	加强资源节约和环境保护，进一步改善生态环境质量。加快构建现代农业产业体系、生产体系、经营体系，提高农产品的有效供给和市场竞争能力，推动粮经饲统筹、农林牧渔结合、种养加一体、一二三产业融合发展，走产出高效、产品安全、资源节约、环境友好的农业现代化道路
宁夏	以创新发展转型追赶为主线，以提高质量和效益为中心，大力实施开放引领、创新驱动、富民共享、生态优先战略。重点保障饮用水安全，强化空气治理，守住生态底线
西藏	绿色是永续发展的必要条件和人民对美好生活追求的重要体现，也是西藏发展的独特优势所在。牢固树立保护生态环境就是保护生产力、绿水青山就是金山银山的理念，把发展建立在生态安全的基础上，严守生态安全底线、红线，坚定走生产发展、生活富裕、生态良好的文明发展道路

资料来源：作者根据文献资料整理。

在绿色特色产业建设方面，2002年出台的《关于加快西部地区特色农业发展的意见》中要求突出抓好西部地区特色农业的发展重点，即（1）特色种植业产品，如优质胡麻、橡胶、蚕桑、川贝、枸杞等；（2）特有园艺产品，如鲜切花、球根花卉和花卉种子生产；（3）草业和草地畜牧业，要实施好禁牧和休牧制度，调整畜群结构，改良畜群品种，进一步提高畜牧业质量和效益；（4）高效生态特种水产养殖业，西北地区要结合沿黄河水域开发，改造低洼盐碱地，发展渔业生产，推广普及健康养殖模式，发展稻田养鱼、养蟹等高效生态型水产养殖，重点发展冷水性鱼类等特种水产品生产，提高名特优新水产品产量的比重。

2006年出台的《关于促进西部地区特色优势产业发展的意见》文件中，具体要求为继续建设新疆优质棉花生产基地，提升新疆、陕西棉纺织加工水平。以内蒙古、新疆、甘肃、青海、宁夏、西藏的羊绒、驼绒、牦牛绒及毛纺加工为依托，建设有特色的毛纺织生产基地。进一步增强云南、贵州、四川等地烟草、酒类、茶叶生产加工基地的品牌竞争力。云南、广西、四川、重庆等有条件的地区大力发展林（竹）浆纸一体化工业。建设内蒙古、新疆等地乳品和四川、重庆、云南、内蒙古、广西、陕西等地肉类生产加工基地。建设陕西、四川、重庆、新疆等地果蔬加工和广西、云南糖业生产基地。提高中药材和藏、蒙等民族药材栽培、养殖和加工水平，发展特色药品和新产品。

2016年12月审议通过的《西部大开发"十三五"规划》制定了如下绿色发展的基本目标为：生态保护红线全面划定，生态保护补偿机制基本建立，水土流失面积大幅度减少，生物多样性有所恢复。能源和水资源消耗有效控制，碳排放继续显著下降，主要污染物排放量大幅度减少。

二、西部地区的绿色生态建设工程建设行动

西部地区还开展了一系列绿色生态建设工程，如表2-16所示。下面简单介绍其中四项工程。

表2-16　西部地区绿色发展重要工程表

涉及西部地区省、市、自治区	绿色发展工程
新疆、青海、甘肃、宁夏、内蒙古、陕西	三北防护林体系
四川、贵州、云南、陕西、甘肃、青海	长江中上游防护体系
内蒙古、陕西（二期加入）	京津风沙源治理工程
广西、云南、贵州	珠江防护林工程
四川、陕西、甘肃	退耕还林还草工程
内蒙古	防沙治沙工程

资料来源：作者根据文献资料整理。

京津风沙源治理工程分为两期。一期启动时间为 2002—2012 年，工程区总人口 1958 万人，总面积 45.8 万平方千米，沙化土地面积 10.12 万平方千米，西起内蒙古达茂旗，东至内蒙古阿鲁科尔沁旗，南起山西代县，北至内蒙古东乌珠穆沁旗。工程采取以林草植被建设为主的综合治理措施，目的是固土防沙。具体措施有：（1）林业措施：累计完成退耕还林和造林 9002 万亩，工程区森林覆盖率提高到 15%；（2）农业措施：草地治理 1.3 亿亩；（3）水利措施：小流域综合治理 1.18 万平方千米。二期工程启动时间为 2013—2022 年。建设目标是到 2022 年，一期工程建设成果得到有效巩固，工程区内可治理的沙化土地得到基本治理，总体上遏制沙化土地扩展趋势，生态环境明显改善，生态系统稳定性进一步增强，可持续发展能力稳步提高，林草资源得到合理有效利用，全面实现草畜平衡，草原畜牧业和特色优势产业向质量效益型转变取得重大进展；工程区农牧民收入稳定在全国农牧民平均水平以上，生产生活条件全面改善，走上生产发展、生活富裕、生态良好的发展道路。

珠江防护林体系工程共有三期。一期工程启动于 1993—2000 年，二期工程启动于 2001—2012 年，三期工程启动于 2013—2020 年。珠江防护林体系是对珠江流域资源恢复，改善珠江流域生态状况，促进当地经济发展和农民增收发挥了积极作用。二期工程建设的主要内容包括：营造林、低效防护林改造和配套基础设施规划。其中，营造林 227.87 万公顷，低效防护林改造 99.76 万公顷。配套基础设施建设包括种苗培育、工程管理和效益监测等内容。三期工程重点加强水土流失和石漠化的治理，并在保护现有植被的基础上，加快营林步伐，提高林分质量，增强森林保土蓄水功能。规划到 2020 年，工程区新增森林面积 153 万公顷，森林覆盖率提高到 60.5% 以上；森林蓄积由 8.9 亿立方米提高到 9.2 亿立方米，低效林得到有效改造，林种、树种结构进一步优化，森林保持水土、涵养水源、防御洪灾、泥石流等自然灾害的能力显著增强，水域水质有所提升。

退耕还林还草工程。退耕还林是指从保护和改善西部生态环境出发，将易造成水土流失的坡耕地和易造成土地沙化的耕地，有计划、分步骤地停止耕种；本着宜乔则乔、宜灌则灌、宜草则草，乔灌草结合的原则，因地制宜地造林种草，恢复林草植被。国家实行退耕还林资金和粮食补贴制度，国家按照核定的退耕地还林面积，在一定期限内无偿向退耕还林者提供适当的补助粮食、种苗造林费和现金（生活费）补助。该工程于 1999 年在四川、陕西、甘肃三省率先开展了退耕还林的试点，由此揭开了我国退耕还林的序幕。截至 2014 年底，北方沙化地区10个省（自治区）及新疆生产建设兵团退耕还林工程总面积达到1592.29万公顷，其中沙化土地和严重沙化土地退耕还林面积分别为401.10万公顷和300.61万公顷。通过植被恢复，增加了该地区的生物多样性，改善了当地的生态环境。退耕还林工程的实施优化了该地区的产业结构，提高了当地人民的生活水平，取得了显著的生态效益、经济效益和社会效益。

三北工程建设之初为了从根本上改变三北地区（西北、华北、东北）生态面貌，改善人们的生存条件，促进农牧业稳产高产，维护粮食安全，把农田防护林作为工程建设的首要任务，集中力量建设以平原农区的防护林体系。建设成就体现在：（1）风沙治理：20%的沙漠化土地得到有效治理，沙漠化土地扩展速度由20世纪80年代的2100平方千米下降到1700平方千米。重点治理的科尔沁、毛乌素两大沙地森林覆盖率分别达到20.4%和29.1%，实现了土地沙漠化逆转。赤峰市治理开发沙地2100万亩，占沙化土地的58%；榆林沙区森林覆盖率已由1977年的18.1%上升到38.9%，沙化土地治理度达68.4%。（2）水土流失治理：黄土高原治理水土流失面积达到23万多平方千米，近50%的水土流失面积得到不同程度治理，水土流失面积减少2万多平方千米，土壤侵蚀模数大幅度下降，每年入黄泥沙量减少3亿多吨。（3）森林资源：截至2012年，三北地区活立木蓄积量达10.4亿立方米，年产木材655.6万立方米。"四料"俱缺的状况已有很大改变。营造的牧防林保护了大面积草场，营造的7500万亩灌木林和上亿亩杨、柳、榆、槐树的枝叶为畜牧业提供了丰富的饲料资源，三北地区牲畜存栏数和畜牧业产值成倍增长。（4）经济发展：已发展经济林5670万亩，建设了一批名、特、优、新果品基地，年产干鲜果品1228万吨，比1978年前增长了10倍，总产值达200多亿元。甘肃省林果业已发展成为全省农村经济的重要支柱之一，有41个县的林果特产税收入超过100万元。

第五节 西部地区的绿色发展框架与路径

国内已有一些探讨绿色发展框架的期刊文献。刘纪远、邓祥征、刘卫东等（2013）提出了中国西部绿色发展概念框架，该框架以"发展中促转变，转变中谋发展"的良性循环发展原则为指导原则，分析西部地区社会经济发展及生态环境和自然资源保护两个方面在发展过程中相互促进和制约的关系，根据西部地区当前经济资本、环境资本、社会资本以及人力资本数量，通过政府适当干预，如区域规划、区内调整，最终实现社会经济与生态环境和自然资源相协调的绿色发展。针对2013年西部地区的经济、社会及自然现状，刘纪远、邓祥征、刘卫东等认为国家层面的规划、政策扶贫、生态补偿及人力资本提升等是重要的手段。

胡鞍钢、周绍杰（2014）探讨了基于"绿色增长—绿色财富—绿色福利"的机制分析框架，以及绿色发展能力的分析框架，并据此总结绿色发展战略，认为国家层面的绿色发展战略应该突出绿色规划、绿色金融及绿色财政。其机制分析导向对绿色增长的管理，即通过机制设计实现三大系统间（经济—自然—社会）的正向交互机制，极力避免负向交互机制，合理配置自然、人力、实体及社会资本，促进绿色生产及绿色消费，增加绿色财富和绿色福利，进而实现绿色发展。随后，部分学者在精准扶贫、地方治理、一路一带及广西少数民族地区绿色发展方面进行了拓展。

总之，针对西部地区绿色发展框架的研究仍然缺乏，国家层面的讨论容易忽视不同地区的异质性，相关研究未考虑到国家生态文明建设的新进展，以及十九大报告中对新时期世情及国情的判断，针对西部省份的研究需要进一步总结经验。为此，基于已有研究及实践经验，本研究提出西部地区的绿色发展框架、路径及评价体系。

一、绿色发展框架

结合当下国情，西部地区绿色发展框架应当在经济、社会、政治及生态文明制度的框架下，依靠科学的国家治理理论以对绿色发展进行顶层设计。在管理机制上，借鉴胡鞍钢、周绍杰（2014）基于"绿色增长—绿色财富—绿色福利"的机制分析框架，以及绿色发展能力的分析框架，识别绿色发展面临的现实及潜在问题，考察地方政府实际管控能力以合理布局。在生态文明建设的背景下，推动"多规合一""协同治理""空间管控"等治理理念及手段创新。结合现有研究及实践经验，基于奥斯特罗姆的多中心治理理论，以及 Gary Marks 提出的多层级治理理论（Multi-Level Governance），可以得到图 2-8 绿色发展框架。

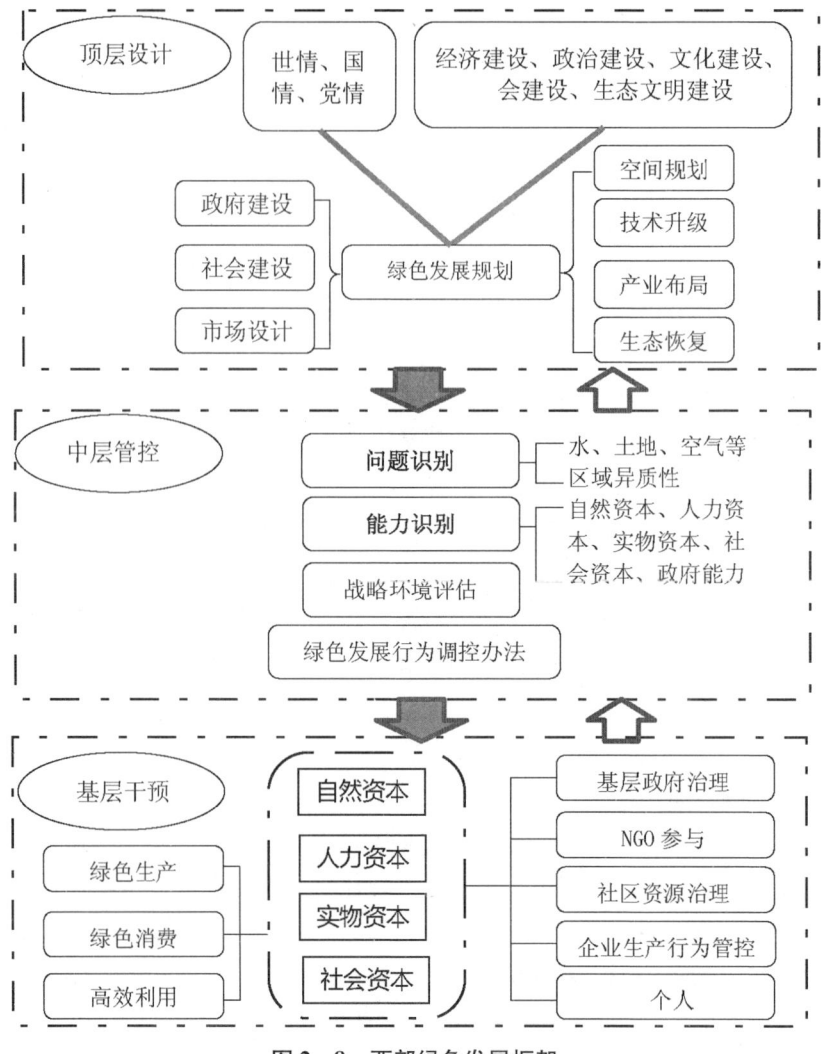

图 2-8 西部绿色发展框架

资料来源：作者根据文献资料绘制。

该西部绿色发展框架分为三层：顶层设计、中层管控以及基层干预。顶层设计要求中央政府立足于世情、国情、"五位一体"建设要求以及十九大报告，制定符合中国实际的绿色发展规划，该规划应当包括对市场、社会、政府机制的设计，包括空间规划、技术升级、产业布局、生态恢复（如天然林保护工程、生态公益林保护、退耕还林工程）等政策手段。中层管控要求，中层省市级政府识别本区域及跨区域的现实问题及自身能力，预测政策绩效、评估项目的环境影响，进而制定具有可行性的地区规划，以及地区管控办法。基层干预要求基层政府，正确处理基层政府、市场参与主体（企业、个人）、非政府组织（NGO）及社区间的相互关系，充分整合及利用四类资源，实现绿色生产、绿色消费及资源高效利用。

从内容上看，西部地区的绿色发展框架应当包括土地衍生的绿色发展、农村城市结合衍生的绿色发展、绿色技术升级与绿色人才培养、绿色生产与绿色生活等。

（一）土地衍生的绿色发展

土地衍生的绿色发展面向土地退化、生物多样性减少、水源涵养能力降低等现实问题，其中，众多问题的基础问题为土地退化。因此，土地衍生的绿色发展实现的基础在于对土地退化问题的有效治理。

纵观历史，中国土地退化治理制度及政策机制经历了三个阶段：初始阶段（1949—1977年）、形成阶段（1978—1992年）、深化阶段（1993—至今）。当下，土地退化治理相关制度主要依存于林业、国土资源、环境保护、农业、水利等行业制度之中。受管理体制设置影响，土地退化制度与林业制度体系关系最为密切。中共中央、国务院2015年发布的《生态文明体制改革总体方案》要求，以现代林业制度为主，结合国土资源、农业、水利、环境保护等行业制度，将退化土地治理制度总结为三大类别，即资源有限保护制度、土地退化治理与修复制度、支撑与保障制度，每一制度又由若干子制度构成（见表2-17）。具有"优先保护、积极治理和适度利用"的治理特点。

表2-17　中国土地退化治理制度

资源优先保护制度	土地资源保护制度	沙区植被封禁保育制度
		生态红线保护制度
		自然保护区制度
		湿地保护制度
		沙漠公园与国家公园制度
	土壤生态保护制度	防治土壤污染制度
		防治土壤退化源头性制度
		土壤生态修复、救济、保障制度
	土地资源产权制度	土地资源产权制度
	土地用途管制制度	土地规划资源审议制度
		土地退化民主决策制度
		公众参与制度

续表

土地退化治理与修复制度	土地退化生态修复制度	土壤生态监管制度
		谁破坏、谁付费、谁修复的制度
		土地退化生态修复工程建设制度
		自然修复与人工修复相结合的制度
		土地退化修复社会参与制度
	生态补偿制度	土地退化治理生态效益补偿制度
		湿地生态补偿制度
		重点生态功能区转移支付制度
	沙化土地修复与治理制度	重点工程治理制度
		技术创新和示范推广制度
		治理成果后续管理制度
	土地检测评价制度	土地退化连续清查调查制度
		土地退化生态安全登记制度
		土地退化生态风险评估制度
	土壤污染防治治理制度	土壤污染损害赔偿制度
		土壤污染限期治理制度
		土壤污染审计制度
		污染排放申报制度
支撑与保障制度	生态资源市场配置和调控制度	资源市场定价制度
		林产品认证制度
		资源资产证券化制度
		碳汇交易制度
	财税金融扶持制度	公共财政投入制度
		税收扶持制度
		金融支持制度
	土地退化治理监管制度	土地退化治理法律制度
		土地退化治理考核制度
		土地退化社会监督制度

资料来源：作者根据文献资料整理。

综合来看，中国土地退化治理制度具有以下特点：一是制度涉及管理部门多，内容涵盖土地退化治理的多个领域；二是不同领域分工明确，中央层面的制度较为抽象,原则性强,主要以加强中央制度的稳定性为主,行业部门制度则大多是中央制度体系的配套制度,规定较为具体,操作性强;三是制度数量多。

(二)农村城市结合衍生的绿色发展

2011年,我国城市化率达到51.27%,城镇人口首次超过了农村人口,这标志着我国传统乡村型社会向城市型社会的转型。这一转型过程对中国经济社会结构以及空间布局带来深刻影响,并直接导致了大量诸如雾霾、水污染、土壤污染、固体废弃物等的环境问题;城市化同时间接造成农村面源污染、土地退化、土壤污染等农村环境问题。如何实现农村、城市结合衍生的绿色发展已成为当务之急。

(三)绿色生产和绿色生活

1. 绿色生产

关于绿色生产的定义,有狭义和广义之分,具体见表2-18。根据这两种定义可见,广义的绿色生产范畴更为宽泛。这里我们主要说明的是广义的绿色生产。

表2-18 绿色生产两种定义

广义	狭义
广义的绿色生产贯穿产品生命周期的全过程,是指企业从产品的研制开发、选料、生产、包装、运输、销售、消费及废物收回和再利用过程中始终坚持环保原则,将上述过程对环境的破坏降至最低限度的一种环保型生产方式。通过这种生产方式生产出的产品称为绿色产品或环保产品	狭义的绿色生产是指以节能、降耗、减污为目标,以管理和技术为手段,实施工业生产全过程污染控制,使污染物的产生量最少化的一系列措施,它又可以称为清洁生产。简单地说,狭义的绿色生产是广义的绿色生产中的一个环节,侧重于产品生产过程的污染降低和资源节约,而且偏重于工业领域。而广义的绿色生产则强调统筹规划,从产品的设计、材料的选择、能源的投入、工艺的优化、设备的改良、使用和回收的考虑等各个环节系统实施环保的原则,并且不局限于工业生产

绿色生产最主要的三个环节是其使用的能源是绿色能源,生产组织过程是清洁生产,最终的产品是便于回收利用、污染较少的绿色产品。因此,对于绿色生产的理解需要着重把握三个方面,即清洁的能源、清洁的生产过程、清洁

的产品。清洁的能源，是指在生产过程中使用的能源是绿色能源。随着科学技术的进步和生产工艺的改进，生产过程中对传统矿物燃料的利用逐渐实现了无害化或减害化，这种情况也可以作为对清洁能源的一种理解。清洁的生产组织过程包含两个方面的内容：第一，生产过程采用的设备、技术和工艺是环境友好、安全的，对于环境的副作用比较小，对于参与该生产过程的人员也无毒无害。第二，该生产过程产生的传统"三废"排放物比较少或者没有，能够较大程度地实现物料循环。清洁的产品，是指产品本身无毒无害，在使用过程中也不会对人体和环境造成损害，具有合理的使用性能，在使用后便于回收和利用。关于绿色生产的特征和目标具体见表2-19。

表2-19 绿色生产的特征和目标

绿色生产特征	绿色生产目标
环保理念贯穿生产的全过程，从产品的研制开发、选料、生产、包装、运输、销售、消费到废物收回和再利用	在生产过程中，减少至消除废弃物和污染物的产生和排放，以实现资源节约和环境保护的目的
资源节约理念贯穿物料转化的全过程，从用于产品生产的原材料的加工，到产品的生产、使用、报废和回收再利用，所有的设计和环节都要考虑到资源、能源的节约和材料的再利用	产品使用中，能够节约资源和能源，减少或消除对人体的不良影响和环境的可能污染，促进产品生产和消费过程与环境相容，减少整个生产活动对人类和环境的危害
纵向维度上，含义宽泛，覆盖更多的产业，突破工业领域的限制，包含绿色农业、生态旅游业等领域的生产。与清洁生产等理念不同，绿色生产不仅仅指要在工业领域实现资源节约和环境友好，还延伸到了农业、服务业等领域	通过资源的有效利用、短缺资源的代用、资源的再利用，以及节能、省料、节水技术的推广，以实施资源的合理利用，减缓资源的耗竭
横向维度上，链条拉长，强调产品的绿色，不仅强调生产过程，还强调生产出的产品是绿色产品，应具备环境友好、用户友好、便于回收等特点	

但是，需要指出的是，绿色生产是一个相对的、动态的概念，所谓的绿色生产和绿色产品都是相对于原来的生产过程和产品而言的。所以绿色生产本身

是一个不断完善的过程,随着技术进步和经济发展,绿色生产的内涵将不断更新进步。生产绿色产品的企业应在生产中引入绿色生产、清洁生产的观念,对原有的高能耗、高污染的生产设备进行改造。在绿色产品的设计过程中,应充分考虑绿色产品功能的延伸和再利用,尽量节省原材料,减少废弃物。同时,还应考虑废弃物回收和处理的方便、提供相应的服务,以减少或消除消费者在处理废弃物时的麻烦和无意中造成的环境污染。

2. 绿色生活

工业革命之前,人类的生活与自然和谐统一,然而工业革命之后,人类生活方式发生了重大转变,基本生活需求不断增加,对物质生活水平的要求越发提高,对自然资源的需求迅猛增加,直接的结果是自然资源被过度开发利用、生活废弃物严重污染环境。随着人们生活水平和环保意识的提高,绿色生活的观念开始兴起,并逐步深入人心。人们逐渐意识到,威胁自身生存的表面上是工农业生产过程,实质上是自身生活方式的转变拉动了工农业生产方式的转变。因此,改变生活方式意味着根本上的改变。如今,绿色生活已成为一种时尚,不仅代表着生活方式更加环保、低碳,而且意味着人类生活更加积极、健康、阳光。表2-20简单介绍了绿色生活"衣食住行"四个方面的概念。

表2-20 绿色生活之衣食住行概念

绿色生活的四个方面	概念
衣	绿色服装内涵丰富,是指在绿色服装的生命全周期内,即在服装原料的生产、加工、使用、回收及最终废弃的全过程中,都能够对环境无害或危害很小,达到环境友好,对人体无害,有益于健康,资源利用率高而且能源消耗低的服装
食	根据农业部的有关规定,绿色食品是遵循可持续发展原则,按照特定生产方式生产,经专门机构认定,许可使用绿色食品标志商标的无污染的安全、优质、营养类食品
住	绿色建筑不一定是指一种特定的建筑类型,而是符合节能、健康、环境友好等绿色建筑要求的建筑都可以成为绿色建筑
行	绿色出行就是采用对环境影响最小的出行方式,即节约能源、提高能效、减少污染、有益于健康、兼顾效率的出行方式。生活中表现为多乘坐公共汽车、地铁等公共交通工具,合作乘车,环保驾车,或者步行、骑自行车

二、绿色发展路径

(一) 可持续土地管理

可持续土地管理的重要内容是防治土地退化。从土地退化治理政策行动层面看，土地退化防治法律是土地退化防治政策的关键组成部分。中国与土地退化防治有关的法律数量多、范围广，基本上形成由宪法、法律、行政法规、部门规章组成的土地退化防治法律政策体系，具有"一元、两级、多层次"的特点（王灿发，2009）。根据自然资源的属性及其法律现状，除宪法外，法律、行政法规及部门规章，可大致分为：防沙治沙、国土资源、水土保持、草原资源、森林资源、水资源、农业、野生动植物和环境保护等九大法律政策领域。

根据西部土地退化治理制度的变迁，中国西部土地衍生的绿色发展大致分为三个阶段：1949—1977年（改革开放以前）、1978—1999年（改革开放—西部大开发之前）、2000年至今（西部大开发至今）三个阶段。改革开放以前，是以开发为主、治理为辅的制度体系；1978—1999年，由开发转向以治理与保护并重的制度体系；2000年至今，全面实施治理和保护的制度体系。近年来，西部土地衍生的绿色发展涉及防沙治沙、土地用途管制、土地保护、水土保持、草原资源保护、林业六大工程、生态补偿、水资源保护、农业面源污染、防治耕地退化、野生动植物保护等方面。根据西部地区土地衍生的绿色发展经验，西部地区已经初步建立了较为完备的土地退化治理制度与政策体系框架：综合运用制度与政策手段，推进土地可持续管理；建立土地退化治理责任和协调机制，纳入经济社会发展规划，建立综合决策机制；将多元化参与机制引入土地退化防治工作（图2-9）。

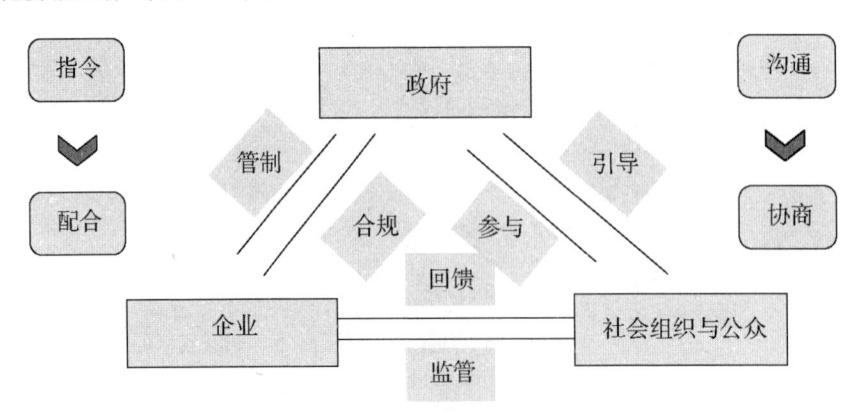

图2-9 多元参与机制的主体及相互关系

(二) 绿色生产路径

绿色生产（Green production）是指以节能、降耗、减污为目标，以管理和技术为手段，实施工业生产全过程污染控制，使污染物的产生量最少化的一种综合措施。

从利益的角度看，绿色生产是指实现企业自身利益、消费者利益和环境生态利益统一的生产。它强调企业在实施绿色生产时，不仅要满足消费者的需求利益，并由此获得自身的利益，而且要符合生态环境保护的长远利益，正确处理消费者需求、企业利益和环境保护之间的矛盾，把三者利益协调起来，统筹兼顾。

从企业发展的维度看，绿色生产是以促进可持续发展为目标，为实现自身经济利益、消费者需求和生态环境利益的统一，企业根据科学性和规范性的原则有目的、有计划进行生产的管理过程。这个定义强调了绿色生产的最终目标是企业的可持续性发展，以及实现该目标的标准为企业经济利益、消费者需求和环境利益的统一，即企业在生产管理过程中必须从促进企业的可持续发展这个基本原则出发，既注重生态环境要求的保持自然生态平衡和保持自然资源，又强调在当前满足市场消费者需求的时候不使自然资源破坏，为子孙后代留下生存和发展的权利。

2016年中央一号文件提出"推进农业供给侧结构性改革，加快转变农业发展方式""推动农业绿色发展"；2017年中央一号文件再次指出"深入推进农业供给侧结构性改革""促进农业发展向追求绿色生态可持续、更加注重满足质的需求转变"。连续两个一号文件都强调"绿色"，尤其是2017年中央一号文件特别提出"推行绿色生产方式，增强农业可持续发展能力"，可见"绿色"对当前农业供给侧结构性改革的意义。目前，我国资源浪费、环境污染和农产品质量安全性问题依然严峻，农产品阶段性供过于求和供给不足并存，供给侧结构性矛盾已成为我国农业的主要矛盾。绿色意味着环境友好、生态和谐、资源节约、可持续性发展等，推进农业供给侧结构性改革，应当深刻理解绿色生产的作用和意义，牢固树立"绿水青山就是金山银山"的意识，大力推行绿色生产方式，促进农业向绿色发展转型，加快实现农业发展、生态协调、环境改善的相互融合与统一。

近年来，西部地区积极推动生产方式向绿色生产转型，积极响应"十三五"规划绿色发展的理念号召。以下是实现绿色生产的几条路径：（1）在绿色生产过程中提高资源的利用效率，对排出的废物循环综合利用。如对服饰生产中对原材料的使用。（2）由传统生产流程向绿色生产流程转变。如青海的绿色建筑，与传统意义上的住房是不同的。（3）优化资源利用。尽管西部地区资源丰富，但是一味地用资源投入来换取经济发展是得不偿失的。东西部地区优势本来就大相径庭，只追求经济而不考虑生态可持续容易导致不可逆的后果。贵州草药众多，但因采摘过度，部分野生草药已灭绝，一些品种靠人工种植存活。绿色生产就要求经济给资源喘气的机会，走自己的特色绿色生产道路。（4）改善生产末端处理技术。这部分需要政府大力支持科技研发，推动绿色生产的完善。

就农村绿色生产而言，主要发展路径如下。

1. 发展具有区域优势的种植业

一是发展市场潜力较大的蔬菜业。在西部的土地上，种植业的开发项目较多，比较而言，发展蔬菜业潜力较大，并表现出一系列新的走势（林永臣，2010）。即野生型蔬菜需求不断增长，保健型蔬菜得到开发，香料型蔬菜品种不断丰富，尤其绿色蔬菜受到广大消费者的欢迎。绿色蔬菜是指在生产过程中不施农药或少施农药而生产出的无污染、无公害蔬菜。特别是开发不含有毒有害残留物质或其在安全标准以内的蔬菜，已成为一种趋势。但就目前绿色蔬菜的发展，远远不能满足市场的需要，尤其是西部地区市场需求量更大。因此开发绿色蔬菜应按照"营养、卫生、科学、合理"的原则扩大生产规模，使更多的绿色蔬菜早日占领西部市场，并走出西部打入国内外市场。

二是发展前景较好的花卉业。目前花卉开发前景较好的有：馈赠花卉主要在大中城市广泛兴起，走亲访友、红白喜事、文体活动等场所摆花、赠花已成为文明高雅的象征。花卉品种主要有：玫瑰、垂鞭秀绒球、菊花、月季、牡丹等。药用花卉可明目养肝、清润心肺、行血益气等。如月季花消肿、菊花清目、荷花消暑止血、金银花解热、桃花利尿、槐花可用作健胃剂和镇静剂，药用价值高。香料花卉世界香料行业的生产和销售逐年增长，医药、卷烟、化妆品等所需香料添加剂香型渐向天然香型转变。适宜开发的品种有丁香花、茉莉花、野百合、香石竹、忍冬等。

三是发展产销两旺的中药材。西部药材资源丰富，开发中药材既能控制水土流失，优化生态环境，又可将生态效益转变为经济效益。

2. 发展以绿色为标志的林草业

一是发展经济效益较高的果林业。发展经济林果是以生产果品、食用油、饮料、调料、工业原料和药材为主要目标。在开发经济林果时，应早中晚熟品种搭配，露地栽培与设施栽培相结合，加强科学管理，充分利用时间、季节差，抢占有利市场，创造规模经济效益，逐步形成优势产业。发展绿色林包括荒山荒坡绿化、平原绿化、城镇街道绿化，三种绿化作用各不相同（杨丽，2015）。荒山荒坡绿化主要作用是阻拦和吸收地表径流，保持水土，防止土壤水蚀。平原绿化的主要作用是改善农田小气候、防风固沙，保证作物高产增收。城镇街道绿化主要作用是优化环境、净化空气。在发展绿化林时，着重处理好"两个关系"，即眼前利益及长远利益的关系，生态效益与经济、社会效益的关系。做出"四个结合"，即经济林、生态防护林、绿化公益林相结；在品种上乔灌结合；在造林方式上人工造林、封山育林、飞播造林相结合；在经营上出售种子、苗木相结合。

二是发展养殖与绿化兼用的草业。草业可分为牧草和草坪。牧草在畜禽养殖中发挥了很大的作用，在治理荒山荒坡、改善生态环境、防治水土流失也发挥了巨大的作用。尤其是高效牧草近年来已打入国际贸易市场，成为增加外汇和农民收入的一条重要途径（谢宝富，2013）。种植牧草投资少、见效快，已受到不少有识之士的关注。高效牧草是指产量高、营养丰富、适口性好的人工栽培牧草，如籽粒苋、白三叶、冬牧70黑麦草、聚合草、串叶松香草、鲁梅克斯K-1、俄罗斯饲料菜、菊苣、毛苦、苜蓿等。在种植牧草时要推广草田轮作，林草间套封山封沟育草等方式，实际人工栽培与飞播种草相结合，禾本科和豆科草相结合，引进良种与适地培育相结合。对现有天然草场逐步进行改良，提高植被覆盖度和产草量及经济效益。草坪在美化环境中越来越受到人们的重视，面积不断扩大，草种增多，经济效益较高。

3. 改变传统耕作模式，实行绿色发展

生态农业是有利于实现人与自然和谐共生的产业，要运用现代科学技术和管理方法，把种植业和林业、牧业、渔业以及相关加工业有机结合起来，在它们之间建立相互促进、利用、协调发展的关系，不仅实现农产品生产的优质、高效、低耗，而且充分发挥农业的生态功能和综合效益。以资源节约、环境友好的方式利用农业资源，形成有效保护生态环境，既有利于解决农业生产带来的污染问题，也有利于提高农业生产的经济效益，对加快农业和农村经济结构调整，促进农业增效、农民增收，推进现代农业和美丽乡村的建设具有重大的现实意义。在新时代条件下，建设美丽乡村必须加快推动绿色化生产，实现生活方式和消费模式向勤俭节约、绿色低碳、文明健康的方向转变，力戒奢侈浪费和不合理消费，坚持节约优先，大力发展循环经济（杨艺，2016）。

4. 做大做强文化旅游产业

西部地区有着我国最为丰富的森林草地、江河湖泊、雪山冰川、盆地大山资源和独特的地形地貌资源，有着众多的世界自然遗产、文化遗产和驰名中外的风景名胜区。众多少数民族生活在西部地区,不同民族所形成的不同的民族建筑、民族语言、民族服饰、民族饮食、民族习俗、民族歌舞独具魅力。这些优良的自然生态资源和浓郁的民族文化资源,具有很强的高端性、稀缺性、独特性和吸引力。在人们追求高品位生活质量的当下,这是最为珍贵的资源,是西部地区发展绿色产业的宝贝和优势。经过这些年的发展,西部地区的文化旅游产业已经有了较大的发展和较好的基础。今后,需要进一步统筹人与自然和谐发展,打造生态旅游、文化旅游,把西部地区打造成国内外知名的民族文化旅游目的地。要发挥旅游业带动性、综合性强的特点,开展"旅游+"项目,延伸旅游产业链条,推动旅游业与农业、工业、其他服务业等融合发展,培育出更多的新业态和新的经济增长点,带动西部地区第三产业的发展。

(三) 绿色生活路径

绿色消费的兴起使得越来越多的人开始重视绿色、选择绿色,而这种对绿色事物的追求也逐渐从消费领域扩散开来渗入了人们生活的方方面面,绿色生活方式逐渐形成。根据1993年Peattie的观点,绿色消费是消费者意识到环境恶化,进而尝试购买并要求生产对环境冲击最小的商品,也就是以永续性和更负社会责任的方式来消费。苏白、苏楠(2011)在对生活方式的文献回顾后,总结出绿色生活方式就是本着绿色的原则从事一切活动,是遵循社会长远利益、谋求可持续发展的一种新型的生活形态,旨在构建人与自然和谐共存的理想局面。

1930年甘地提出的自奉俭约的观念,提倡一种低消费、具有生态责任意识而且自给自足的生活方式,这是绿色生活方式的雏形。也有学者认为"自愿性简单是为实践个人内在价值而选择的一种生活方式,它表现为减少不必要的消费,节制与生活无关的欲望,并且让生活目标更加单纯、简单"[1]。绿色生活方式与之相比则更强调环保、节约。苏白、苏楠(2011)在总结现阶段国内外对绿色生活方式的研究中,将绿色生活方式的特征归结为以下四点:简单(即重视实用性,提倡简单的物质生活,追求精神领域的提升)、节约(即减少不必要的消费)、环保(即进行一切活动都要从环境保护的角度,选择对环境冲击小的方式)和健康(即选择对身心有益的产品,改变不良的生活习惯)。

中共中央、国务院《关于加快推进生态文明建设的意见》明确提出"绿色化"概念,"绿色化"包括生活方式的绿色化,要求提高全民生态文明意识,培

---

[1] Leonard – barton D. Voluntary Simplicity Lifestyles and Energy Conservation [J]. Journal of Consumer Research, 1981, 8 (3): 243 – 252.

育绿色生活方式,推动全民在衣、食、住、行、游等方面加快向勤俭节约、绿色低碳、文明健康的方式转变,坚决抵制和反对各种形式的奢侈浪费、不合理消费。2015年9月21日经党中央国务院审议通过的《生态文明体制改革总体方案》明确指出应"发挥社会组织和公众的参与和监督作用","引导人民群众树立环保意识,完善公众参与制度,保障人民群众依法有序行使环境监督权。建立环境保护网络举报平台和举报制度,健全举报、听证、舆论监督等制度","培育普及生态文化,提高生态文明意识,倡导绿色生活方式,形成崇尚生态文明、推进生态文明建设和体制改革的良好氛围"。关于绿色生活,国际社会在这方面有着广泛深入研究和良好社会基础。通常来讲,人们普遍认为绿色代表生命、健康和活力,是充满希望的颜色;"绿色"一般包括生命、节能、环保三个方面。澳大利亚环保公益组织绿色方舟(Green Ark)的总经理坦尼亚·哈(Tanya Ha)认为"绿色不只限于花园","无论你在购物、工作,还是在美容,你可以把整个生活变得健康、绿色、无比亮丽",为此她专门撰写专著《绿色生活》,从12个方面对家居绿色生活方式进行了详细阐述。综上所述,杨小玲、韩文亚(2015)认为绿色生活主要包括三个方面的内涵,一是增强生态环境保护意识,树立并倡导尊重自然、顺应自然、保护自然的理念;二是遵照环境保护法律规定,行使环境监督和享有健康环境的权利,配合实施环境保护措施;三是承担推动绿色增长、共建共享义务,使绿色出行、绿色居住、绿色消费成为人们的自觉行动,让人们在充分享受绿色发展所带来的便利和舒适的同时,履行好相应的责任与义务,按照环保友好、文明节俭的方式生活。

所以绿色生活不仅包括了低碳生活、环保生活、可持续生活,其内涵范围更扩展到了安全生活、健康生活、快乐生活、体面生活等多个领域。

1. 绿色生活主要路径

绿色生活在实践中主要体现为绿色的"衣食住行"。绿色生活之"衣"。绿色服装内涵丰富,是指在绿色服装的生命全周期内,即在服装原料的生产、加工、使用、回收及最终废弃的全过程中,都能够对环境无害或危害很小,达到环境友好,对人体无害,有益于健康,资源利用率高而能源消耗低的服装。在理解绿色服饰的内涵时,应关注生命安全、环境保护、节约能源三方面的内容。绿色服装要做到三个"无污染",即生产制作过程无污染、人体着装无污染、废弃过程无污染。

绿色生活之"食"。绿色食品有三个特点:强调产品出自优良的生态环境、对产品实行全程质量控制、对产品依法实行标志管理。所以西部地区发展绿色食品有着较为明显的潜力和优势。西部地区在"绿色食品"方面非常有优势,其草原总面积约占全国草原面积的84%，适宜牛羊等畜禽养殖业发展；林业用地面积占全国林业用地面积的58.1%，适宜特色林业资源开发及林下养殖业的发展。此外，西部地区还有丰富的日照资源，主要城市如兰州、西宁、乌鲁木齐月日照小时数均为东部地区2倍以上。充足的日照时间以及较大的昼夜温差，有利于农作物生长以及糖类有机物质的积累，如新疆库尔勒香梨、吐鲁番葡萄、宁夏西砂瓜、中宁枸杞、甘肃白兰瓜、天水苹果等久负盛名的农产品。这些具有特色和市场竞争力的产品如能作为绿色食品产品积极发展，做大做强，努力开拓市场，必将对西部地区农业生产水平的发展和农民增产增收带来积极的影响。

绿色生活之"住"。绿色建筑有以下特征：①在考虑经济性的同时，还看重建筑的生态性，在进行绿色建筑设计时就将当地的人文、自然环境考虑在内，将建筑视为生态环境的一部分，是环境友好型建筑，追求建筑与环境的和谐共生。②更注重实用性，追求使人愉悦的适度建造和装修，利用最少的资源展示最大的丰富性和多样性。③在建造过程中追求绿色施工，利用合理的规划和科学管理，最大程度地节约资源和土地。④建筑时会利用节能设计和再生能源，如节能照明系统，外墙隔热保温等，运营和维护成本较低。⑤将建筑拆除考虑在内，通过生命周期的建筑设计和更多的可回收材料使用，达到降低拆除成本和环境污染的目的。⑥充分尊重使用者，考虑使用者的健康舒适和日常需求，做到真正人性化。西部地区目前人口流动比例相当大，导致土地大量闲置，因此土地需要集约利用。目前西部地区正在推动宅基地整合，高楼住宅区逐渐增多。

绿色生活之"行"。绿色出行就是采用对环境影响最小的出行方式，即节约能源、提高能效、减少污染、有益于健康、兼顾效率的出行方式。生活中表现为多乘坐公共汽车、地铁等公共交通工具，合作乘车，环保驾车，或者步行、骑自行车。绿色出行碳中和是指通过专门购买碳指标，由该专业机构通过植树造林或其他环保项目帮助我们抵消因出行生产的碳排放，达到环境保护目的。西部地区由于其特殊的地理位置，加上经济不发达带来了人口外流，因此空气质量优于东部地区。近年来西部地区旅游人数增多，绿色旅游逐渐兴起，低碳之旅要求人们在旅游地区尽量采用减少耗能、产生废弃的出行工具，而选择自行车、步行代替。

2. 农村绿色生活建设的核心

农村绿色生活建设的核心主要包括：

（1）乡村绿化建设

美丽乡村绿化建设中，应尽可能体现地方特色、发掘传统文化、彰显自然和谐，应根据不同美丽乡村相异的地形和建筑等特点采用多样化绿地布局，不搞千村同面和千篇一律。绿化建设中，应对路边、宅边、水旁等采取多样绿化形式，形成布局均衡、富有层次的绿地系统（徐剑锋，2009）。美丽乡村绿化应该具备浓郁的乡土文化特征，不能盲目模仿城市绿化，要有区别于与城市的"美丽乡村"特色。

进行整体绿化美化的同时，对于原始美丽乡村和新建美丽乡村要根据其文化内涵和地域特色以及风俗习惯等进行有针对性的绿化建设，以便能够彰显美丽乡村绿化特色。在对整理改造型美丽乡村绿化时，应把中心区建成村作为绿化重点，其余地方可以见缝插绿，逐步增加绿地面积，最后对部分有种植"经济林"传统的美丽乡村，应注重提倡发展庭园经济，建设经济型绿化示范村。

（2）乡村绿色垃圾处理

目前，中国许多地区在农业生产、乡镇企业发展、生活垃圾处理和畜禽养殖等方面不科学、不规范的运营，对生态环境造成了严重危害。推动农村绿色治理有积极的现实意义。对促进农村地区生态文明建设，创造绿色的生活方式，实现可持续绿色发展都具有积极的意义。

政府应积极制定系统的、符合当地实际的、有针对性的生活垃圾处理管理制度，明确具体的管理内容和标准，为政策执行提供明确的指导。

建立县、乡镇、村三级管理体制，对农村生活垃圾处理进行网络化管理，统一协调，明确分工。县环保部门设立处理农村生活垃圾的科室，乡镇政府设立专门办公室，行政村设立专职监督员，负责农村生活垃圾处理工作，指定专人负责辖区内生活垃圾分类、收集和运送等各项工作。

同时，垃圾的绿色处理和无害化处理也是农村垃圾处理的一项重要举措。垃圾肥田、沼气处理都可以达到资源的再利用、废物的再回收，从而提高了资源利用率，同时解决了不可再生能源浪费的诸多问题。

（3）农村绿色厕所的建设

农村的厕所改革，主要是依靠化粪池的使用，这可能是最简单而又直接的农村厕所改造工程，化粪池在保护人民生活区的环境和卫生，有着很重要的地位。因为化粪池的使用，也就避免了生活污水和污染的物品在居住的环境内及附近扩散的危险性了。

由于在农村村民居住的基本都是平房，所以在卫生厕所的改造中，不宜推行水冲式马桶。还是以建立封闭的粪池为主，并将厕所的粪便与猪圈的粪便巧妙设计，流向集中，统一进行发酵和无害化处理，然后作为自然肥料施用到农田。既减少污染，又给土壤增加了自然肥力，提高农产品的绿色化。

西部地区绿色发展是一项自上而下的长期战略。在建设生态文明新时期，西部地区紧跟国家"生态文明发展"的号召，实施绿色发展，以解决西部地区资源日益枯竭的问题。西部各省份出台的文件、"十三五"规划都体现了当下绿色发展的趋势，并且也取得了不错的成效。不过这些绿色发展的相关实践还是初步的、非自觉的，西部地区要实现绿色发展还面临的艰巨挑战，诸如观念的制约、资本技术人才的缺乏、制度的限制等。在土地退化方面，国外有丰富的绿色发展经验。其中加拿大、美国和德国为政府主导型，侧重政府对制度、法律的干预；以色列为科技主导型，偏重科学技术的运用；澳大利亚则为产业主导型，偏向市场的管理。除了西部各地区政府的不懈努力，国家对西部地区的绿色发展也高度重视，不仅出台了多种相关政策文件，还非常重视生态功能建设，守护绿水青山。

正如十九大报告所提出的，建设生态文明是中华民族永续发展的千年大计，绿色发展与生态文明一样，功在当代利在千秋。中国政府已经开始转变发展观念，把生态文明放在突出地位，对其做出了全面的部署，明确要求将生态文明融入经济建设、政治建设、文化建设、社会建设等各方面和全过程。西部地区在生态文明战略中具有重要地位，走绿色发展道路能让西部地区实现更有质量的经济增长，赢得挑战。

第三章

中国西部地区农业绿色发展分析

第一节　中国西部地区主要项目省份的农业生产状况及特点

我国西部地区包括四川、贵州、云南、重庆、广西、陕西、甘肃、青海、宁夏、西藏、新疆、内蒙古12个省、自治区或直辖市。土地面积681万平方千米，占全国总面积的71%；人口约3.9亿，占全国总人口的29%。本书所述的是西部六个项目省区——内蒙古、青海、陕西、甘肃、贵州、四川的农业生产状况及特点。总的来说西部地区疆域辽阔，地质复杂，人口稀少，经济落后，交通闭塞，是我国经济欠发达、需要加强开发的地区，但由于生态环境脆弱和开发难度较高等条件的制约，西部地区面临开发和保护相对失衡的局面。

一、项目省区基本情况概述

（一）内蒙古自治区

内蒙古自治区简称内蒙古，首府为呼和浩特。位于中国北部边疆，西北紧邻蒙古和俄罗斯，面积118万平方千米。主要山脉有大兴安岭、贺兰山、乌拉山和大青山。东部草原辽阔，西部沙漠广布。年均气温 $-1 \sim 10°C$，全年降水量约50～450毫米。已探明矿藏60余种，稀土、煤、银等储量巨大。内蒙古自治区地域辽阔，土壤种类较多，其性质和生产性能也各不相同，但其共同特点是土壤形成过程中钙积化强烈，有机质积累较多。根据土壤形成过程和土壤属性，分为9个土纲，22个土类。在9个土纲中，以钙层土分布最少。内蒙古土壤在分布上东西之间变化明显，土壤带基本呈东北—西南向排列，最东为黑土壤地带，向西依次为暗棕壤地带、黑钙土地带、栗钙土地带、棕壤土地带、黑垆土地带、灰钙土地带、风沙土地带和灰棕漠土地带。其中黑土壤的自然肥力最高，结构和水分条件良好，易于耕作，适宜发展农业；黑钙土自然肥力次之，适宜发展农林牧业。

（二）青海省

青海省为我国青藏高原上的重要省份之一，简称"青"，因境内有全国最大的内陆咸水湖青海湖得省名。青海位于我国西北地区，面积72.23万平方千米，地理位置重要，是长江、黄河、澜沧江的发源地。青海的耕地分布极不平衡。农耕地除在西部柴达木盆地有一些小块绿洲农业以外，其他耕地主要分布在东经99°以东、北纬35°以北的低山丘陵区范围内，包括黄河中下段的河滩、谷地，湟水河流域与大通河流域，青海湖盆地与海南台地等。东部耕地约占全省总耕地面积的63.96%，其中75%为山旱地，25%为水浇地；青南高原牧业区的耕地面积约占2.7%。从土地资源利用现状及类型结构特点看，青海省属于畜牧业用地面积大、农业耕地少、林地比重低的地区。除此以外，大半为尚难开发利用的石山、雪山、冰川、沙漠、戈壁、盐沼及自然条件恶劣的高海拔地区，主要分布于西部自然环境严酷的柴达木盆地和青南高原。

（三）陕西省

陕西省会古都西安，位于中国内陆的腹地，属于黄河中游和长江上游，是连接中国东、中部地区和西北、西南的重要枢纽。陕西山地总面积741万公顷，占全省土地总面积的36%；高原总面积926万公顷，占总面积的45%；平原391万公顷，占总面积的19%；耕地总面积480万公顷，占总面积的23.3%；水田面积20.4万公顷，占总面积的1%；旱地面积369.2万公顷，占总面积的17.9%；水浇地88.7万公顷，占总面积的4.3%；林地962.6万公顷，占总面积的46.8%；草地317.9万公顷，占总面积的15.4%；水域面积40.3万公顷，占总面积的2%。

（四）甘肃省

甘肃省地处黄河上游，总土地面积约为45.44万平方千米，居全国第7位，折合6.8亿亩。山地多，平地少，全省山地和丘陵占总土地面积的78.2%。全省土地利用率为56.93%，尚未利用的土地有28681.4万亩，占全省总土地面积的42.05%，包括沙漠、戈壁、高寒石山、裸岩、低洼盐碱、沼泽等。总量为4544.02万多公顷，人均占有量2公顷，居全国第5位；除沙漠、戈壁、沼泽、石山裸岩、永久积雪和冰川等难以直接利用的土地外，尚有2731.41万公顷土地可用于生产建设，占土地总面积的60.11%。各种林地资源面积396.65万公顷，有白龙江、洮河、祁连山脉、大夏河等地的成片原始森林，森林中的野生植物达4000余种,其中有连香树、水青树、杜仲、透骨草、五福花等珍贵植物;野生动物中列入国家稀有珍贵动物的达54个种或亚种,如大熊猫、金丝猴、羚牛、野马、野骆驼、野驴、野牦牛、白唇鹿等。各类草地资源面积1575.29万公顷,占土地资源总面积的34.67%,其中天然草地1564.83万公顷,占草地总面积的99.34%,是中国主要的牧业基地之一。

(五) 贵州省

贵州省简称"黔"或"贵",位于中国西南的东南部,资源富集,发展潜力巨大。面积约17.6万平方千米,占全国土面积的1.8%。贵州省土地资源以山地、丘陵为主,平原较少。山地面积为108740平方千米,占贵州省土地总面积的61.7%;丘陵面积为54197平方千米,占贵州省土地总面积的31.1%;山间平坝区面积为13230平方千米,仅占贵州省土地总面积的7.5%。可用于农业开发的土地资源不多,由于人口增多,非农业用地增多,耕地面积不断缩小,土层厚、肥力高、水利条件好的耕地所占比重低。

(六) 四川省

四川,简称"川"或"蜀",省会成都,经济总量连续多年位居西部第一。四川位于中国大陆西南腹地,东部为川东平行岭谷和川中丘陵,中部为成都平原,西部为川西高原,与陕西、贵州、云南、西藏、青海、甘肃、重庆诸省区市交界,是国宝大熊猫的故乡。四川盆地按方位可以细分为川东、川西、川南、川北和川中五部分。四川气候总的特点是:区域表现差异显著,东部冬暖、春旱、夏热、秋雨、多云雾、少日照、生长季长。西部则寒冷、冬长、基本无夏、日照充足、降水集中、干雨季分明;气候垂直变化大,气候类型多,有利于农、林、牧综合发展;气象灾害种类多,发生频率高,范围大,主要是干旱、暴雨、洪涝和低温等也经常发生。

二、中国西部地区主要项目省份的农业生产情况

表3-1和表3-2展现了不同时间节点的耕地面积数据,更清晰直观地反映出西部项目省区的耕地面积变化情况。

表3-1 2008年底西部项目省区耕地面积占比情况

省份	耕地面积(千公顷)	比重(%)
内蒙古	7147.2	5.87
青海	542.7	0.45

续表

省份	耕地面积（千公顷）	比重（%）
内蒙古	7147.2	5.87
青海	542.7	0.45
陕西	4050.3	3.33
甘肃	4658.8	3.83
贵州	4485.3	3.69
四川	5947.4	4.89
合计	26831.7	22.06

数据来源：国土资源部。

表3-2 2015年西部项目省区耕地增减情况

单位：亩（1亩=0.067公顷）

省份	年末增加耕地面积	年内减少耕地面积
内蒙古	204533.55	94924.65
青海	57746.40	17935.50
陕西	136849.20	130888.80
甘肃	60618.60	105722.40
贵州	125324.40	169936.80
四川	178869.75	223928.40

数据来源：国土资源部相关资料。

此外，我国的《耕地质量等级》国家标准经国家质检总局、国家标准委批准发布，已于2016年12月30日起正式实施。这是我国首部耕地质量等级国家标准。《耕地质量等级》根据全国两次土壤普查、测土配方施肥、县域耕地地力调查与质量评价、耕地质量监测等积累的大量数据资料，进行大数据统计分析，在实地验证与专家论证的基础上，建立了符合各分区耕地质量状况的指标分级标准。表3-3则展现了我国耕地质量等级面积比例及主要分布区域情况。

表3-3 全国耕地质量等级面积比例及主要分布区域

耕地质量等级	面积（亿亩）	占比（%）	主要分布区域
一等地	0.92	5.1	东北区、黄淮海区、长江中下游区、西南区
二等地	1.43	7.8	东北区、黄淮海区、长江中下游区、西南区、甘新区
三等地	2.63	14.4	东北区、黄淮海区、长江中下游区、西南区
四等地	3.04	16.7	东北区、黄淮海区、长江中下游区、西南区
五等地	2.89	15.8	长江中下游区、黄淮海区、东北区、西南区
六等地	2.25	12.3	西南区、长江中下游区、黄淮海区、东北区、内蒙古及长城沿线区
七等地	1.89	10.3	西南区、长江中下游区、黄淮海区、甘新区、内蒙古及长城沿线区
八等地	1.39	7.6	黄土高原区、长江中下游区、西南区、内蒙古及长城沿线区
九等地	1.06	5.8	黄土高原区、内蒙古及长城沿线区、长江中下游区、华南区、西南区
十等地	0.76	4.2	黄土高原区、内蒙古及长城沿线区、黄淮海区、华南区、长江中下游区
合计	18.26	100.0	

数据来源：农业部相关资料。

通过整理近五年的官方统计年鉴数据，以图表的形式表3-4清晰地展现出西部六省份主要农产品产量的逐年变化情况，表3-5呈现的是2015年西部六省份主要农产品单位面积产量。

表 3-4　2011—2015 年西部六省主要农产品产量　　　　　　单位：万吨

省份	年份	粮食	谷物	稻谷	小麦	玉米	豆类	薯类	棉花	油料
内蒙古	2015	2827.0	2577.0	53.2	158.3	2250.8	103.0	147.0	0.0	193.6
	2014	2753.0	2493.1	52.4	153.9	2186.1	98.5	161.4	0.2	170.3
	2013	2773.0	2433.6	56.0	180.4	2069.7	138.3	201.1	0.2	158.1
	2012	2528.5	2180.9	73.3	188.4	1784.4	162.9	184.7	0.2	145.1
	2011	2387.5	2012.2	77.9	170.9	1632.1	171.3	204.0	0.2	133.9
青海	2015	102.7	62.4	0.0	34.1	18.6	5.6	34.8	0.0	30.5
	2014	104.8	63.2	0.0	34.9	18.7	5.7	36	0.0	31.5
	2013	102.4	60.8	0.0	36.0	16.4	5.7	35.9	0.0	32.6
	2012	101.5	61.9	0.0	35.2	17.0	7.1	32.5	0.0	35.2
	2011	103.4	59.4	0.0	35.4	15.2	7.1	36.9	0.0	33.3
陕西	2015	1226.8	1119.8	91.9	458.1	543.1	21.2	85.7	3.9	62.7
	2014	1197.8	1079.8	90.9	417.2	539.6	28.1	89.8	4.2	62.3
	2013	1215.8	1096.3	91.0	389.8	586.7	32.8	86.8	5.8	59.5
	2012	1245.1	1119.5	87.4	435.8	566.9	43.1	82.5	6.7	60.3
	2011	1194.7	1069.8	84.5	410.9	550.7	44.6	80.3	6.7	59.0
甘肃	2015	1171.1	909.6	3.1	281.0	577.2	36.2	225.3	4.3	71.6
	2014	1158.7	887.6	3.5	271.6	564.5	33.2	237.9	6.4	72.4
	2013	1138.9	856.4	3.8	235.9	571.5	37.9	244.6	7.1	69.7
	2012	1109.7	837.1	3.9	278.5	504.1	33.1	239.5	8.1	67.0
	2011	1014.6	750.9	0.0	247.5	425.6	34.8	228.9	7.6	63.5
贵州	2015	1180.0	841.8	417.5	61.7	324.1	34.4	303.8	0.1	101.3
	2014	1138.5	816.0	403.2	61.5	313.8	32.6	289.9	0.1	98
	2013	1030.0	740.7	361.3	51.5	298.0	25.9	263.4	0.1	91.5
	2012	1079.5	820.1	402.4	52.4	342.3	23.6	235.8	0.1	87.4
	2011	876.9	615.6	303.9	50.4	243.7	22.0	239.3	0.1	78.9
四川	2015	3442.8	2826.6	1552.6	426.3	765.7	99.9	516.3	1.0	307.6
	2014	3374.9	2784.2	1526.5	423.2	751.9	96.2	494.8	1.2	300.8
	2013	3387.1	2815.3	1549.5	421.3	762.4	92.1	479.7	1.3	290.4
	2012	3315.0	2741.0	1536.1	437.0	701.3	93.6	480.4	1.3	287.8
	2011	3291.6	2753.7	1527.1	436.0	701.6	96.2	441.7	1.5	278.4

数据来源：《中国统计年鉴》。

表3-5　2015年西部六省主要农产品单位面积产量　　单位：公斤/公顷

省份	谷物	棉花	花生	油菜籽	芝麻	黄红麻	甘蔗	甜菜	烤烟
内蒙古	5697	1493	2527	1323	828	——	——	46147	3768
青海	3893	——	——	2116	——	——	——	30000	——
陕西	4386	1407	2992	2114	1612	850	35775	1840	2336
甘肃	4520	1656	3667	2102	3787	——	——	——	3099
贵州	4571	714	2046	1686	1138	1500	58258	3636	1809
四川	6033	970	2579	2322	1332	2045	40182	15449	2185

数据来源：《2016年统计年鉴》。

第二节　中国西部六个项目省区农业绿色发展状况

绿水青山就是金山银山。农业绿色发展是整个绿色发展的基础，事关国家食物安全、资源安全和生态安全，事关美丽中国建设，也事关当代人福祉和子孙后代永续发展。

一、农业绿色发展相关政策规划

国家十分重视绿色发展，如表3-6所示，近十多年来，政府加大了农业绿色发展的相关政策规划。各省份针对中央的部署，积极落实。

2015年4月，中共中央、国务院印发的《中共中央国务院关于加强推进生态文明建设的意见》中提出建设节能、碳排放交易制度。同年9月，在印发《生态文明体制改革总体方案》中再次明确提出建立绿色金融体系，推广绿色信贷，发展绿色信贷、绿色债券，设立绿色发展基金。绿色经济迎来前所未有的政策支持。

2009年11月，国务院会议提出2020年单位GDP的二氧化碳排放比2005年下降40%—45%，并作为约束性指标纳入国民经济和社会发展中长期规划，并提出到2020年非化石燃料占一次能源消费的比重达到15%左右；森林面积比2005年增加4000万立方米，森林储蓄量比2005年增加13亿立方米。这是我国低碳经济领域的里程碑事件，表明我国正积极为全球气候变化承担义务。

2012年1月，国务院发布《"十二五"控制温室气体排放工作方案》提出至2015年末全国单位国内生产总值二氧化碳排放比2010年下降17%，节能降耗，优化能源结构，增加碳汇，加快形成低碳为特征的产业体系和生活方式。2014年《中美气候变化联合声明》中，中国政府提出计划2030年左右二氧化碳排放达到峰值且将努力早日达峰，并计划到2030年将非化石能源占一次能源消费比重提高到20%左右。

2016年3月，我国政府发布的《国民经济和社会发展第十三个五年规划纲要》中首次把"绿色"理念与"创新、协调、开放、共享"一起作为全面建成小康社会的指导思想，明确2016—2020年期间实现社会生态环境质量总体改善——生产方式和生活方式绿色、低碳水平上升；能源资源开发利用效率大幅提高，能源和水资源消耗、建设用地、碳排放总量得到有效控制，主要污染物排放总量大幅减少；主体功能区布局和生态安全屏障基本形成（《中华人民共和国国民经济和社会发展第十三个五年规划纲要》）。

2016年10月，国务院印发的《"十三五"控制温室气体排放工作方案》中再次提出确保完成"十三五"规划纲要确定的低碳发展目标任务，推动我国二氧化碳排放2030年左右达到峰值并争取尽早达到峰值，到2020年，单位国内生产总值二氧化碳排放比2015年下降18%。

表3-6 农业绿色发展的相关政策规划简要梳理

时间	农业绿色发展的相关政策规划
2002.11	党中央自十六大以来提出了科学发展观，提出"统筹人与自然和谐发展"的要求
2007.06	我国出台《中国应对气候变化国家方案》统筹考虑经济发展与生态建设
2015.06	《中共中央国务院关于加快推进生态文明建设的意见》提出加快形成人与自然和谐发展的现代化建设新格局，开创社会主义生态文明新时代
2015.09	出台《生态文明体制改革总体方案》，为我国绿色经济发展规划了方向
2015.11	《"十三五"规划建议》指出：支持绿色清洁生产，推进传统制造业绿色改造为我国明确了实施路径
2016.12	中央一号文件《关于深入推进农业供给侧结构性改革加快培育农业农村发展新动能的若干意见》明确指出"推行绿色生产方式，增强农业可持续发展能力"

续表

2017.04	《农业部关于实施农业绿色发展五大行动的通知》农办发〔2017〕6号，明确指出"绿色发展是现代农业发展的内在要求，是生态文明建设的重要组成部分"
2017.07	《关于创新体制机制推进农业绿色发展的意见》是第一个关于农业绿色发展的文件，对推进农业绿色发展作出安排部署
2017.09	《联合国防治荒漠化公约》第十三次缔约方会议提出"实现2030全球土地退化零增长目标"
2017.10	习近平总书记在十九大报告中指出，要实施乡村振兴战略，坚持农业农村优先发展
2017.11	《特色农产品优势区建设规划纲要》提出争创特色农产品优势区

资料来源：根据文献资料整理。

二、农业绿色发展状况分析

（一）水利灌溉

发展灌溉排水，调节地区水情，改善农田水分状况，防治旱、涝、盐、碱灾害，以促进农业稳产高产的综合性科学技术。农田水利在国外一般称为灌溉和排水。农田水利涉及水力学、土木工程学、农学、土壤学，以及水文、气象、水文地质及农业经济等学科。其任务是通过工程技术措施对农业水资源进行拦蓄、调控、分配和使用，并结合农业技术措施进行改土培肥，扩大土地利用，以达到农业高产稳产的目的。针对西部六省区的农业绿色发展状况，如表3-7所示，是2015年西部六省区水库数量及总库容量情况，并与全国的情况进行了对比。表3-8呈现的是2015年西部六省区除涝面积及水土流失治理面积。

表3-9和3-10则是基于2011—2015年我国农业部统计年鉴数据，整理得到西部六省区耕地灌溉面积和农用化肥施用量的实际数据，分析西部六省区有效灌溉面积和农用化肥施用量的化肥农药使用变化情况，农用化肥的有效施用是今后农业绿色发展的重点关注问题。

表 3-7　2015 年西部六省区水库数及总库容量

地区	水库数（座）	水库总库容量（亿立方米）
内蒙古	613	103.1
青海	203	318.8
陕西	1095	86.8
甘肃	381	96.1
贵州	2343	291.8
四川	8093	381.0
全国	97988	8580.8

数据来源：《中国统计年鉴》。

表 3-8　2015 年西部六省区除涝面积及水土流失治理面积　单位：千公顷

地区	除涝面积	水土流失治理面积
内蒙古	277.0	12597.2
青海	——	898.7
陕西	132.7	7288.3
甘肃	13.6	7702.2
贵州	97.6	6297.8
四川	103.1	8510.3
全国	22712.7	115546.6

数据来源：《中国统计年鉴》。

表 3-9　2011—2015 年西部六省区有效灌溉面积　单位：千公顷

省份	年份	有效灌溉面积	省份	年份	有效灌溉面积
内蒙古	2015	3086.9	甘肃	2015	1306.7
	2014	3011.9		2014	1297.1
	2013	2957.8		2013	1284.1
	2012	3125.2		2012	1297.6
	2011	3072.4		2011	1291.8

续表

省份	年份	有效灌溉面积	省份	年份	有效灌溉面积
青海	2015	197.0	贵州	2015	1065.4
	2014	182.5		2014	981.8
	2013	186.9		2013	926.9
	2012	251.7		2012	1214.6
	2011	251.7		2011	1201.2
陕西	2015	1236.8	四川	2015	2735.1
	2014	1226.5		2014	2666.3
	2013	1209.9		2013	2616.5
	2012	1277.2		2012	2662.7
	2011	1274.3		2011	2600.8

数据来源：《中国农业统计年鉴》。

(二) 化肥施用情况

化肥施用对环境造成污染，会造成河川、湖泊、内海的富营养化。引起水域富营养化的原因，主要是水中氮、磷的含量增加，使藻类等水生植物生长过多；土壤受到污染，土壤物理性质恶化。长期过量而单纯施用化学肥料，会使土壤酸化，使土壤胶体分散，土壤结构破坏，土地板结，并直接影响农业生产成本和作物的产量和质量；食品、饲料和饮用水中有毒成分增加，使用化肥的地区的井水或河水中氮化合物的含量会增加，甚至超过饮用水标准。施用化肥过多的土壤会使蔬菜和牧草等作物中硝酸盐含量增加。化学肥料中还含有其他一些杂质，如磷矿石中含镉10—100ppm，含铅5—10ppm，这些杂质也可造成环境污染；大气中氮氧化物含量增加。施用于农田的氮肥，有相当数量直接从土壤表面挥发成气体，进入大气。还有相当一部分以有机或无机氮形态进入土壤，在土壤微生物作用下会从难溶态、吸附态和水溶态的氮化合物转化成氮和氮氧化物，进入大气。为了防止环境污染，应对施用的化学肥料进行控制和管理。

表3-10是整理了2011—2015年西部六省区农用化肥施及主要元素肥用量，化肥的过度施用也会对作物造成损害。因为化肥都是由各种不同的盐类组成，所以长期和大量施用这些由盐类组成的肥料，当肥料进入土壤后，就会增加土壤溶液的浓度而产生不同大小的渗透压，作物根细胞不但不能从土壤溶液中吸

水，反而将细胞质中的水分倒流入土壤溶液，就导致作物受害。典型的例子就是作物"烧苗"。农药大量施用后，造成农药残留或深入地下水，对水源也造成污染。

表3-10 2011—2015年西部六省区农用化肥施及主要元素肥用量 单位：万吨

省份	年份	化肥施用量	氮肥	磷肥	钾肥
内蒙古	2015	229.4	98.7	41.4	19.3
	2014	222.7	97.1	38.7	19.0
	2013	202.4	88.7	35.0	16.6
	2012	189.0	82.8	31.9	14.4
	2011	176.9	81.0	30.0	14.7
青海	2015	10.1	4.1	1.8	0.3
	2014	9.7	4.0	1.7	0.3
	2013	9.8	3.9	1.5	0.3
	2012	9.3	3.8	1.3	0.4
	2011	8.3	3.7	1.3	0.4
陕西	2015	231.9	93.5	18.5	24.4
	2014	230.2	96.1	18.4	23.8
	2013	241.7	98.7	18.4	23.3
	2012	239.8	98.3	18.5	23.0
	2011	207.3	91.4	17.8	21.8
甘肃	2015	97.9	40.6	19.1	8.9
	2014	97.6	40.7	18.6	8.6
	2013	94.7	40.3	17.5	8.2
	2012	92.1	39.7	17.1	7.8
	2011	87.2	37.9	17.0	6.8
贵州	2015	103.7	52.8	12.3	10.0
	2014	101.3	52.0	11.9	9.6
	2013	97.4	51.3	11.2	9.2
	2012	98.2	52.3	11.3	9.1
	2011	94.1	50.9	10.9	7.9

续表

省份	年份	化肥施用量	氮肥	磷肥	钾肥
四川	2015	249.8	124.7	49.6	17.8
	2014	250.2	125.7	49.9	17.7
	2013	251.1	126.1	50.3	17.7
	2012	253.0	128.0	50.8	17.5
	2011	251.2	128.8	50.6	17.3

数据来源:《中国农业统计年鉴》。

从农耕文明以来,我们国家就有施用有机肥、农家肥的传统,但是和化肥相比,有机肥确实存在着使用量大,使用不方便的一些问题,所以农民更习惯于用省时、省工、省力的化肥。此外,随着我们国家这些年种植业和养殖业的专业化分工,导致了种养分离,这样在一定程度上影响了有机肥的利用,在一定程度上阻断了种养循环渠道的通畅。

我们国家部分地区的耕地有机质在不断下降,有机肥中含有丰富的有机质和营养元素,它可以改良土壤培肥地力。从另外一个角度,我们国家每年畜禽粪污大约有38亿吨。到目前为止还有40%没有有效利用,畜禽粪污既产生了环境污染,同时也是资源浪费,如果将这些畜禽粪污转化成能用的有机肥还到农田中,既解决耕地有机质提升的问题,又解决了粪污的污染问题。

这些年,特别是在党的十八大以来,我们国家也采取了一系列措施来带动有机肥的利用。一是果菜茶有机肥替代化肥行动,在全国选100个果菜茶生产县和畜牧生产县开展有机肥替代化肥的试点。二是发改委和农业部联合启动的整线推进畜禽粪污资源化利用的项目,也提到2020年要支持200个以上的畜牧大县,支持他们开展畜禽粪污的资源化利用,当然还有包括一些耕地质量提升项目等。一系列的政策措施在很大程度上带动了有机肥的利用。

在绿色发展新的形势下,我们国家科研人员也积极开展研究工作,目前研究出适合我国不同区域特点的一些种养结合的技术模式,包括研发了一些高效的有机肥产品以及技术装备,还包括在畜禽粪便堆肥无害化和有机肥工程技术标准方面也开展了一些研究的制定工作,这些标准也陆续出台了,这些也都是从科技创新的角度在推动有机肥的利用。

(三)农业节水用水情况

水利是农业的命脉。我国水利部最新数据显示,我国农业用水告别传统大水漫灌，由"浇地"转向"浇作物"，灌溉水有效利用系数已达0.542，在保障国家粮食安全的同时，农业灌溉用水总量实现零增长。党的十八大以来，农业节水灌溉不断提速。5年来，全国新增高效节水灌溉面积1亿亩，高效节水灌溉面积超过3亿亩。到2020年，将基本完成434处大型灌区和2157处重点中型灌区节水改造。届时，全国高效节水灌溉面积占有效灌溉面积的比例将提高至30%以上，农田灌溉水有效利用系数达到0.55以上。

西部地区合理控制灌溉规模，大力推广滴灌、喷灌等高效节水技术。小农水设施产权制度改革和创新运行管护机制在全国100个县启动，农业水价综合改革稳步推进，试点探索明晰农业水权，建立精准补贴机制。各地严格落实水资源管理制度，建立健全农业水价、水权和水市场，强化用水效率的约束和监督考核，实行总量控制、定额管理，种什么作物用多少水，超过定额用水加价。

通过发展高效节水灌溉，项目区亩均增产粮食10%—40%，大幅度提高粮食生产能力。算节水账，与传统灌溉相比，高效节水灌溉亩均可减少用工3—5个工日，提高化肥、农药利用率5%—20%。与此同时，通过高效节水灌溉工程信息化管理，配套农机、农艺等措施，显著提高劳动生产效率，促进技术集成和农业转型升级，为现代农业发展提供了有力支撑。

节水优先，生态好了。农业"用水大户"变身"节水大户"。据测算，在高效节水灌溉项目区，农田灌溉用水有效利用系数达到0.8以上，与传统地面灌溉相比可节水20%—50%。2017年项目实施后，可新增年节水能力17亿立方米，相当于省出121个西湖的蓄水量。《2016年水资源公报》显示，2015年全国生活用水量同比增加28.1亿立方米，人工生态环境补水量同比增加19.9亿立方米，农业节水为水资源可持续利用作出积极贡献。

（四）农业用地整治情况

2017年11月27日，环保部、农业部联合发布了《农用地土壤环境管理办法（试行）》，为农用地土壤环境管理工作提供了依据，对防控农用地土壤污染风险，保障农产品质量安全具有重要意义。2017年11月25日，江西九江"镉污染大米事件"公布最新进展，九江市纪委对市有关部门和区相关责任人启动了问责程序。不光是江西，湖南、河南等省份都曾出现过类似的"镉大米""镉小麦"等农用地土壤环境污染事件。该办法主要规定了三大制度，分别是调查和监测制度、污染预防制度和分类管理制度。

针对调查和监测制度，环保部将会同农业部等部门，每十年开展一次农用地土壤污染状况调查。此外，还将统一规划农用地土壤环境质量国控监测点位，并组织实施全国农用地土壤环境监测工作。

针对分类管理制度，农用地将被区分为三大类，分别是优先保护类、安全利用类和严格管控类。优先保护类划为永久基本农田，实行严格保护，确保面积不减少、质量不下降；安全利用类采取农艺调控、替代种植、轮作、间作等措施，降低农产品超标风险；严格管控类则划定特定农产品禁止生产区域，调整种植结构，或者退耕还林还草。特别是在防止工业污染方面，环保部将严控在优先保护类耕地区域新建有色金属冶炼、石油加工、化工、焦化、电镀、制革等企业，对于可能造成耕地土壤污染的建设项目环境影响报告书或报告表，将依法不予审批。

我国耕地土壤重金属污染不容乐观，部分地区较为严重。但总体而言，耕地重金属污染风险可控。，近年来，在防治耕地重金属污染上，两部委加大了工业重金属污染治理力度，严防不符合食品安全标准的粮食流入口粮市场。预计"十三五"期间土壤修复的市场空间将有几千亿到几万亿。我国土壤污染防治坚持"预防为主、保护优先、风险管控"的方针，不主张盲目进行大治理、大修复。对于农用地土壤来讲，主要还是通过农艺调控、替代种植、种植结构调整、退耕还林还草等措施实现安全利用，防控风险。目前，国内土壤污染治理与修复行业正处于起步发展阶段。我国将通过政策推动，加快完善产业链，形成若干综合能力强的龙头企业，培育一批有活力的中小企业。

（五）绿色农产品生产和开发概况

2017年9月30日，中共中央办公厅、国务院办公厅印发了《关于创新体制机制推进农业绿色发展的意见》（以下简称《意见》）。农产品质量安全事关每个人的身体健康和家庭幸福，没有全民健康就不可能实现全面小康，保障人民群众"舌尖上的安全"是重要的民生工程。《意见》提出，到2020年，农产品质量安全水平和品牌农产品占比明显提升；到2030年，农产品供给更加优质安全。实现这些目标，要紧紧围绕农业供给侧结构性改革主线，从生产和监管两端发力，大力推进质量兴农、品牌强农，增加绿色优质农产品供给，提升农产品质量安全水平。生产更多更好绿色安全优质农产品，切实满足消费需求，是我国今后一个时期将常抓不懈的大事。

过去，农户开展农产品生产，几乎都是靠产量制胜。但现在，很多市民已经开始选购高品质的绿色农产品，要求绿色无公害，甚至达到有机标准，不但要吃得饱，更要吃得健康，吃得安全，吃得更有营养。所以绿色农产品从生产环节就需要严格把关，农户从种植开始就要转变观念，逐步改变盲目追求高产的做法，要把农产品的口感、营养放在首位。

绿色农产品生产，除了需要农民转变观念外，还需要种子、生物农药、节水节肥等多个主管部门开展科研攻关。育种部门要选育出优质良种。无论是粮食、蔬菜，还是其他农产品都需要育种部门加快研发具有自主知识产权的、在确保抗病虫害的基础上，品质好、口感好、营养好的优质良种。

绿色农产品生产，要让更多的农户掌握好先进的种养殖技术。尤其要大力普及生物农药替代其他化学农药知识，只有这样，才能确保农产品质量更加安全，口感更加香甜。普通农户也要适应时代需求，掌握好相关技术。测土配方、水肥一条化等先进的种植技术也要继续加大普及力度。

绿色农产品开发环节也不容忽视，农民也要紧跟时代步伐，掌握商标注册、二维码张贴等现代营销手段。以往有些农户辛辛苦苦种出来的绿色农产品混同于其他普通农产品，销售价格上不去，影响了生产的积极性，原因就是没有商标。为此，注册商标，扩大市场影响力，提升绿色产品的品牌价值显得尤为重要，让绿色农产品的生产过程更加透明化，绿色农产品更加可信。

（六）农业扶贫工作开展状况

党的十八大以来，以习近平同志为核心的党中央把脱贫攻坚摆到治国理政突出位置，我国扶贫开发事业取得了历史性的成就。农业部把农业产业扶贫作为优化农业供给结构、补齐农业现代化短板、实现全面小康的重要举措，作为农业农村经济工作的大事要事，调动全国农业系统力量务实推进，取得了积极进展。贫困地区多样化的资源优势逐渐转化为产业优势、经济优势和后发优势，贫困农民腰包逐渐鼓起来了。

2013—2016 年贫困地区农村居民人均收入连续保持两位数增长，年均实际增长 10.7%，其中国家扶贫开发工作重点县农民收入是 2012 年的 1.52 倍、2010 年的 2 倍，2017 年上半年继续保持较好增长势头。以农业部定点扶贫县湖北恩施来凤县为例，2016 年农民收入比 2012 年增长 89.5%。农业部联合八部委印发《贫困地区发展特色产业促进精准脱贫指导意见》，组织 22 个扶贫任务重的省份、832 个贫困县编制完成产业精准扶贫规划，分区域指导定点扶贫县。中央专门出台了支持贫困县统筹使用财政涉农资金政策，农业部在项目资金支持、一二三产业融合、一村一品示范创建、新型职业农民培育等相关文件中明确向贫困地区倾斜。

贵州省设立脱贫攻坚产业扶贫子基金，拟筹集 1200 亿元，重点投向贫困地区农业龙头企业、农民合作社、农业专业培训机构等。内蒙古兴安盟积极探索

"政银保"金融扶贫合作方式，2017年整合财政扶贫资金6000万元，作为产业扶贫风险金存入银行并放大5—10倍，通过小额贷款向新型农业经营主体和贫困户发放贷款，同时为全盟近4万户贫困户发展农业生产等提供保证保险等全方位风险保障。

针对贫困地区农产品难卖的问题，组织贫困地区合作社、企业等农业生产主体，参加各种展销活动，支持各地打造特色优势品牌，发展电子商务，利用各类媒体加大宣传推介力度，让好产品卖得出、卖个好价钱。在第十四届、第十五届中国国际农产品交易会期间举办产业扶贫专题展，组织80多个贫困县、200多家企业参展，现场贸易额超过5亿元。2017年3月，会同北京、天津组织120家企业、批发市场、经销商与环京津28个贫困县签订168项合作协议，帮助销售了一大批特色农产品。曾经藏在深山人未识的优质农产品，如今已经走出贫困山区进入千家万户。

支持贫困地区培育种养大户、家庭农场、农民合作社、农业企业等新型经营主体，积极牵线搭桥帮助引进农业产业化龙头企业，一批扶贫"龙头"成长壮大、落地生根，成为带动脱贫的"火车头"。鼓励引导各地探索推广订单帮扶、股份合作、生产托管等龙头带贫模式，让广大贫困群众分享到更多产业发展红利。

截至2016年底，22个扶贫任务重的省份已发展农业龙头企业8.8万家，其中省级以上龙头企业1.2万家；全国758个贫困县（不含西藏）发展农民合作社44.2万家，带动1500多万户农户；我部100个样本贫困县新型农业经营主体直接带动贫困人口覆盖度达到49.8%。

发挥农业部门的技术优势，依托现代农业产业技术体系专家团队和农技推广队伍，在贫困地区开展农技服务，在7个重点贫困地区实施农技推广服务特聘计划试点。在环京津28个贫困县开展"万名农技人员进山上坝服务行动""万名脱贫带头人培育行动"。开展技术指导，提高产业扶贫水平，帮助贫困地区引进了优良品种，推广了实用技术，培育了脱贫带头人，播下了致富的种子。

除了上述方面，我国还计划到2020年，实现50%以上可治理沙化土地得到治理，到2050年使可治理的沙化土地得到全部治理。西部六省区因地制宜，根据本地区实际，采取了一系列的做法。以案例的形式简要陈述各地区好的经验或做法。

第三节　中国西部地区主要项目省份的农业绿色生产模式

西部地区主要项目省份在农业绿色生产的时代浪潮中，各省份根据特色着力推动适合本省份发展的具体模式如节水农业、生态农业、有机农业、示范农业、田园综合体发展模式、特色农业小镇等，收到了较好的成效。

一、内蒙古实行科技化的旱作节水农业

十年九旱，连年春旱、伏旱、秋旱时有发生，这是内蒙古农业生产的现状。地下水位快速下降，全区旱作农业耕地面积占到总耕地面积的比例高达70%，旱作区粮食丰歉直接左右着全区粮食生产形势。不夸张地说，只有解决好水的问题，才能真正确保内蒙古农业发展的可持续。干旱少雨不但没有砸了农民的饭碗，反而倒逼内蒙古人在旱作节水领域闯出了大名堂，开辟出一片新天地。内蒙古通辽、赤峰等地将农业用水的每一个环节均引入了科技手段，每一滴水都经历了一次科技之旅。内蒙古敖汉旗丰收乡白塔子村从生态治理中找准落子时机。2014年，借助水土综合整治的契机，白塔村人人上阵，将坡地改成了等高水平梯田。田地的坡度减小，水的冲刷侵蚀作用减弱，且每块梯田的田埂稍高于梯田面，能够保证水肥不易流出这块田，起到保持水土的作用。在梯田修成后，配合深耕深松、增施有机肥料等农业耕作措施，加速土壤熟化，提高土壤肥力。跑水、跑土、跑肥的"三跑田"转变为保水、保土、保肥的"三保田"。梯田粮食玉米亩产由300公斤提高到600公斤，谷子产量由每亩100公斤提高到300多公斤。内蒙古大力发展旱作节水农业是贯彻习近平总书记的"绿水青山就是金山银山"理念的重要体现。探索出了以"品种节水、设施节水、农艺节水、作物节水、机制节水、水肥一体"为主要内容的旱作节水农业发展方式，为内蒙古粮食稳定增产和农民持续增收发挥了积极作用。

截至2016年底，内蒙古有效灌溉面积达到5145.8万亩，高效节水灌溉面积达2021万亩，10年增加了2.55倍，农民年人均新增纯收入1200元左右。

二、青海着力打造生态示范农业

青海互助土族自治县（以下简称互助县）农业示范园区完成投资4.5亿元。2017年青海互助县农业示范园区狠抓基础设施建设、科技试验示范、项目建设等工作，园区实现快速健康发展。上半年共完成投资4.5亿元，实现产值4.42

亿元，完成固定资产3500万元，实现了时间过半任务过半的要求。

互助县农业示范园区认真开展科技试验示范，从河北省沧州市、衡水市引进沧冬、甜椒等26种果蔬新品种和熊蜂授粉技术，现已定植完毕，并进行了栽培示范，熊蜂授粉技术已在园区草莓观光采摘基地应用。与陕西省杂交油菜研究中心合作，在核心区建成杂交油菜40个品系小区试验共6亩。同时，园区着力提高农牧业产业化水平，汉尧公司收购油菜籽7600吨，加工浓香型菜籽油1650吨；中厚公司正在积极申报省级养殖专业合作社和龙头企业；瑶池公司培育树莓种苗600万株，建成树莓种植基地45000亩，生产树莓系列产品3个；荣洽公司建成藜麦种植基地600亩，正在着手藜麦酒、茶、饮料、米面等新产品的开发。

此外，按照园区布局和产业特点，该县以农牧民专业合作社、种养殖专业大户、家庭农牧场为纽带，初步筛选、计划打造互助县特色种植产业园、塘川河流域菜篮子工程产业园、海东现代农业科技综合产业园、互助县特色养殖产业园、互助县南门峡生态湿地农业与乡村旅游产业园、青海省东部地区农畜产品电子商务产业园六个现代农业特色产业园。

三、陕西着力建设田园综合体

2017年陕西等六个省被确定为田园综合体建设试点省份。财政部印发的《开展农村综合性改革试点试验实施方案》，决定从2017年起在有关省份开展农村综合性改革试点试验、田园综合体试点，并发布了开展田园综合体建设试点的通知。开展农村综合性改革试点试验，主要通过综合集成政策措施，推进乡村联动、下沉到村，推动农村改革向纵深发展。主要内容包括完善乡村治理机制，健全村级集体经济发展机制，构建农民持续增收机制，建立农村生态文明发展机制四个方面。2017年选择山东、安徽、湖南、广东、云南、陕西六个省份，每个省份选择两个县（市、区），每个县选择一定数量乡村开展试点。

田园综合体试点以农为本。开展田园综合体试点，要坚持以农为本，以保护耕地为前提，提升农业综合生产能力。要保持农村田园风光，保护好青山绿水，实现生态可持续；要确保农民参与和受益，带动农民持续稳定增收，让农民充分分享发展成果，更有获得感。让人们从中感到农业是充满希望的现代产业，农民是令人羡慕的体面职业，农村是宜居宜业的美好家园。开展田园综合体试点，要以市场投入为主体，积极创新财政支持方式，鼓励社会资本规范、有序、适度参与建设田园综合体。要严控地方政府债务和村级组织债务风险，不能新增债务负担。财政部将会同中央有关单位和部门，对各地开展田园综合体试点情况进行跟踪调研和督查，发现问题及时纠正和完善相关政策措施，确保试点不走样不跑偏。

四、甘肃玉门打造特色小镇

特色小镇建设已然成为势头强劲的产业风口，正在全国遍地开花。玉门作为国家首批28个"多规合一"和甘肃省17个新型城镇化试点城市之一，再一次勇立潮头，开始破题特色小镇建设，推动全市经济转型升级和形成新的经济增长点，聚集发展优势培育主导产业，推动产城融合发展和新型城镇化建设，提升城乡环境综合整治工作的档次和水平，引领全市广大农户生产生活方式转变和社会文明进步。

2017年9月27日，玉门市特色小镇和田园综合体策划研讨会隆重举行，邀请15家国内知名设计院所和企业的40多名专家学者，共同为玉门市特色小镇和田园综合体建设量身打造规划蓝图，共同绘就美好未来。

玉门市将按照"有主导产业和经营实体，产城融合，资金来源多元化"的原则，在花海镇、下西镇、赤金镇和老市区等具备产业优势和人口密集区域规划建设四个特色小镇。同时，在条件较好的三个村先行试点实施以农民合作社为主要载体、让农民充分参与和受益，集循环农业、创意农业、农事体验于一体的田园综合体建设。

光热小镇。依托花海镇500万千瓦光热示范基地打造光热发电及装备制造业集聚区。完善道路、供水、电力输出等基础设施，引进研发、检测等机构，规划建设工程后勤、办公居住设施，配套支架、储能等装备制造项目。规划新能源融合项目、远距离输热项目，带动花海片区一镇三乡产城融合发展。

枸杞小镇。整合下西号镇枸杞种植区、观光体验区，建设枸杞产品加工区、交易区和展示区，在川北镇村、西红号村等城郊村组附近规划和整合枸杞种植区、观光体验区，研究规划乡土文化和餐饮民宿区。组建国有控股枸杞公司入住枸杞小镇，依托自有基地、现有枸杞合作社及农户，注册商标，打造三品一标及GAP，开展多种模式的销售、数据检验及推广。

石油小镇。依托玉门油田公司延长石化产业链，建设石化产业园。依托老市区自然和人文景观，打造石油河峡谷景观带、五十年代老街和油城公园。整合利用原行政办公设施布展三至五个小型特色博物馆。挖掘老市区可用资产，根据市场需求逐步改造和建设培训、食宿等设施，在现有的基础上巩固发展工业旅游和红色教育，为老市区重新注入新的活力。

赤金小镇。依托赤金镇丰富的旅游资源和深厚的历史文化积淀，规划建设魔山—朝阳村、赤金峡—金峡村、红山寺—铁人村三大片区，建设连接景区快速道路，配套发展旅游服务业。围绕集镇和中心村进行规划建设，吸引群众向集镇和中心村靠拢，促进村民集中居住。

先行开展试点的三个田园综合体：清泉乡跃进村田园综合体。扩大人参果基地及养殖业规模，着力打造"祁连清泉"人参果和羊羔肉品牌。充分利用火烧沟原始部落村、骟马城遗址、玫瑰沟等旅游景观资源，将人参果产业与文化旅游产业相融合，着力发展沿路沿线乡村休闲观光业，打造"农业+旅游"一体化的田园综合体。

柳河镇红旗村田园综合体。充分利用顾天祥劳模事迹展览馆红色教育基地优势，完善劳模事迹展览馆和红旗村基础设施配套。发展特色林果、花卉苗木等优势产业，建成一批乡土特色农家园，打造"苗木产业+劳模精神+红色教育"为一体的田园综合体。

黄闸湾镇泽湖村田园综合体。依托保留完好的红色年代的村影剧院和废旧校舍建成的村史馆、民俗馆等场馆，突出修复还原与保护开发相结合，再现红色乡村记忆。同时引导专业合作社大力发展蟠桃林果业、花卉制种业，打造"民俗文化+创意农业+农事体验"为一体的田园综合体。

五、贵州着力促进农业节水和农业可持续发展

2017年省政府办公厅下发《关于推进农业水价综合改革的实施意见》，为有序推进全省农业水价综合改革，建立健全农业水价形成机制，促进农业节水和农业可持续发展，贵州将按照突出重点、分步实施、以点带面的原则，用十年左右时间，在全省普遍建立健全合理反映供水成本、有利于节水和农田水利体制机制创新、与投融资体制相适应的农业水价形成机制；农业用水价格总体达到运行维护成本水平，农业用水总量控制和定额管理普遍实行，可持续的精准补贴和节水奖励机制基本建立，先进适用的农业节水技术措施普遍应用，农业种植结构实现优化调整，促进农业用水方式由粗放式向集约化转变。

全省各市（州）至少选择2个县（市、区、特区）开展农业水价综合改革典型培育，未列入典型培育的各县（市、区、特区）至少选择2个乡（镇）开展县级典型培育，有条件的市（州）、县（市、区、特区）可以分别选择3—4个县（市、区、特区）、乡（镇）开展典型培育，用3—5年时间，率先实现改革目标，为全省农业水价综合改革积累经验，提供借鉴，发挥示范引领作用。

为适应农业水价改革，农业种植结构要调整优化，在稳定粮食生产的基础上，建立与区域水资源禀赋、气候条件、产业规划相匹配的农业种植结构和耕作制度，鼓励引导种植大户、专业合作组织发展现代山地特色高效农业，种植耗水少、附加值高的经济作物。

要按照"谁投资、谁所有、谁受益、谁负担"的原则，明晰小型农田水利工程产权；要区分粮食作物、经济作物、养殖业等用水类型，在终端用水环节探索实行分类水；统筹考虑用水量、生产效益、区域农业发展政策等，合理确定各类用水价格，用水量大或附加值高的经济作物和养殖业用水价格可高于其他用水类型。同一区域、同一水源、同一灌溉方式、同一作物类型的水价要尽量接近。地下水超采区要采取有效措施，使地下水用水成本高于地表水，促进地下水采补平衡和生态改善。同时，《关于推进农业水价综合改革的实施意见》要求要合理制定地下水资源费征收标准，严格控制地下水超采。

六、四川省注重生态高效农业发展

四川省挖掘地域优势资源，瞄准潜力产业狠抓发展，创新"大园区＋小农场"模式激活产业发展活力，推广复制成功经验，统一标准打造品牌，瞄准现代农业融合发展，串珠成链打造"百里产业带"。未来五年，乐山市将打造生态高效农业"一区六带"，建成现代农旅融合发展特色区，发展高标准茶产业带、现代林竹产业带、蔬菜产业带、万亩中药材产业带、标准化规模养殖产业带、特色农业休闲体验产业带。作为柑橘种植生态适宜区，近年来井研县柑橘种植面积达17万余亩，年产量10余万吨。在此基础上，井研谋划以繁盛杂交柑橘专业合作社为龙头，打造一条覆盖9个乡镇、43个村的"百里产业带"，将沿线的种养、康养旅游、电商、物流等产业串珠成链，带动覆盖区10万群众增收致富。

2017年，井研开始探索"大园区＋小农场"模式的升级版。下一步，井研将探索农户以流转的土地价值入股进行经营，即"大园区＋小农场＋入股农户"，让柑橘园区成为双轮驱动的引擎，一头带动承包业主致富，一头带动更多的村民增收。根据规划，"十三五"期间，约300平方千米产业带将探索集现代种养、乡村旅游、康养、电商、冷链物流为一体的融合发展模式。在这条产业带上，现代水产休闲观光示范园、幸福美丽新村果渔示范园、果禽循环示范园、千佛蔬菜示范园等多个建设点已初具规模。按"高科技、标准化"思路打造的杂交柑橘标准化园便是其中的一环。乐山市生态高效农业"一区六带"现代农业发展规划，布局清晰、特色鲜明。而井研县抓准柑橘这一特色农业产业，实现与其他县区的错位发展，避免了农业产业结构的趋同。

第四节 本章小结

习近平总书记于 2015 年 3 月 29 日在海南省博鳌国宾馆同出席博鳌亚洲论坛 2015 年年会的中外企业家代表座谈时曾指出："中国的绿色机遇在扩大。我们要走绿色发展道路，让资源节约、环境友好成为主流的生产生活方式。我们正在推进能源生产和消费革命，优化能源结构，落实节能优先方针，推动重点领域节能。"

习近平总书记指出，悠悠万事，吃饭为大。在城乡统筹发展的大背景下，国土空间开发，既要满足人口增加、人民生活改善、工业化城镇化发展的需求，更要保障国家粮食安全和重要农产品有效供给。中共中央办公厅、国务院办公厅《关于创新体制机制推进农业绿色发展的意见》明确提出，要优化农业主体功能和空间布局，构建科学适度有序的农业空间布局体系。贯彻落实意见精神，应紧紧围绕统筹推进"五位一体"总体布局和协调推进"四个全面"战略布局，牢固树立和贯彻落实新发展理念，合理区分农业空间、城市空间、生态空间，进一步优化农业生产力区域布局，以资源环境承载力为基准，坚持山水林田湖草是一个生命共同体，规范农业发展空间秩序，推动形成与资源环境承载力相匹配、生产生活生态相协调的农业发展格局。

当前，我国快速工业化、城镇化、农业现代化进程中，水土资源遭受着日益严重的污染，直接对农产品质量安全、国内消费者健康构成威胁。所以我国更应推动中国农业的转型发展、农业的绿色转型发展，对保护水土资源、保障农产品质量安全、提高中国农产品国际竞争力等方面都大有裨益。国家对西部省区农业绿色发展的高度重视、政策的持续支持，使得这些地区在农业绿色发展的实践中，涌现出一大批典型案例。发展绿色经济已经成为全球趋势，这也决定了中国发展绿色经济的必然性。作为负责任的世界大国，中国发展绿色经济从传统经济发展方式转型为现代经济发展方式，最终会与世界各国一道走向绿色经济形态。

第四章

中国西部地区林业绿色发展分析

第一节 中国西部六个项目省区林业生产状况及特点

基于内蒙古自治区、四川、贵州、陕西、甘肃和青海六省区的林业生产特点，结合2011—2015年中国林业统计年鉴的基本调查数据，将从林业资源基本状况、林业产业基本状况及林业所吸纳的就业人数等三方面简单概括西部六省区林业发展情况。

一、林业资源

（一）森林资源

如表4-1所示，西部六省区的森林资源基本指标包括森林覆盖率、林地面积、森林面积、人工林面积、森林蓄积量和乔木单位蓄积量六大指标。五年间，六省区的森林覆盖率都有明显增加，其中贵州省的涨幅最大，由31.61%增加到37.09%；林地面积方面，内蒙古的林地面积最大，青海省林地面积增加最多，增长了174.04万公顷；陕西省人工林面积增加最多，增加了53.7万公顷；内蒙古自治区森林蓄积量增长最快，五年内增长了16809.97万立方米；内蒙古自治区的乔木单位蓄积量增长最快，五年内增加了8.51立方米/公顷。值得注意的是，甘肃省则出现了下降的情况，减少了3.94立方米/公顷。

表4-1 西部六省森林资源基本指标概况

指标	年份	内蒙古	四川	贵州	陕西	甘肃	青海
覆盖率（%）	2011—2012	20	34.31	31.61	37.26	10.42	4.57
	2013—2015	21.03	35.22	37.09	41.42	11.28	5.63

续表

指标	年份	内蒙古	四川	贵州	陕西	甘肃	青海
林地面积（万公顷）	2011—2012	4394.93	2311.66	841.23	1205.8	955.44	634
	2013—2015	4398.89	2328.26	861.22	1228.47	1042.65	808.04
森林面积（万公顷）	2011—2012	2366.4	1659.52	556.92	767.56	468.78	329.56
	2013—2015	2487.9	1703.74	653.35	853.24	507.45	406.39
人工林面积（万公顷）	2011—2012	303.91	415.65	199.86	183.27	80.77	4.44
	2013—2015	331.65	449.26	237.3	236.97	102.97	7.44
森林蓄积量（万立方米）	2011—2012	117720.51	159572.37	24007.96	33820.54	19363.83	3915.64
	2013—2015	134530.48	168000.04	30076.43	39592.52	21453.97	4331.21
乔木单位蓄积量（万立方米）	2011—2012	70.02	136.94	60.31	59.65	90.73	110.3
	2013—2015	78.53	141.92	62.83	61.93	86.79	114.43

数据来源：《中国林业统计年鉴》。

（二）荒漠资源

由表4-2可知，六省区的土地沙化面积基数也各有不同，其中内蒙古自治区沙化面积最大，贵州省面积则相对最小。但十年来，西部六省区十年内总体呈现下降态势，其中，陕西省的土地沙化面积减少程度最大，取得了重大成就。

表4-2　2004—2014年西部六省沙化土地面积概况　　单位：万公顷

指标	年份	内蒙古	四川	贵州	陕西	甘肃	青海
沙化面积	2004—2009	4159.36	91.44	0.67	2168.43	1203.46	1255.83
	2010—2013	4146.83	91.38	0.62	141.32	1192.24	1250.35
	2014	4078.79	—	—	—	1217.02	1246.17

数据来源：由中国林业网数据库数据整理得到。

（三）湿地资源

由表4-3可知，西部六省区的湿地总面积在五年内呈现不同程度的增长态势。其中，青海省涨幅最大，具体分析可知，沼泽和草甸湿地面积扩大最多，达到289.73万公顷。陕西省湿地面积总体涨幅最小，仅为1.56万公顷。

表4-3　2011—2015年西部六省区湿地面积变化　　　　单位：万公顷

指标	年份	内蒙古	四川	贵州	陕西	甘肃	青海
湿地资源面积	2011—2012	424.50	96.17	7.94	29.29	125.81	412.60
	2013—2015	601.06	174.78	20.97	30.85	169.39	814.36
其中：河流湿地	2011—2012	60.75	56.39	5.80	25.21	56.56	10.75
	2013—2015	46.37	45.23	13.81	25.76	38.17	88.53
湖泊湿地	2011—2012	49.52	1.34	0.23	0.73	4.43	123.21
	2013—2015	56.62	3.74	0.25	0.76	1.59	147.03
沼泽和草甸湿地	2011—2012	309.81	34.23	0.57	1.78	52.15	274.81
	2013—2015	484.89	117.59	1.10	1.10	124.48	564.54

数据来源：《中国林业统计年鉴》。

二、林业产业

根据《中国林业统计年鉴》的分类，林业产业可分为三大产业，如图4-1所示。其中，第一产业包括涉林产业及林业系统非林产业；林业第二产业包括涉林产业和林业系统外产业；第三产业包括：涉林产业和林业系统非林产业。此外，三产均包含相应的湿地产业，同时，林下经济产业、竹产业等在三大产业类型中也均有发展。

由表4-4可知，五年内，无论是林业总产值还是三大产业的相对总产值，西部六省区的林业产业产值均呈现不同度持续增长态势。林业总产值方面，四川省总产值和涨幅绝对值最大，青海省则均最小，但涨幅占比最大的是内蒙古自治区，增加了86.5%；林业第一产业产值方面，五年末产值最大的是四川省，最小依然是青海省，增幅绝对值最大的为是陕西省，最小的为青海省，而涨幅占比最大的是青海省，增加了3.11倍，涨幅占比最小的为内蒙古，增加了68.7%；林业第二产业产值方面，五年末产值和增幅最大的均为四川省，而最小的则是青海省，但涨幅占比最大的是青海省，增加了11.5倍，最小的则为四川省，仅增加了原来的57.7%；林业第三产业产值方面，五年末总产值和涨幅绝对值最大的均为四川省，最小的依然是青海省，而增幅占比最大的是青海省，增加了3.48倍，涨幅占比最小的是甘肃省，增长了98.8%。

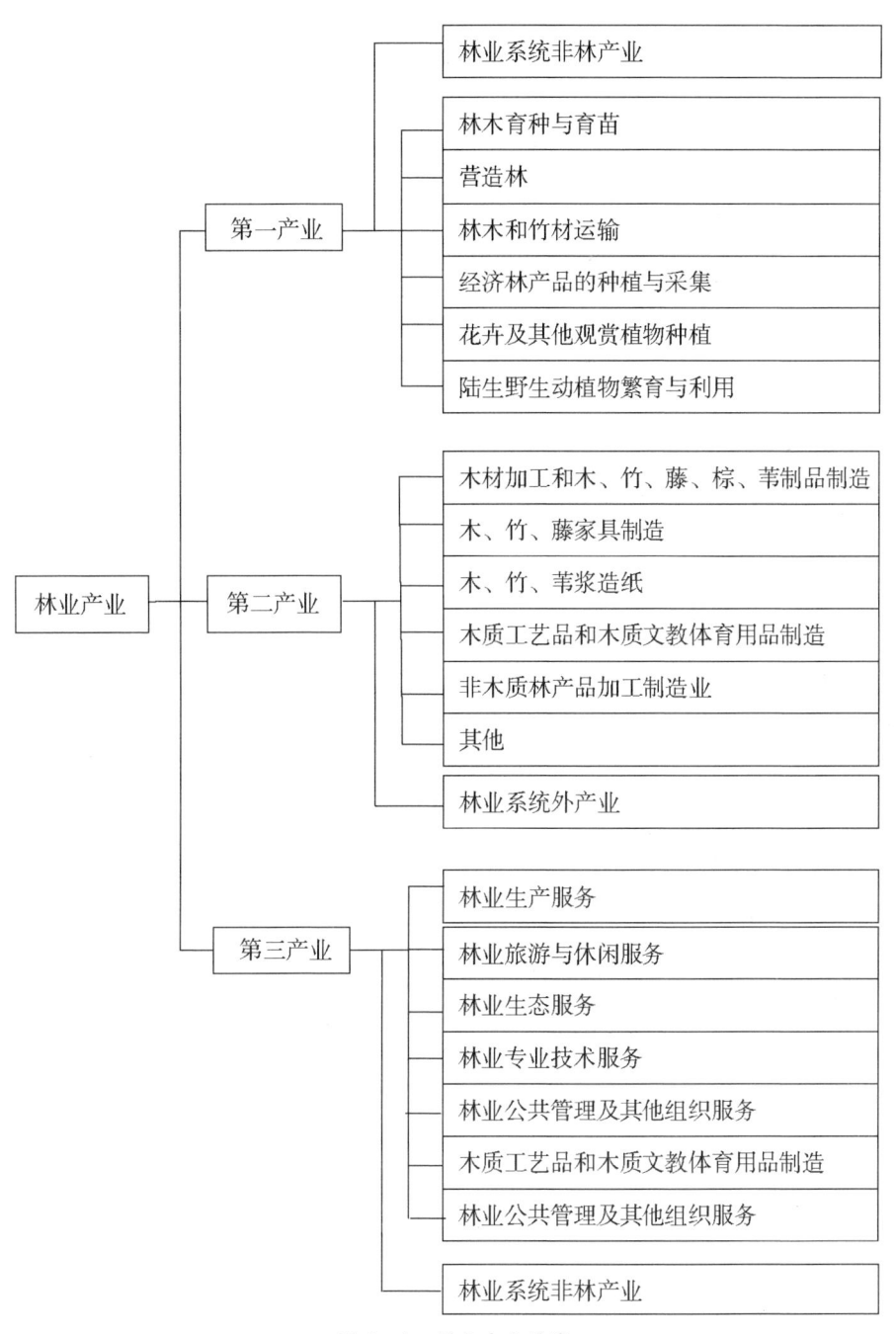

```
                                    ┌─ 林业系统非林产业
                                    │
                                    ├─ 林木育种与育苗
                                    ├─ 营造林
                         ┌─ 第一产业 ┼─ 林木和竹材运输
                         │          ├─ 经济林产品的种植与采集
                         │          ├─ 花卉及其他观赏植物种植
                         │          └─ 陆生野生动植物繁育与利用
                         │
                         │          ┌─ 木材加工和木、竹、藤、棕、苇制品制造
                         │          ├─ 木、竹、藤家具制造
                         │          ├─ 木、竹、苇浆造纸
                林业产业 ─┼─ 第二产业 ┼─ 木质工艺品和木质文教体育用品制造
                         │          ├─ 非木质林产品加工制造业
                         │          ├─ 其他
                         │          └─ 林业系统外产业
                         │
                         │          ┌─ 林业生产服务
                         │          ├─ 林业旅游与休闲服务
                         │          ├─ 林业生态服务
                         └─ 第三产业 ┼─ 林业专业技术服务
                                    ├─ 林业公共管理及其他组织服务
                                    ├─ 木质工艺品和木质文教体育用品制造
                                    ├─ 林业公共管理及其他组织服务
                                    └─ 林业系统非林产业
```

图 4-1　林业产业分类

资料来源：根据《中国林业统计年鉴》绘制。

表4-4　2011—2015年林业三大产业产值　　　　　　　　　单位：万元

指标	年份	内蒙古	四川	贵州	陕西	甘肃	青海
林业总产值	2011	2572816	14440422	3406879	3258288	1926727	124369
	2012	2974596	17456693	4010168	5416600	2345241	348196
	2013	3495560	20302262	5034591	7125584	2824923	356242
	2014	4751752	23357763	6100373	8401647	3393187	429465
	2015	5278619	26643488	8102745	10143985	3857148	511686
第一产业产值	2011	1384131	5311699	1809187	2786660	1699294	122476
	2012	1661397	6410986	1885799	4283247	2042246	345009
	2013	1860948	7688693	2361398	5641138	2491464	351207
	2014	2278789	8819397	2431293	6662610	2963084	422989
	2015	2334431	10078638	3446566	7892891	3361899	503389
第二产业产值	2011	693384	5549384	685141	254652	75039	42
	2012	720071	6260976	758140	729137	114083	160
	2013	868965	7075946	844143	925481	141950	180
	2014	1292342	7915254	913525	991431	150060	526
	2015	1368926	8751859	1098703	1177381	192258	—
第三产业产值	2011	495301	3579339	912551	216976	152394	1851
	2012	590128	4784731	1366229	404216	188912	3027
	2013	765647	5537623	1829050	558965	191509	4855
	2014	1180621	6623112	2755555	747606	280043	5950
	2015	1575262	7812991	3557476	1073713	302991	8297

数据来源：《中国林业统计年鉴》。

三、林业就业

如表4-5所示，林业系统年末人数方面，五年内从事林业生产相关工作的劳动者人数呈现不同变化趋势，其中内蒙古自治区总体呈现增长态势，四川省和贵州省则呈现逐步下降的态势，陕西省、甘肃省、青海省出现先减后增再减的波动变化。林业系统人数占总人口比重方面，从横向看，五年间，内蒙古从事林业生产的人数占比最大，而四川省则占比最小；纵向而言，内蒙古、陕西从事林业产业的人数占比总体呈上升态势，四川和青海人数占比呈现下降趋势，贵州省占比处于小幅度波动状态，陕西省的占比一直保持不变。

表4-5 2011—2015年林业系统单位年末人数情况

指标	年份	内蒙古	四川	贵州	陕西	甘肃	青海
年末人数（人）	2011	166625	56247	28100	39299	40183	12458
	2012	312874	50306	26289	39867	40357	10261
	2013	308539	48647	26090	38887	40220	9615
	2014	358813	47455	26253	39472	40448	9869
	2015	347711	45759	23082	37862	39976	9812
年末人占比总人口的比重（%）	2011	0.66	0.07	0.08	0.11	0.15	0.21
	2012	1.25	0.06	0.07	0.11	0.16	0.18
	2013	1.24	0.06	0.07	0.11	0.16	0.17
	2014	1.44	0.06	0.08	0.11	0.16	0.17
	2015	1.40	0.06	0.07	0.11	0.16	0.17

数据来源：《中国林业统计年鉴》和《中国统计年鉴》。

第二节 中国西部六个项目省区林业绿色发展状况

本书针对西部六省区的林业绿色发展的现状，将从国家和地方政府颁布的促进绿色发展的政策法规、林业重点工程实施进展情况、林业绿色投融资行动等方面进行总体概括，第二部分将从造林面积变化情况、沙化土地治理情况、湿地面积恢复情况、绿色产业发展情况、森林病虫害防治情况及林业扶贫等六个方面，全面介绍了西部六省区林业绿色发展所取得的突出成果。

一、林业绿色发展政策法规

（一）林业主管部门制定的政策法规

由表4-6可知，自1998年夏全国出现大规模、多流域洪水灾害以来，国家层面制定、修编、实施了多部相关促进林业绿色发展的政策及法规，为林业绿色经济的规范、可持续发展构建了完备的顶层政策框架。

表4-6 国家层面制定林业绿色发展的政策法规

颁布的时间	法规及政策
1998	实施天然林保护工程、退耕还林等六大工程
2001	《森林生态效益补助资金管理办法》
2003	《中共中央、国务院关于加快林业发展的决定》
2008	《中共中央国务院关于全面推进集体林权制度改革的意见》
2009	《森林防火条例》
	《省级政府防沙治沙目标责任考核办法的通知》
2010	中央一号文件
2011	《中华人民共和国陆生野生动物保护实施条例》
	《森林采伐更新管理办法》
	启动天然林保护二期工程
	《关于进一步加强林业有害生物防治工作的意见》
2012	《关于加快林下经济发展的意见》
2013	《全国造林绿化纲要》
	《国务院办公厅关于加强林木种苗工作的意见》
	《全国防沙治沙规划》
	《全国森林防火中长期发展规划》
	《国家森林火灾应急预案》
	《林业产业倍增计划（2013—2020年)》
	《森林病虫害防治条例》
	《湿地保护管理规定》
2014	编制《全国造林绿化规划纲要（2011—2020年)》
	编制《全国森林经营规划（2013—2030年)》
	实施《关于加强全国老化防护林更新改造的指导意见》
	编制《国家沙漠公园总体规划》
	修订《森林植被恢复费征收使用管理办法》
2015年	中央一号文件

资料来源：根据文献资料整理。

（二）地方林业部门制定的林业绿色发展政策法规

如表4-7所示，西部六省区我为配合中央层面促进林业绿色发展的政策能够真正得到落实，根据本省区的实际情况制定了大量切实可行的地方行政法规，构建了有效、合理的林业绿色发展行政法规体系，促进了本地区林业绿色产业的蓬勃发展。

表4-7 西部六省区制定林业绿色发展的政策法规

实施地区	行政法规性质	名称
内蒙古自治区	地方法规	《实施〈森林法〉办法》
		《实施〈野生动物保护法〉办法》
		《珍稀林木保护条例》
		《林木种苗条例》
		《森林草原防火条例》
		《实施〈防沙治沙法〉办法》
	政府规章	《植物检疫条例实施办法〈林业部分〉》
		《全民义务植树实施细则》
四川省	地方法规	《四川省〈野生动物保护法〉实施办法》
		《四川省绿化条例》
		《四川省天然林保护条例》
		《四川省森林公园管理条例》
		《四川省长江防护林体系管理条例》
		《四川省自然保护区管理条例》
	政府规章	《四川省森林防火实施办法》
		《四川省森林病虫害防治实施办法》
		《四川省森林消防专业扑火队建设和管理法（试行）》
		《四川省沿江漂木保护管理办法》
		《四川省重点保护野生动物名录》
贵州省	地方法规	《贵州省绿化条例》
		《贵州省森林条例》
		《贵州省林地管理条例》
		《贵州省林木种苗管理条例》
	政府规章	《贵州省陆生野生动物保护办法》
		《贵州省实施〈森林和野生动物类型保护区管理办法〉细则》
		《贵州省森林采伐限额管理办法》
		《贵州省森林公园管理办法》
		《贵州省森林植物检疫办法》

续表

实施地区	行政法规性质	名称
陕西省	行政法规	《陕西省森林管理条例》
		《陕西省实施〈野生动物保护法〉办法》
		《陕西省实施〈防沙治沙法〉办法》
		《陕西省实施〈农业技术推广法〉办法》
	政府规章	《陕西省实施〈森林防火条例〉办法》
		《陕西省退耕还林种苗生产供应暂行办法》
		《陕西省地方重点保护植物名录》
		《陕西省重点保护野生动物名录》
		《陕西省退耕还林检查验收暂行办法》
		《陕西省重点保护陆生野生动物造成人身财产伤害补偿办法》
甘肃省	行政法规	《甘肃省实施〈森林法〉办法》
		《甘肃省实施野生动物保护法办法》
		《甘肃省实施防沙治沙法办法》
		《甘肃省自然保护区管理条例》
		《甘肃省林木种苗管理条例》
		《甘肃省湿地保护条例》
		《甘肃省森林病虫害防治检疫条例》
青海省	行政法规	《青海省实施〈森林法〉办法》
		《青海省实施〈野生动物保护法〉办法》
		《青海省森林和野生动物类型自然保护区管理办法》
		《青海省林地林权管理办法》
		《青海省绿化条例》
		《青海湖流域生态环境保护条例》
		《青海省卤虫资源保护暂行办法》
		《青海省冬虫夏草采集管理暂行办法》
		《青海省重点保护林木名录（第一批）（第二批）》

资料来源：根据文献资料整理。

（三）林业工程实施情况

由表4-8可知，西部六省区五年内均实施了天然林保护工程和退耕还林工程，而京津风沙治理及三北及长江中下游防护林工程则由于特定实施区域限制的原因，部分省区没有实施。天保工程方面，六省区实施面积各不相同，其中2015年，陕西省实施面积最大，贵州省则最少；退耕还林工程方面，陕西省最多，青海省最少；京津风沙治理工程方面，参与省区均呈现下降态势；三北及长江中下游防护林工程方面，参与省区除内蒙古自治区外，均呈现下降态势。

表4-8 2011—2015年西部六省林业工程实施情况一览表　　单位：公顷

指标	年份	内蒙古	四川	贵州	陕西	甘肃	青海
天然林保护工程	2011	87317	78199	19336	88634	50311	28132
	2012	116496	51997	19333	74930	44474	22664
	2013	88297	52103	19113	89550	40340	21290
	2014	91515	29327	16887	62033	40463	15600
	2015	161008	51319	12600	379086	319364	112668
退耕还林工程	2011	39696	26897	18667	59356	22164	22516
	2012	39972	16334	15333	47764	20937	16200
	2013	42159	20661	12000	45385	19634	16000
	2014	16399	15708	4667	3928	6835	18667
	2015	18949	72364	48887	58686	43470	—
京津风沙治理工程	2011	407999	—	—	—	—	—
	2012	421558	—	—	—	—	—
	2013	468988	—	—	18219	—	—
	2014	132578	—	—	17553	—	—
	2015	124484	—	—	11364	—	—
三北及长江中下游防护林	2011	125380	—	13283	83086	68848	51059
	2012	122916	—	6667	70471	57010	42847
	2013	85592	—	4000	41363	58661	41595
	2014	123405	—	—	52477	48775	26934
	2015	150896	—	2200	51186	43462	55280

数据来源：《中国林业统计年鉴》。

二、林业绿色投融资行动

西部六省区生态建设保护总投资、林业支撑与保障总投资、林业支撑与保障总投资及林业产业发展总投资占年度计划投融资的比例如表4-9所示。生态建设保护总投资包括造林、更新及抚育、湿地保护、生态效益补偿等指标的投融资情况；林业支撑与保障包括森林防火、林业有害生物防治、科技教育、林业信息化等投融资情况；林业产业发展总投资包含林下经济等产业的投融资情况。

表4-9 2011—2015年西部六省区不同指标投融资占比情况 （%）

指标	年份	内蒙古	四川	贵州	陕西	甘肃	青海
生态建设与保护占比	2011	47.51	46.66	87.09	73.44	48.24	74.65
	2012	56.14	3.81	88.71	78.58	48.45	73.41
	2013	59.93	37.46	88.71	62.59	45.45	83.32
	2014	62.27	41.10	87.63	63.51	45.48	84.94
	2015	71.38	38.82	91.31	55.84	52.45	79.58
森林支撑与保障占比	2011	22.03	3.43	2.70	3.50	10.76	5.41
	2012	9.47	2.75	2.46	8.60	6.04	5.15
	2013	3.73	3.14	3.44	2.99	5.34	4.77
	2014	4.66	3.37	2.95	3.52	5.24	7.53
	2015	4.11	3.56	2.66	3.12	7.03	5.11
林业产业发展总投资占比	2011	0.43	28.54	1.28	6.23	1.09	8.51
	2012	0.02	38.13	0.21	9.14	130.39	18.89
	2013	0.55	44.09	0.23	6.81	19.92	11.88
	2014	0.10	47.33	2.99	12.58	18.23	11.10
	2015	3.28	1.30	0.19	0.60	3.40	0.89

数据来源：《中国林业统计年鉴》。

三、林业生产的相关反映绿色发展的指标

（一）造林面积

如表4-10所示，五年间西部六省区的造林面积呈现不同的变化趋势。其中，内蒙古、贵州总体呈现上升态势，四川、陕西、甘肃和青海总体呈现下降趋势；五年末造林面积最大的是内蒙古自治区，最小的则为青海省。

表4-10 2011—2015年西部六省区总造林面积一览表　　　　单位：公顷

年份	内蒙古	四川	贵州	陕西	甘肃	青海
2011	733562	251962	202409	325752	189807	177492
2012	781962	112159	147704	320287	177330	135644
2013	806594	126191	340000	343981	174470	152755
2014	562195	98226	320000	335326	214025	132044
2015	888027	160913	307333	152946	169493	24200

数据来源：《中国林业统计年鉴》。

（二）荒漠化土地治理面积

如表4-11所示，十年间西部六省区沙化治理面积总体呈现不同程度的增长。其中，治沙面积增加最大的是陕西省，达到2027.11公顷，同时也是涨幅最大的，达到93.48%；治沙面积最小的是贵州省，仅为0.05公顷，但涨幅最小的为四川省，仅为0.007%。

表4-11 2004—2013年西部六省区沙化治理情况一览表

年份	内蒙古	四川	贵州	陕西	甘肃	青海
十年间增长面积（公顷）	12.53	0.06	0.05	2027.11	11.22	5.48
十年末增长率（%）	0.30	0.07	7.46	93.48	0.93	0.44

数据来源：《中国林业统计年鉴》。

（三）湿地恢复面积

据表4-12可知，五年间，西部六省区的湿地恢复面积呈现不同程度的增长。其中，湿地恢复面积最大的是青海省，达到401.76公顷，面积最小的是陕西省，仅为156公顷。五年末，湿地恢复面积增幅最大的是贵州省，达到164.07%，增幅最小的是陕西省，仅为5.33%。

表4-12 2011—2015年西部六省区湿地恢复情况一览表

年份	内蒙古	四川	贵州	陕西	甘肃	青海
五年间增长面积（公顷）	176.56	78.61	13.03	1.56	43.58	401.76
五年末增长率（%）	41.59	81.74	164.07	5.33	34.64	97.37

数据来源：《中国林业统计年鉴》。

（四）绿色产业转型

如表 4-13 所示，第一产业占比方面，五年内六省区呈现出不同的变化趋势。从横向比较可知，青海省的占比最大，四川省的占比一直最小；从纵向比较可知，内蒙古自治区呈现持续递减趋势，四川省则呈现持续小幅度增加态势，贵州省、陕西省则呈现总体递减趋势，青海省几乎没有什么变化。

第二产业占比方面，从横向比较可知，四川省占比最大，青海省占比最小；从纵向分析可知，内蒙古自治区、四川省、贵州省、青海省的占比总体呈现下降态势，陕西省和甘肃省则总体呈现不同程度增长。

第三产业方面，从横向比较可知，占比最大的是四川省，占比最小的是青海省；从纵向分析可知，除甘肃省外，其他省区总体呈现逐年递增态势。

林业三大产业占比变化方面，内蒙古自治区、贵州省呈现第一、二产业比重下降，第三产业比重上升的态势；四川省出现第二产业减少，第一、三产业增长趋势；陕西省表现为第一产业下降，第二、三产业上升的特点；甘肃省形成第一产业稍有下降，第二产业小幅度上升，第三产业基本不变的状态；青海省三大产业占比均为显著变化。

表 4-13　2011—2015 年三大产业占林业总产值比重　　（%）

指标	年份	内蒙古	四川	贵州	陕西	甘肃	青海
第一产业占比	2011	53.80	36.78	53.10	85.53	88.20	98.48
	2012	55.85	36.73	47.03	79.08	87.08	99.08
	2013	53.24	37.87	46.90	79.17	88.20	98.59
	2014	47.96	37.76	39.85	79.30	87.32	98.49
	2015	44.22	37.83	42.54	77.81	87.16	98.38
第二产业占比	2011	26.95	38.43	20.11	7.82	3.89	0.03
	2012	24.21	35.87	18.91	13.46	4.86	0.05
	2013	24.86	34.85	16.77	12.99	5.02	0.05
	2014	27.20	33.89	14.97	11.80	4.42	0.12
	2015	25.93	32.85	13.56	11.61	4.98	0
第三产业占比	2011	19.25	24.79	26.79	6.66	7.91	1.49
	2012	19.84	27.41	34.07	7.46	8.06	0.87
	2013	21.90	27.28	36.33	7.84	6.78	1.36
	2014	24.85	28.36	45.17	8.90	8.25	1.39
	2015	29.84	29.32	43.90	10.58	7.86	1.62

数据来源：《中国林业统计年鉴》。

由表4-14可知,就育种育苗在第一产业中占比情况而言,不同省区呈现不同的特点。内蒙古自治区、陕西省、甘肃省的占比呈现上升态势,四川省、贵州省略有下降,青海省在2014年占比猛增为28.48%,之后又急剧减少为2.01%。

就造林及更新行业产值占比情况而言,不同省区也呈现出不同变化趋势。其中,内蒙古自治区、四川省、贵州省及甘肃省总体呈现递增态势,而陕西省、青海省则总体呈现出下降趋势。

表4-14 育种育苗与造林及更新行业产值占第一产业比重 (%)

指标	年份	内蒙古	四川	贵州	陕西	甘肃	青海
育种及育苗占比	2011	9.03	3.32	8.86	6.25	4.50	3.71
	2012	9.07	2.79	6.53	9.28	5.28	1.87
	2013	10.17	3.47	9.23	8.50	5.20	2.39
	2014	13.40	3.46	7.70	7.63	5.11	28.48
	2015	14.63	3.27	6.90	7.21	5.19	2.01
造林及更新占比	2011	22.31	5.35	14.06	8.31	4.37	22.98
	2012	17.74	4.29	15.13	6.99	4.29	60.45
	2013	19.87	3.85	12.75	6.99	4.31	57.32
	2014	21.49	3.57	11.65	6.11	4.05	11.58
	2015	41.13	6.47	18.74	7.94	8.47	12.49

数据来源:《中国林业统计年鉴》。

如表4-15可知,五年间,六省区的非木质林产品产值呈现不同程度的递增态势(青海省数据缺失)。其中,涨幅最大的是甘肃省,占比增长了77.22%,涨幅最小的是内蒙古自治区(除青海省外)。五年末,占比最大的仍旧是甘肃省,占比最小的也依旧是内蒙古自治区。

表4-15 非木质林产品行业产值占第二产业比重 (%)

年份	内蒙古	四川	贵州	陕西	甘肃	青海
2011	0.65	2.37	10.55	4.40	4.55	—
2012	2.39	7.45	13.54	21.71	7.97	—
2013	1.13	7.57	18.07	35.71	11.62	—
2014	0.13	10.44	22.99	41.68	59.69	—
2015	3.88	13.52	23.01	48.08	81.77	—

数据来源:《中国林业统计年鉴》。

据表4-16可知,在林业生态及专业技术服务产值占比中,六省区呈现不同的变化态势。内蒙古自治区、四川省、贵州省均出现小幅度的增长态势,陕西省、甘肃省则总体呈现出不同程度的减小趋势,青海省在2011—2013年出现较大幅度的增长,但在2015年又出现较大的幅度的减小,五年间的变化幅度最大。

表4-16 林业生态及专业技术服务占第三产业比重　　　　单位:(%)

年份	内蒙古	四川	贵州	陕西	甘肃	青海
2011	2.38	1.89	3.51	52.01	15.08	7.02
2012	1.97	1.91	3.48	20.69	10.51	—
2013	1.55	2.78	5.32	21.23	11.58	32.98
2014	2.68	2.58	4.06	21.32	12.36	29.33
2015	4.79	3.00	5.18	22.66	13.33	1.57

数据来源:《中国林业统计年鉴》。

(五)森林旅游业及休闲产业发展概况

据表4-17可知,西部六省区的旅游及休闲产业产值均呈现不同程度的增长态势。其中,五年间产值增加最大的是四川省,约增加了394.65亿元;产值增长最小的是青海省,仅为6473亿元。五年末,产值最大及产值最小的省区分别也是四川省和青海省。

表4-17 2011—2015年西部六省区林业旅游与休闲服务行业的产值

单位:万元

年份	内蒙古	四川	贵州	陕西	甘肃	青海
2011	138029	2997899	654809	66087	24768	1412
2012	160450	4101165	1267135	230217	44469	2977
2013	178092	4814383	1632369	318589	53247	3254
2014	282910	5907100	2547201	432904	63191	3923
2015	393231	6944386	2958645	681451	76860	7885

数据来源:《中国林业统计年鉴》。

由表4-18可知,五年间,西部六省区的森林公园建设呈现增加态势,其中，增加数量最多的是四川省，达到 10 个，其后依次是甘肃省（8 个）、陕西省（7 个）、贵州省（6 个）、内蒙古自治区（3 个），增加数量最小的青海省仅为 1 个。

从森林建设总面积方面看，六省区总体均呈现小幅度增长趋势。面积增长最多的是甘肃省，达到 76845 公顷，面积增加最小的是贵州省，仅为 12853 公顷。五年末，面积最大的是内蒙古自治区达到 1616199 公顷，面积最小的是贵州省仅为 272307 公顷。

表 4-18　2011—2015 年西部六省区森林公园的建设情况

指标	年份	内蒙古	四川	贵州	陕西	甘肃	青海
森林公园建设个数（个）	2011	61	116	72	82	83	17
	2012	61	119	74	83	93	17
	2013	61	121	74	86	93	17
	2014	62	123	78	87	94	18
	2015	64	126	78	89	91	18
森林公园建设总面积（公顷）	2011	1552612	743118	259454	317513	908642	462278
	2012	1552612	748411	261513	314532	959098	462278
	2013	1552612	750877	261513	340455	959230	462278
	2014	1553689	766705	264955	351642	967977	475078
	2015	1616199	788034	272307	345949	985487	502910

数据来源：《中国林业统计年鉴》。

（六）森林火灾病虫鼠害防治

据表 4-19 可知，森林火灾发生次数方面，不同省区呈现不同变化态势。其中内蒙古自治区、四川省、甘肃省总体呈现增长态势，贵州省、陕西省及青海省则总体呈现不同幅度的减小趋势。值得注意的是，2012—2014 年间，四川省、甘肃省的火灾发生情况高于其他年份。遭受火灾的森林面积方面，内蒙古自治区及青海总体呈现增长的趋势，而四川省、贵州省、陕西省、甘肃省总体呈现减少趋势。从人员伤亡情况看，六省区总体呈现减少态势。同时，2012—2014 年间，由于四川省、贵州省及陕西省的森林火灾发生次数高于其他年份，因而人员伤亡也高于其他年份。

森林病虫害发生方面，内蒙古自治区、四川省、陕西省、甘肃省等总体呈现增长态势，贵州省、青海省呈现下降态势。森林病虫害防治方面，除青海省外，其他省区总体呈现增长态势。青海省则呈现先下降后上升的趋势，但总体处于下降趋势。病虫害防治率方面，除青海省外，其他省区总体均呈现上升态势。其中，上升幅度最大的是贵州省，上升幅度最小的是陕西省。青海省则总体呈现下降态势。

表4-19　2011—2015年森林火灾病虫害防治状况一览表

指标	年份	内蒙古	四川	贵州	陕西	甘肃	青海
森林火灾次数（次）	2011	57	309	309	125	7	7
	2012	57	486	275	67	11	6
	2013	78	447	208	187	16	7
	2014	160	442	201	109	21	8
	2015	123	220	153	53	8	6
受灾森林面积（公顷）	2011	1089	551	910	265	24	88
	2012	650	815	502	16	8	108
	2013	287	811	411	374	9	65
	2014	3426	766	488	288	37	38
	2015	3254	303	607	85	11	143
人员伤亡（个）	2011	—	4	10	3	—	—
	2012	—	7	—	—	—	—
	2013	—	12	2	19	—	—
	2014	1	3	7	9	—	—
	2015	—	—	—	2	1	—
森林病虫鼠害发生面积（公顷）	2011	1157556	698971	271803	416533	298238	293439
	2012	1203280	726973	208223	413886	299656	278673
	2013	1206678	765998	235633	437560	314847	304711
	2014	1227272	743962	234565	429513	354643	225235
	2015	1228426	716091	200383	424777	374645	284245
森林病虫鼠害防治面积（公顷）	2011	432820	341546	119014	250009	141203	174375
	2012	621517	558158	144578	284566	145726	163566
	2013	596010	317934	184567	309593	202147	92755
	2014	526410	520947	205213	342295	200634	92752
	2015	645576	506860	186953	327049	202086	109606

续表

指标	年份	内蒙古	四川	贵州	陕西	甘肃	青海
防治率 （%）	2011	37.39	48.86	43.79	60.02	47.35	59.42
	2012	51.65	76.78	69.43	68.75	48.63	58.69
	2013	49.39	41.51	78.33	70.75	64.2	30.44
	2014	42.89	70.02	87.49	79.69	56.57	41.18
	2015	52.55	70.78	93.3	76.99	53.94	38.56

数据来源：《中国林业统计年鉴》。

（七）林业扶贫

我国广袤的林区、山区、沙区，有着丰富的自然资源，但也集中了全国60%的贫困人口。这些地区既是发展林业的重点地区，又是脱贫攻坚的主战场，应根据林业的特点和优势，开展林业精准扶贫脱贫工作，助力打赢脱贫攻坚战。

经历了体制改革推动扶贫（1978—1985年）、大规模开发式扶贫（1986—1993年）、扶贫攻坚（1994—2000年）和扶贫开发新阶段（2001—2010年）后，我国于2011年进入了扶贫开发巩固阶段。林业扶贫作为一种手段，在扶贫开发巩固阶段的目标任务具体为"到2015年，贫困地区森林覆盖率比2010年底增加1.5个百分点，到2020年森林覆盖率比2010年底增加3.5个百分点"。

国家林业局以《中国农村扶贫开发纲要（2011—2020年）》及片区区域发展与扶贫攻坚规划为基础，于2012年6月启动集中连片困难地区林业扶贫攻坚规划编制工作，涉及河北、山西、内蒙古等21个省、区、市的14个片区，主要依托林业重点工程和集体林权制度改革来提高贫困地区的森林覆盖率、生态状况和发展特色优势产业，最终推动农民脱贫。

国家林业局采取如下一系列林业扶贫行动：（1）按照"县管、乡建、站聘、村用"的原则，通过逐级分解落实名额和选聘，将建档立卡的28.8万贫困人口就地转化为生态护林员。（2）新一轮退耕还林工程和国家储备林建设项目进一步向贫困地区倾斜，新增任务的80%安排到贫困县，增量任务优先安排给建档立卡贫困户。（3）国家林业局有四个定点帮扶的贫困县——广西龙胜、罗城，贵州独山、荔波，将符合条件的天然林全部纳入天然林保护工程，实现2020年脱贫摘帽目标。（4）积极支持贫困地区发展木本油料、森林旅游、经济林、林下经济等绿色富民产业，把林业补助资金、林地作为贫困户股份，投向龙头企业或合作社，贫困户通过参加劳动，按股分红、按劳取酬，35万户、110万贫困人口实现增收。未来几年，还将通过实施重大生态工程、加大生态补偿力度、大力发展生态产业、创新生态扶贫方式等助力精准扶贫。力争到2020年吸纳10万贫困人口参与生态工程建设；新增生态管护员岗位40万个；通过发展生态产业，带动约1500万贫困人口增收。

第三节 中国西部六个项目省区林业绿色生产具体模式

通过查阅大量参考文献和项目调研，笔者绘制了西部六省区林业绿色发展生产的具体模式，如图4-2所示。

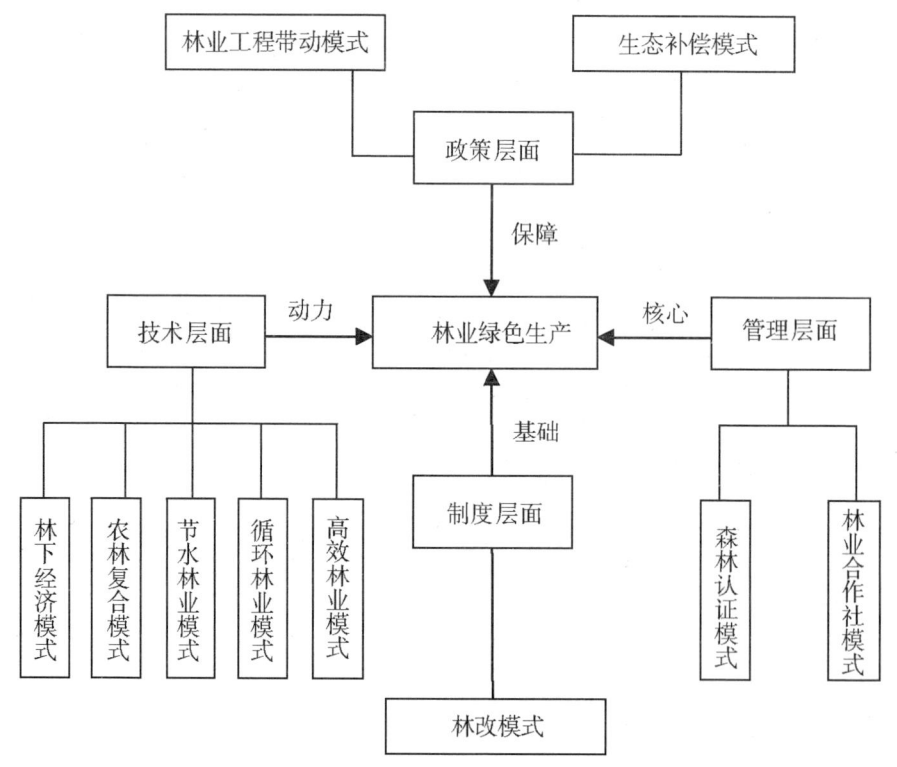

图4-2 不同层面经营模式与林业绿色生产之间的影响

一、林下经济模式

杜德鱼（2013）认为，林下经济是借助林地的生态环境，充分利用林下的自然条件、土地资源和林荫空间，在林冠下开展林、农、牧等多种活动的复合式经营，或者林、粮、药、菜、茶等间作经营，充分发挥林木与其他经济生物的综合效益的一种与传统林业和现代农业并存的新的林业经济业态。从而成为林业经济的新增长点。

翁翊（2012）和杜德鱼（2013）研究均指出林下经济包括三方面特征：(1) 在充分保护和利用林地资源的基础上建立的内部循环生物链的循环经济，构建稳定的生态系统，又可增加林地生物多样性；(2) 科学、合理地开发利用林地资源和林荫空间发展的林业产业经济；(3) 实现林地资源的经济效益、生态效益和社会效益的统一，是一种高效经济和富民经济。

林下经济有多种模式，按照经营对象及利用林下空间不同，可分为：一是林下种植模式，林菌模式、林药模式、林粮（油）模式、林草模式、林菜模式、林果模式、林苗模式、林花模式等经营模式；二是林下养殖，主要包括林禽模式、林畜模式、特色养殖模式；三是森林景观利用，包括森林游憩等；四是林下产品采集加工。

促进林下经济持续、健康、有序发展，有利于充分利用林地空间，立体开发林下经济，提高林地利用效率；有利于协调生态、经济和社会效益的统一。在发挥森林生态效益同时，农民关注的核心还是追求土地经济效益的最大化，如果不能保障农民持续增收，或土地上的比较收益下降，农民就会依据现实利益改变选择。因此，林下经济集经济、社会和生态效益于一身，利用林下空间发展投资周期短、见效快的种植和养殖产业，可以有效提高林业的比较效益，增加农民收入；有利于提高了复种指数，充分利用了林地资源，而且增加了林地生物多样性，缓解土地利用矛盾；有利于解决充分就业和农民增收致富。由于林下经济是综合管理型经济，涉及林业、农业、畜牧业、科技、医药、工商等多个相关部门，需要的专业技术达几十种，要有千家万户农民的参与和支持，从而间接拓宽了相关行业领域的就业渠道，有助于实现整体区域人口的充分就业。

二、农林复合模式

农林复合系统源于 Agroforestry 一词，是由国际农林复合生态系统研究中心（ICRAF）定义的概念。农林复合生态系统作为一种适应当地栽培实践的经营方式，是在同一土地单位内将农作物生产与林业（畜牧业）生产同时或交替地结合进行，使土地的全部生产力得以提高的持续性土地经营体系（严忠海，2005）。

其内涵是依据不同的自然条件，按照生态系统和系统工程的原理，在不同的区域实现农、林、牧、副、渔各业的有机结合和协调发展,发挥其正向作用,追求单位面积上最大生态效益、经济效益和社会效益,实现农林产业的可持续发展。

严忠海(2005)根据不同地域条件将农林复合经营模式分为以下类别:(1)林—药间作型:在用材林、经济林或薪炭林下,利用其阴湿环境种植药材,可以达到"以短养长"的目的。如湘西武陵山长绿阔叶林下栽培天麻、黄连;常绿阔叶林与黄柏林带状混交;黄柏林下间种白术、百合等。(2)林—茶间作型:在林下间种茶树,以改善茶园光照条件。(3)林—粮间作型:树木与粮食作物间作。如华北中原地带大面积的桐粮间作及杨麦间作、枣粮间作等等。(4)林—牧间作型:植树造林与发展畜牧业相结合。如新疆喀什地区以沙枣为主的人工薪炭养畜林。(5)林—副间作型:林下种植经济作物、药材,栽培食用菌等。(6)林—渔复合型:鱼池边种植树木和鱼饲草,池中养鱼。

三、节水林业模式

当前尚未有节水林业的具体概念,但可以借鉴节水农业的概念。其实质是提高水资源利用的有效性,即提高灌溉水和自然降水的利用率和利用效率(雷波,2005)。根据雷波2005年的研究,认为节水林业是指为了实现预期林业生产目标和水资源的高效利用而采用一系列节水技术生产方式和节水型管理体系进行林业生产活动的一种可持续生产方式。

节水林业模式主要包括:(1)节水灌溉造林,就是在天然降水不能满足树木需要时,采用灌溉技术措施,从农林牧灌溉制度、造林地灌水技术和灌溉管理等各方面,力求以尽可能少的水量投入,进行适水种植,获得尽可能大的林木高产(产材、产薪和覆盖度等)、优质和高效的产出。(2)不灌溉节水造林,就是在无灌溉条件下,一方面根据土壤水库用补平衡的原则进行造林,另一方面充分汇集径流水、露水等进行造林。

四、循环林业模式

循环经济是为实现人类社会可持续发展而采取的一种保护生态环境以及维护生态平衡的物质循环流动的经济模式。它使人类经济活动由传统的"资源—产品—废弃物"的单向线性流动方式转变成"资源—产品—再生资源"的循环反馈流动方式。

循环林业是林业循环经济发展的载体和具体形式,不仅运用了循环经济理念来促进林业发展,还将可持续发展思想、产业链延伸理念、产业网拓展理念相融合，通过林业技术创新，调整和优化林业生态系统结构、产业结构，延长产业链，从林业生产的各个环节实现物质资源的多级利用，减轻环境污染和生态破坏。

循环林业的核心内涵是森林资源的循环利用，由联结要素、主体要素、支撑要素等构成，通过一种特殊的作用机制在空间、时间、数量方面实现最佳组合，发挥各自不同的功能，是一种新型的、技术型，符合林业历史规律，最终实现社会、经济和生态效益的协调统一发展的模式。构建循环林业模式应遵循减量化、循环利用及无害化原则。

减量化原则相对一般循环经济减量化原则，强调林业经济系统全程减量化、"开源"意义的减量化和相对减量化，包括末端物质减量化与源头物质减量化并重；"开源"意义的减量化与"节流"意义的减量化并重；相对减量化与绝对减量化并重。

循环利用原则要求在林业种植、采伐、加工生产和消费中，遵循对森林资源、木质和非木质林产品和废弃物的循环利用，具体可以解析成木质林产品和废弃物的多次利用和非木质资源的循环利用。

无害化原则主要是指生产和消费过程中所产生的废弃物应首先通过无害化处理后再资源化利用，对于那些不能被循环再利用的废弃物（没有经济价值的副产品），也要通过无害化处理后再排入自然生态系统中，以确保人类及自然生态系统的安全，且主要体现在产品生产和消费的末端治理方面。由于林业经济系统循环与生态系统循环间的关系紧密，无害化原则在林业循环经济中不能仅单纯地进行末端治理，而是应贯穿于整个林业经济活动的各个环节的始终，主要是指从育苗、抚育、采伐、加工等环节全程的无害化。

第四节　本章小结

通过中国林业统计年鉴数据及简单的统计分析，勾勒出了中国西部六省区的绿色林业发展的基本概况。由于西部六省区的自然、历史和社会发展水平存在显著不同，因而在林业资源、产业结构和就业结构方也各不相同，表现出不同的特点。基于西部六省区不同的林情，结合当地调研情况，本章较为系统地展示了这些地区林业绿色发展的基本特点。尽管现阶段很多绿色发展模式还处于不断发展和完善过程中，在此过程中还存在诸多问题，但却一定程度上适应了西部六省林业绿色发展的客观规律，迎合了当地林农脱贫致富、建设美丽乡村的需要，值得因地制宜地推广和效仿，具有较高的现实意义。

今后，在技术、市场、林业从业人员及客观自然条件不断优化的条件下，还应继续坚持理论与实践相结合，不断发展和完善各类林业绿色发展模式，真正实现经济持续健康增长、资源节约、环境友好、社会公平和谐的更高水平的绿色发展。

第五章

中国西部地区的草畜业绿色发展分析

第一节 中国西部六个项目省区草畜业生产状况及特点

中国牧区主要分布在内蒙古、陕西、青海、甘肃，以及宁夏和四川西部地区。牧区是利用广大天然草原并主要采取放牧方式经营畜牧业的地区，是以广大天然草原为基地，主要采取放牧方式经营饲养草食性家畜为主的地区。以饲养草食性牲畜为主，是商品牲畜、役畜和种畜的生产基地。

自1992年起实施牧民定居工程以来，牧民定居后，畜牧业、种植业、第三产业都发生了积极的变化。由以牧为主的发展模式，向牧补农、以农促牧、农牧结合的发展模式转变，定居牧民的生产生活有了根本性的改变，定居牧民的生产经营方式也发生了翻天覆地的变化。现在主要的生产经营模式有以下几种：一是"放牧"型，即人均纯收入100%都来自粗放、单一的放牧饲养；二是"放牧+种植"型，即在以放牧为主要收入来源的基础上，有一小部分是来自种植收入；三是"养殖奶牛+种植"，即收入来源是以养殖奶牛和种植农作物为主；四是"放牧+养殖奶牛+务工"，即是在放牧收入和养殖奶牛收入的基础上，还有大部分是来自服务与外出打工；五是"放牧+养殖奶牛+种植"，即收入是以放牧、养殖奶牛和种植农作物组成；六是"放牧+养殖奶牛+种植+务工"，即收入来源是来自放牧、养殖奶牛、种植以及外出务工；七是务工，即全部的收入来源是外出打工而获得的。

在全面禁牧政策措施实施后，牧民原有的传统畜牧业经济方式发生了改变，现在主要是三种方式。一是"移牧"方式，二是"偷牧"方式，三是"舍饲圈养"方式。所谓的"移牧"就是把自家的小部分牲畜转移到其他地方放养。其中的一种情况是租赁草场"移牧"，租金一般由草场亩数或牲畜头数来决定。"偷牧"则是指白天把牲畜赶到山沟盆地里放牧，遇到禁牧办的工作人员时，如果无法躲避的话就被罚款或被罚牲畜。这也是经营小部分牲畜的主要方式。"舍饲圈养"是现代畜牧业一种提倡的养殖方式,即把牲畜用圈养的方式来发展养殖业。具体来说,就是在这种情况下提出的一种根据草原退化的程度,实行全年彻底禁牧,牲畜完全厩舍条件下实行圈养或季节性禁(休)牧,在禁(休)牧期内牲畜实行圈养的养畜方式(常山,2011;乌尼日,2010)。

一、内蒙古草畜业生产状况及特点

内蒙古畜牧业资源丰富,历史悠久,经过现代开发与发展,已形成具有内蒙古自治区特色产业与优势产业,畜牧业长久以来在全国人民心目中都是被看作是内蒙古自治区的代号或象征。当代的内蒙古自治区畜牧业已有了很大的发展,蒙牛、伊利、鄂尔多斯等内蒙古畜牧产品早已是驰名中外著名品牌。内蒙古自治区畜牧业正在向着多种经营、产业化、商品化、市场化、科技化方面转变,正在由粗放经营向集约经营转变,正在努力向着可持续发展方向迈步。

内蒙古草地资源十分丰富,是目前世界上草地类型最多的天然草原之一。草地总面积为88000万公顷,占全区总面积的64.99%,其中可利用草地61210万公顷,约占草地总面积的70%。草地有野生饲用植物种,约占全区植物总数的36.59%,其中主要饲用植物约200多种,占饲用植物总数的25%,是各类草地类型中的建群种或优势种,代表着草地类型的结构特征和群落特性,决定草地类型的利用价值和经济价值。全区草地资源年生物总贮量约680.8亿公斤,其中可食干草总贮量约410亿公斤。内蒙古农区和半农半牧区发展畜牧业具有独特的饲草饲料资源。半农半牧区有草地1329万公顷,农区分布着一些零星草场、草片,面积约680万公顷(表5-1)。

表5-1 2015年内蒙古资源情况

土地资源		森林资源		草原资源	
土地总面积（万平方千米）	林业用地面积（万公顷）	森林面积（万公顷）	森林覆盖率（%）	草原总面积（万公顷）	可利用面积（万公顷）
118.3	4398.89	2487.9	21.03	8800	6800

数据来源:《中国林业统计年鉴》。

内蒙古草原面积广阔,饲草料资源丰富,畜种资源丰富(图5-1)。2015年,内蒙古自治区牲畜存栏头数达到13585.7万头(只),同比增长5.2%,连续11年稳定在1亿头(只)以上;牲畜总增头数7612.4万头(只),总增率达

58.9%。良种及改良种牲畜总头数12268.4万头（只）。全年肉类总产量245.7万吨，同比下降2.6%。其中，猪肉产量70.8万吨，下降3.4%；牛肉产量52.9万吨，下降2.9%；羊肉产量92.6万吨，下降0.8%。牛奶产量803.2万吨，增长1.9%；禽蛋产量56.4万吨，增长5.4%。山羊绒产量8380吨，增长1.2%；绵羊毛产量127187吨，增长4.7%。牛奶、羊肉和山羊绒产量继续保持全国领先地位。

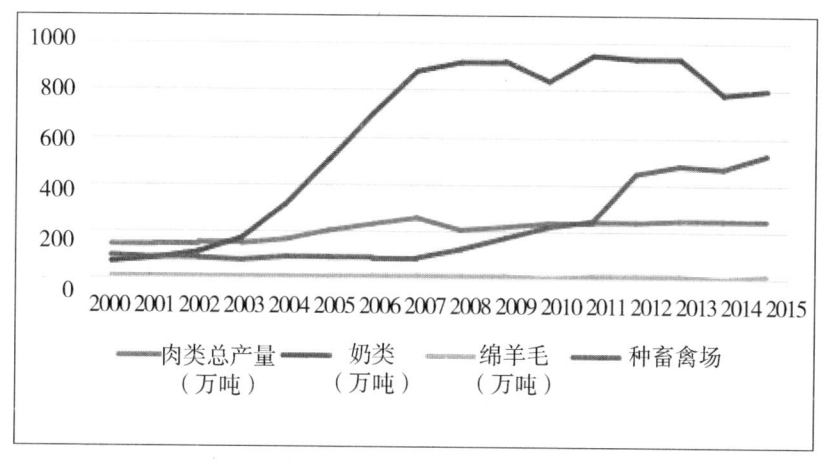

图5-1 2000—2015年内蒙古自治区草畜生产情况

数据来源：《中国畜牧业年鉴》。

二、四川省草畜业生产状况及特点

四川省是畜牧业大省，长期以来畜牧养殖都是农业生产的重要组成部分，具有悠久的养殖历史。自然资源得天独厚，水能理论蕴藏量1.5亿千瓦，占全国1/4，有充足的水资源便于畜牧业的发展；有林地733.33万公顷，是我国第二大林区，川西北草原是我国五大牧区之一，具备足够的精料和青料以供畜牧养殖；全省面积48万平方千米，地域面积宽广，有利于圈舍的建设，并有足够的土地建设相应的沼气池，形成可持续的循环农业畜牧业和谐发展经济。

长期以来，四川省畜牧业的发展以养猪为中心，畜牧业结构中猪业一枝独秀。生猪的年存栏、出栏数多年来位居全国首位，猪肉产量超过全国产量的10%。近年来，随着牛、羊、兔、家禽等草食性动物数量增加，畜牧业结构的逐步调整，猪的份额虽略有下降，但仍高达约70%。

2015年，四川省出栏猪、牛、羊、家禽分别为7236.5万头、295.5万头、1698万只、66154.9万只，同比分别增长-2.8%、6%、4%、2.3%，肉、禽蛋、牛奶产量分别达到706.8万吨、146.7万吨、67.5万吨。人均牧业现金收入占家庭经营现金收入的41.48%。畜牧业成为农村经济的支柱产业和农民增收致富的重要来源。2000—2015年四川草畜生产和畜产品状况见图5-2和图5-3。

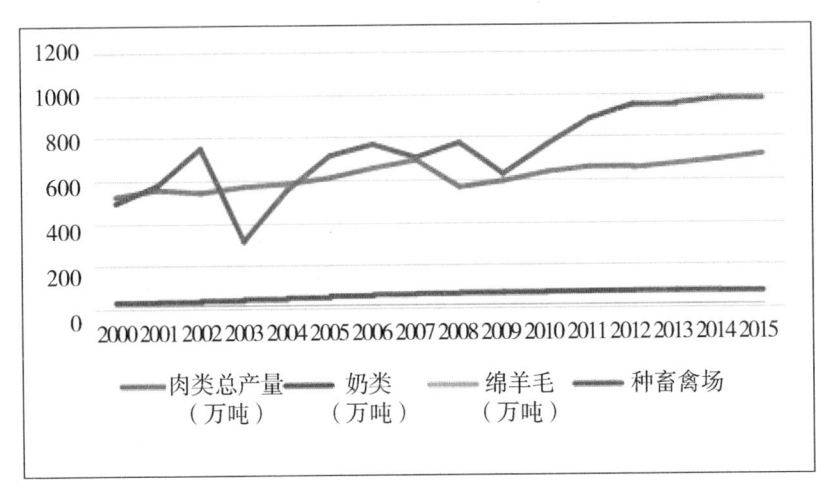

图5-2　2000—2015年四川省草畜生产情况

数据来源：《中国畜牧业年鉴》。

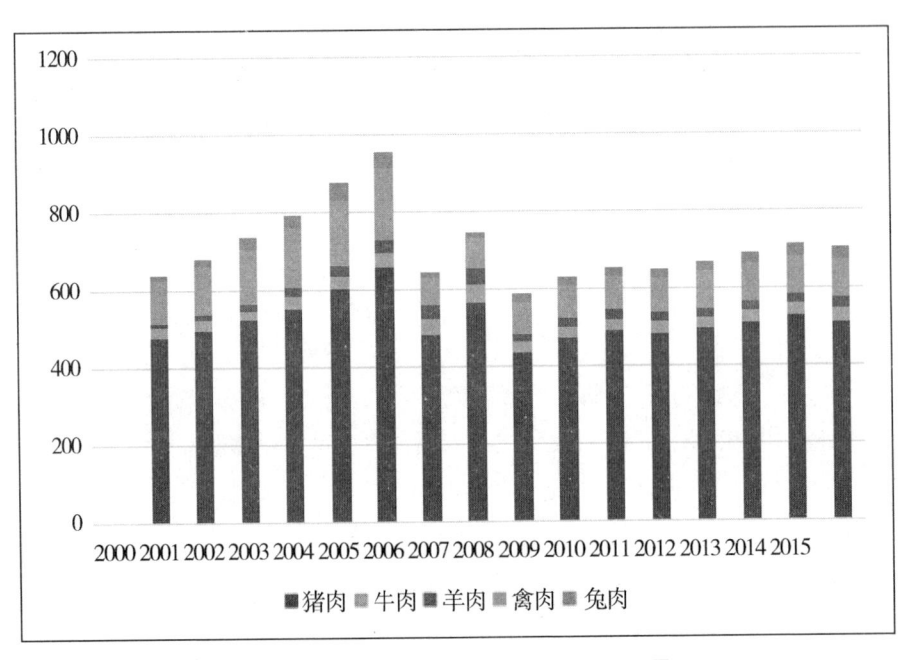

图5-3　2000—2015年四川省畜产品产量

数据来源：《中国畜牧业年鉴》。

三、贵州省草畜业生产状况及特点

贵州省全省畜牧业发展步伐不断加快，畜牧业队伍组织化水平持续增高。2015年全省实现牧业产值665.2亿元，占农林牧渔业总产值的比重为24.28%，牧业增加值415.9亿元，占农林牧渔业增加值的比重为24.18%。全省肉类总产量201.9万吨，禽蛋产量17.3万吨，牛奶产量6.2万吨。生猪存栏1559万头，牛存栏536万头，羊存栏354.7万只，禽存栏8402.8万羽；生猪出栏1795.3万头，牛出栏133.3万头，羊出栏246.1万只，禽出栏9618.2万羽。2000—2015年贵州草畜生产情况见图5-4。

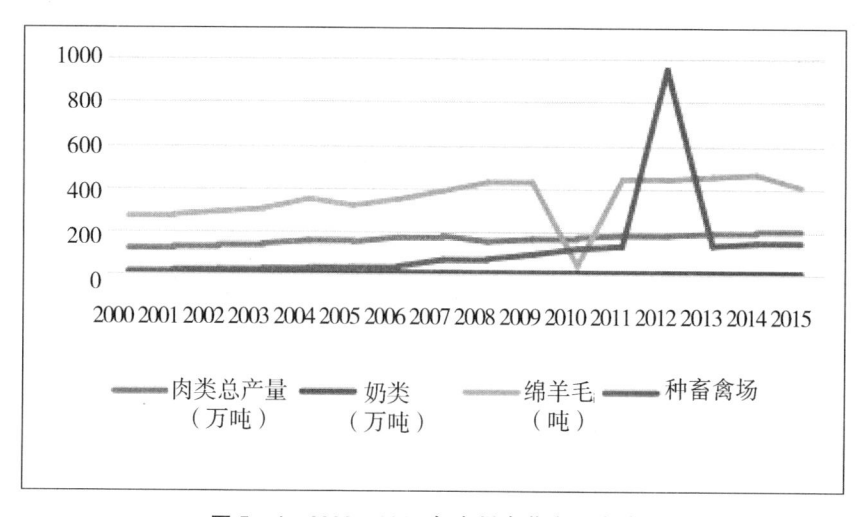

图5-4 2000—2015年贵州省草畜生产情况

数据来源：《中国畜牧业年鉴》。

四、陕西省草畜业生产状况及特点

2015年，陕西省畜牧业发展以调结构、转方式为主线，以肉蛋奶生产基地建设为重点，突出肉牛、肉羊、奶山羊特色产业发展，大力扶持标准化规模养殖和家庭牧场建设，畜牧业克服了畜产品价格低迷的不利影响，继续保持平稳发展态势。全省生猪存栏846万头，牛存栏146.8万头，羊存栏701.9万只，家禽存栏6733.6万只。肉类产量116.2万吨，禽蛋产量58.1万吨，牛奶产量141.2万吨。全省动物疫情稳定，畜产品质量监管水平提升，无区域性重大动物疫情和重大畜产品质量安全事件发生，畜牧兽医事业持续健康发展。2000—2015年陕西草畜生产情况见图5-5。

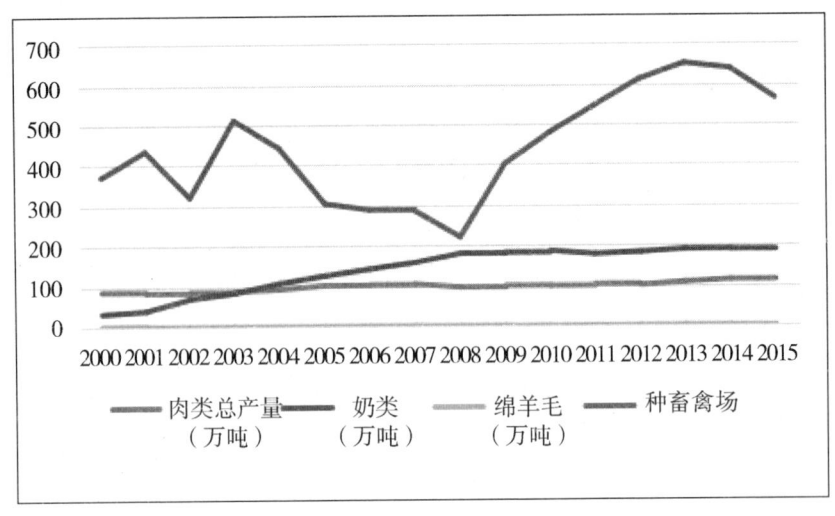

图 5-5　2000—2015 年陕西省草畜生产情况

数据来源：《中国畜牧业年鉴》。

五、甘肃省草畜业生产状况及特点

2015 年，全省牛、羊、猪、禽存栏分别为 450.7 万头、1939.5 万只、600 万头和 3898 万只；出栏分别为 179.4 万头、1220.9 万只、696 万头和 3816.6 万只，肉蛋奶总量达到 151.5 万吨。草食畜牧业是甘肃省发展潜力最大的优势产业，甘肃是西部 8 个牛羊肉重点发展省份之一。近几年，甘肃畜牧业尤其是草食畜牧业发展迅速，是西北重要的牛羊肉及其产品生产供应基地。草食畜牧业增加值超过 86 亿元，农民人均收入的 20% 源于草食畜牧业，是农民致富的支柱产业。2000—2015 年甘肃草畜生产情况见图 5-6。

六、青海省草畜业生产状况及特点

青海草地资源主要分布在环湖和青南的高海拔地区。截止到 2015 年，全省有草地资源 5.47 亿亩，占全国草地面积的 9.12%；其中可利用草地 4.74 亿亩，占全国可利用草地的 10.09%，仅次于内蒙古、新疆、西藏，居全国第四位。青海天然草场的主体是高寒草地，面积 4.44 亿亩，可利用面积 3.96 亿亩，占全省草地总面积和可利用面积的 81.2% 和 83.5%。高寒草地是青藏高原特有的类型，构成草场、草群的种类较多，草的营养品质较好，适宜牲畜放牧。2000—2015 年青海草畜生产情况见图 5-7。

2009—2015 年西部六省区畜牧业产值变化情况见图 5-8。近七年来，各省区的畜牧业产值总体上均呈现较平稳的发展态势。

<<< 第五章 中国西部地区的草畜业绿色发展分析

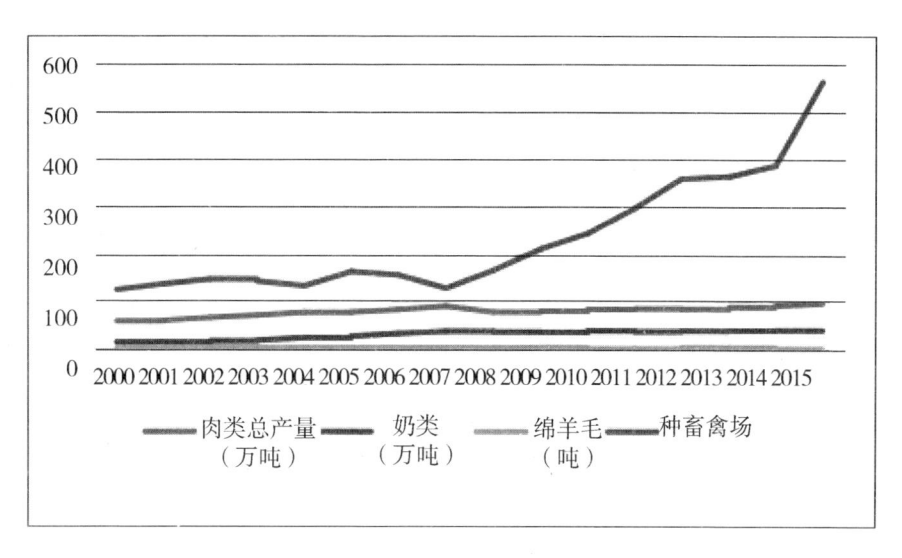

图 5-6　2000—2015 年甘肃省草畜生产情况

数据来源：《中国畜牧业年鉴》。

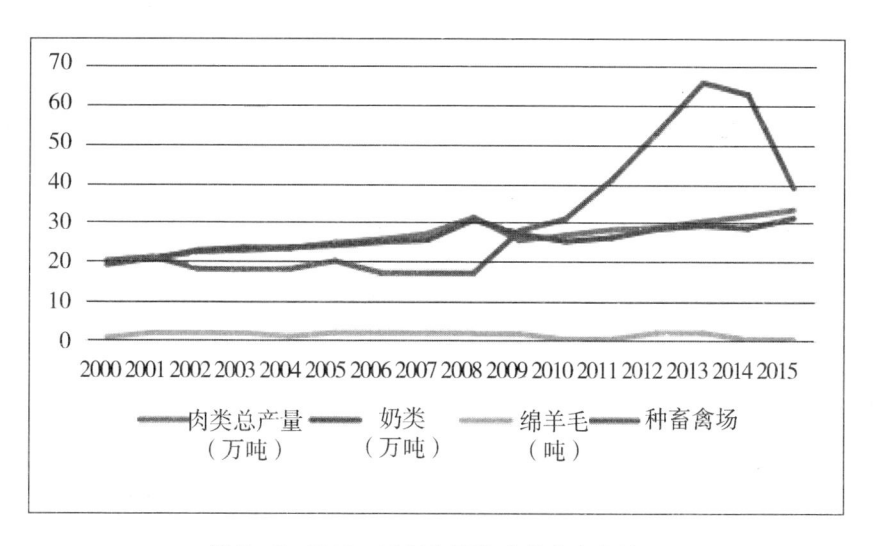

图 5-7　2000—2015 年青海省草畜生产情况

数据来源：《中国畜牧业年鉴》。

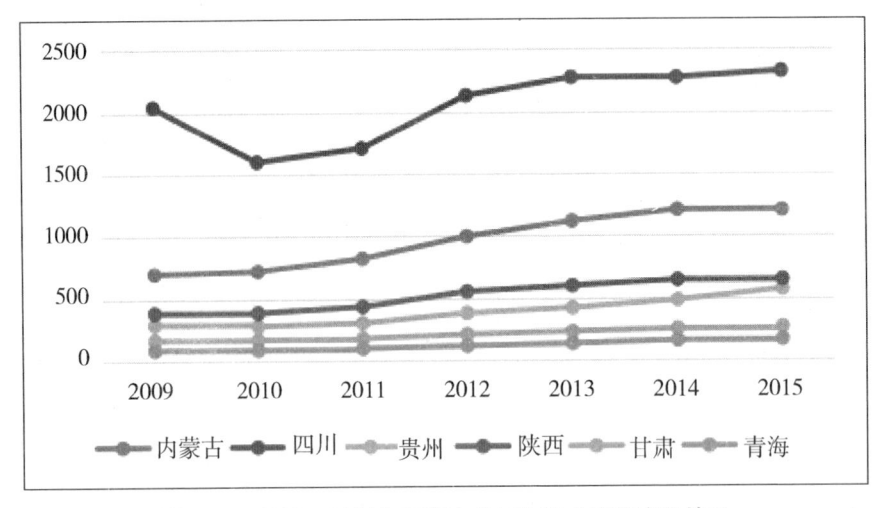

图 5-8　2009—2015 年西部六省区畜牧业产值变化情况

数据来源:《中国畜牧业年鉴》。

第二节　中国西部六个项目省区草畜业绿色发展状况

一、发展草畜业相关政策

牧区在我国经济社会发展大局中具有重要的战略地位。党中央、国务院历来高度重视牧区工作，在不同历史时期都对牧区工作作出重要决策和部署，并不断加大支持力度（表 5-2）。改革开放特别是实施西部大开发战略以来，牧区生态建设大规模展开，草原畜牧业发展方式逐步转变，基础设施建设步伐加快，牧民生活水平显著提高，城乡面貌发生可喜变化，牧区发展已经站在新的历史起点上。同时必须清醒地看到，草原生态总体恶化趋势尚未根本遏制，草原畜牧业粗放型增长方式难以为继，牧区基础设施建设和社会事业发展欠账较多，牧民生活水平的提高普遍滞后于农区，牧区仍然是我国全面建设小康社会的难点。

草原既是牧业发展重要的生产资料，又承载着重要的生态功能。长期以来，受农畜产品绝对短缺时期优先发展生产的影响，强调草原的生产功能，忽视草原的生态功能，由此造成草原长期超载过牧和人畜草关系持续失衡，这是导致草原生态难以走出恶性循环的根本原因。必须认识到，只有实现草原生态良性循环，才能为草原畜牧业可持续发展奠定坚实基础，也才能满足建设生态文明的迫切需要。党中央下发了一系列相关政策文件为推进牧区草畜业健康发展，中国西部各地方也积极响应，分别针对各省份自身情况颁布相应的政策推动草畜业绿色发展。详见表5-3。

表5-2 中央发展草畜业相关文件

年份	文件名称	相关内容
2011	《国务院关于促进牧区又好又快发展的若干意见》	积极转变草原畜牧业发展方式，大力培育特色优势产业
2015	《关于加快推进生态文明建设的意见》	坚持把发展绿色畜牧业作为推动畜牧业发展的基本途径
2016	农业部《"十三五"规划》	加快推进畜牧业供给侧结构性改革，全力推动畜牧业绿色发展
2016	《新一轮草原生态保护补助奖励政策（2016—2020年)》	全面推行草原禁牧休牧轮牧和草畜平衡制度，划定和保护基本草原，促进草原生态恢复
2017	《国务院办公厅关于加快推进畜禽养殖废弃物资源化利用的意见》	进一步做好畜禽养殖废弃物资源化利用技术指导工作，加快推进种养结合、农牧循环的可持续发展

资料来源：根据文献资料整理。

表5-3 中国西部六省区草畜业发展相关文件

地区	政策性文件名称
内蒙古	《内蒙古自治区草原管理条例》
	《〈内蒙古自治区草原管理条例〉实施细则》
	《内蒙古牧区畜牧业转型示范工程建设规划》
	《专项推进奶牛标准化规模养殖场建设实施方案》
	《内蒙古自治区草畜平衡暂行规定》
	《内蒙古自治区草原承包经营权流转办法》
青海省	《青海省草原承包办法》
	《青海省人民政府贯彻〈国务院关于加强草原保护与建设的若干意见〉的意见》

续表

地区	政策性文件名称
青海省	《青海省人民政府关于保护生态环境实行禁牧的命令》
	《青海省禁牧与草畜平衡管理办法》
	《青海省草原使用权流转办法》
	《草原管护员管理办法》
甘肃省	《甘肃省草原条例》
	《甘肃省草原开垦管理办法》
	《甘肃省甘南藏族自治州草原管理办法》
	《甘肃省甘南自治州草原防火条例》
	《甘肃省甘南藏族自治州旅游管理条例》
	《甘肃省天祝藏族自治县草原管理条例》
	《甘肃省肃南裕固族草原管理条例》
	《甘肃省草畜平衡管理办法》
	《甘肃省阿克塞哈萨克族自治县草原管理条例》
	《甘肃省肃北蒙古族自治县草原管理办法》
陕西省	《陕西省实施〈草原法〉办法》
贵州省	《贵州省实施〈中华人民共和国草原法〉暂行办法》
	《贵州省关于加快推进山地生态畜牧业发展的意见》
四川省	《四川省〈中华人民共和国草原法〉实施办法》
	《四川省草原承包办法》
	《四川省人民政府办公厅关于推进畜牧业转型升级绿色发展的意见》

资料来源：根据文献资料整理。

二、内蒙古自治区草畜业绿色发展状况

内蒙古自治区草牧业发展自2011年以来成绩斐然，草原平均覆盖度由38.5%增长至2016年内蒙古全区草原植被覆盖度稳定在44%左右，草原生态水平恢复到20世纪80年代最好水平。同时，牧业年度牲畜存栏量领跑全国，牲畜超载率维持在10%的较低水平。在草食畜牧业与一二三产业融合过程中，肉食品加工、乳制品加工、羊绒制品等领域涌现出众多知名企业，其中伊利、蒙牛、鄂尔多斯等龙头企业盈利能力持续增强。

(一)退牧还草迈出较大步伐,生态状况逐步优化

由表5-4可知,内蒙古自治区草原鼠害发生面积连续五年逐年下降,防治率稳定在90%以上。全区草地改良、草畜平衡以及禁牧工程进展良好,取得了较好的效果。禁牧休牧等工程的实施加快了畜牧业生产经营方式转变和畜牧业产业结构的调整。舍饲圈养后,表现在耗粮型畜禽的增加和饲料粮用量明显提高。说明牧民减少放牧活动后,用更多时间从事农业生产和舍饲相关产业。牧户根据饲草料储备情况,有意识淘汰掉饲草料消耗高、经济效益低的牲畜,压缩冬季饲养牲畜的头数,提高出栏率、商品转化率以及牲畜品种的质量,使畜种结构更趋于合理化(魏松,2006)。另外,加快了良改畜比重的提高和生产经营方式的转变步伐,标准化规模养殖场数量不断增加,草原鼠害发生面积连年减少,防治率稳定在90%。

表5-4 内蒙古自治区绿色畜牧业发展相关情况

年份	草原平均植被盖度(%)	草畜平衡(万公顷)	退牧还草(万公顷)	草地改良面积(万公顷)	草原鼠害发生面积(万公顷)	禁牧面积(万公顷)	生态家庭牧场&标准化规模养殖场(个)
2011	38.50	3876.5	260.5	37.54	603.41	2520	***
2012	43.10	3793.33	215.7	33.55	567.2	2980	1000
2013	44.10	3766.7	132.6	45.4	501.5	2986.6	1124
2014	43.60	3100	87.8	43.5	465.1	3653.3	1124
2015	44	3100	53.07	42.4	137.91	3653.3	1124

数据来源:《中国畜牧业年鉴》。

(二)转变农牧民生产生活方式,实现生态经济双赢

通过退牧还草使牧区靠天养畜的粗放式经营向舍饲圈养的集约化模式转变,畜种结构由过去的土种牛羊为主向优质高产乳、肉、毛多型转变,在草原休养生息的同时促进畜牧业可持续发展。除此之外,根据相关资料显示,内蒙古牧区目前各类生态家庭牧场已发展到三万多个,参与经营的牧户达五万余户,占全区牧户总数的十分之一。近年来,内蒙古"以草定畜,草畜平衡"的发展理念和模式已被越来越多的牧户家庭所接受,通过建设生态家庭牧场,在保护草原的同时,牧户提高了抗灾能力,扩大了养殖的规模化程度,实现了畜牧业经营方式的转变和增产增效。

三、四川省草畜业绿色发展状况

四川省在2003年为缓解生态环境日益恶化、草地退化和水土流失等问题，开始实施天然草原退牧还草工程，四川省2016年治理草原退化近2000万亩逐渐达到草畜平衡。与2011年相比，四川省天然草原综合植被覆盖度平均提高4个百分点，牧区牲畜超载率下降36.24个百分点，逐渐达到草畜平衡（表5-5）。2016年全省天然草原综合植被覆盖度84.7%，较上年增加0.2个百分点；各类饲草产量2762.1亿公斤，其中天然草原鲜草产量862.3亿公斤，较上年增加2.3%。截至2015年底，四川省共完成天然草原退牧还草工程建设任务13565万亩，占川西北天然草原可利用面积的63.7%。四川省有效推行草原禁牧、草畜平衡制度，发放资金8.8亿元，人工草地保留面积1360万亩，牧区牲畜超载率较上年下降0.46个百分点。2016年四川省共治理草原退化面积1972.9万亩。

表5-5 四川省绿色畜牧业发展相关情况

年份	草畜平衡（万公顷）	人工种草（万公顷）	退牧还草（万公顷）	草原鼠虫害防治（万公顷）	禁牧面积（万公顷）	新建标准化规模养殖场（个）
2011	947	1300	80	1030	467	2350
2012	946.67	1333.33	55	72	466.67	1335
2013	956.67	1333.33	61.3	167	656	2263
2014	947	1334	44.7	126.2	467	2366
2015	947	1334	65.2	187.3	467	2465

数据来源：《2016年四川省草原监测报告》。

四、青海省草畜业绿色发展状况

"十二五"以来，随着青海省一批重点生态治理工程项目相继实施，项目区内生态环境开始好转，生态功能开始恢复。重点实施了天然草原退牧还草、藏区游牧民定居、三江源生态保护和建设工程农牧项目、青海湖流域生态保护与建设工程农牧项目、青海湖周边地区生态保护与建设农牧项目、祁连山生态保护与建设工程农牧项目、草原防灾减灾体系建设、草地生态畜牧业建设、水生生物资源保护等工程，以及草原生态保护补助奖励政策。据监测，截至2016年底，退牧还草工程区植被覆盖度由78%提高到86%，提高了8个百分点。目前全省草原植被覆盖度提高到69.3%，牧草平均提高26%，草原生态系统水源涵养量增加28.4亿立方米，牧区生产生活条件得到明显改善。

自2008年起，青海省以建设生态畜牧业合作社为切入点，大力推进草地生态畜牧业，扩大舍饲、半舍饲养殖规模，调整畜群结构，加快牲畜周转，优化放牧方式，靠天养畜逐步向建设养畜转变，实现了从"生产功能为主"到"生产生态有机结合、生态优先"的理念创新，从"散户为主的小农经济"到"合作股份制为主"的经营方式创新。目前，青海省已建成全国认证面积最大的有机畜产品生产基地。各合作社组织牧民大力发展农畜产品初级加工、民族工艺品加工、特色文化旅游等第二、三产业，促进了牧民从事非牧产业，实现了多渠道增收。

2011—2015年青海省绿色畜牧业发展状况见表5-6所示。截至2016年底，退牧还草工程完成草原休牧3765万亩、补播改良1181.5万亩。建设游牧民定居房屋6.2万幢。三江源生态保护和建设工程完成建设养畜配套工程3.04万户，黑土滩综合治理522.58万亩，鼠害防治4965万亩，虫害防治1035万亩。仅在青海湖流域完成重度退化草地恢复5790万亩，退化草地补播1.5万亩，围栏封育5.18万亩，防治鼠害345万亩，防治草原虫害183万亩，建设牲畜暖棚166幢。治理青海湖流域沙化草地54.75万亩，黑土滩100.80万亩，毒杂草理90万亩，防治鼠虫害84.72万亩。累计增殖放流土著鱼苗1643.6万尾，湟鱼资源量从2002年的0.26万吨恢复至目前的5.05万吨，增长19倍。

青海省草地退化趋势得到有效缓解，草地生产能力及植被覆盖度明显提高，工程区域内的草地退化速率有所下降，鼠害猖獗的势头得到遏制，草地生态压力得以减轻，增产效果初步显现，草畜矛盾得到缓解。

青海省近年来坚持自然修复与工程措施相结合的原则，至2016年累计完成草原重大生态工程投资80亿元，建设草原围栏341.4万公顷、人工饲草料基地2.17万公顷、暖棚27352栋、贮草棚109.41万平方米，防治草原鼠害390.6万公顷、草原毒草7万公顷，为2.88万农牧户配置了太阳能电池、太阳灶、节柴灶等新能源设施。

表5-6 青海省绿色畜牧业发展相关情况

年份	草畜平衡（万公顷）	围栏草场面积（千公顷）	草地改良面积（万公顷）	草原鼠害防治面积（万公顷）	生态家庭牧场&标准化规模养殖场（个）
2011	1526.67	8751	32	82.8	73
2012	1526.67	6303	39.6	136.27	163

续表

年份	草畜平衡 （万公顷）	围栏草场 面积 （千公顷）	草地改良 面积 （万公顷）	草原鼠害 防治面积 （万公顷）	生态家庭 牧场&标 准化规模 养殖场（个）
2013	1526.67	10777	43.8	156.7	200
2014	1526.67	10777	53.1	981.7	298
2015	1526.7	11306	56	228.24	380

数据来源：《中国畜牧业年鉴》。

五、贵州省草畜业绿色发展状况

贵州省大力发展生态草畜业，推动生态畜牧业结构优化，体系已初步建成。近年来，贵州省实施了草地畜牧业产业化科技扶贫项目、"1000万只肉羊工程"、标准化规模化肉牛奶牛养牛养殖场建设项目等，畜牧业建设项目向牛羊产业倾斜，大力推进牛羊产业发展。组织实施肉牛基础母牛扩群增量项目。食草型畜牧业比重有所提高，结构逐步优化。标准化规模养殖场数量不断攀升，并于2017年有10家企业入选农业部畜禽养殖标准化示范场。贵州省标准化规模养殖场发展状况见表5-7所示。贵州畜牧业产品生产情况见表5-8所示。

贵州省重点发展山地生态畜牧业，主要是具有六大优越条件。一是生态环境优良。全省森林覆盖率达52%，空气清新，水无污染，土壤干净，生态环境优越，加之独特的地形地貌构筑了动物疫病传播的天然屏障，为贵州省生产无公害、绿色和有机畜产品提供了绝佳的自然环境。二是资源优势突出。贵州省饲草资源丰富，全省有各类草地9674万亩，天然草地可供饲用植物种类1000多种，每年有4400多万吨鲜草，1100多万吨农作物秸秆和600多万吨藤蔓可供家畜利用。贵州省地方畜禽品种资源丰富，经过长期自然选择和人工培育，形成了如香猪、关岭牛、黔北麻羊、长顺绿壳蛋鸡、三穗鸭、平坝灰鹅等一批性状特异，极具开发价值的地方畜禽优良品种，其中6个品种列入国家畜禽遗传资源保护名录，这些畜禽品种为培育贵州地方特色品种，打造贵州知名品牌提供了很好的条件。三是畜产品质量安全水平不断提高。贵州省已建成国家级、省级畜禽养殖标准化示范场169个，认证无公害畜产品251个，认定无公害畜产品产地960个，认证畜产品地理标志7个，注册畜产品商标数百个。兽药、饲料及畜产品检测总体合格率95%以上，近年未发生区域性重大动物疫情。四是产业发展模式逐步成熟。"政府引导、企业主导、多元投入"的现代畜牧业发展思路逐步走向成熟,"政府+企业+家庭牧场"三位一体产业集群发展模式持续稳步推进,涌现出温氏、铁骑力士、特驱希望、柳江等一批大型产业化龙头企业与专业合作社和家庭牧场融合发展的新型经营主体,为推进全省畜(禽)牧业快速发展提供了样板、树立了典型。五是交通基础条件持续改善。六是政策环境优越。近10年来,中央财政扶持畜牧业资金累计达1950亿元,贵州省委、省政府连续13年出台聚焦"三农"工作的一号文件,这些文件都对畜牧业发展作出了具体安排部署。

表5-7 贵州省标准化规模养殖场发展状况

年份	标准化规模养殖场(个)
2011	271
2012	469
2013	106
2014	418
2015	316

数据来源:《中国畜牧业年鉴》。

表5-8 贵州畜牧业产品生产情况

贵州省	肉类总产量(万吨)	猪肉(万吨)	牛肉(万吨)	羊肉(万吨)	禽肉(万吨)	牛奶(万吨)	禽蛋(万吨)	蜂蜜(吨)
2011	179.97	148.29	12	3.37	14.35	4.85	13.65	2029
2012	190.27	156.13	13.04	3.53	15.41	5.1	14.65	2052
2013	199.74	163.73	14.13	3.51	15.48	5.45	15.44	2468
2014	201.8	165.55	14.68	3.75	14.84	5.71	16.2	2733
2015	201.94	201.94	16.76	4.2	16.31	6.2	17.58	3017

数据来源:《中国畜牧业年鉴》。

六、甘肃省草畜业绿色发展状况

(一)草原建设成效显著

甘肃省全面落实国家草原生态保护补奖政策。自2011年以来划定基本草原面积1780万公顷,落实草原承包面积1600万公顷,实施禁牧草原面积667万公顷，草畜平衡940万公顷，累计完成减畜225万个羊单位，核实牧草良种补贴面积96万公顷，人工种草更新改造30.8万公顷，兑现到户补助奖励资金34亿元。除此之外，甘肃省稳步推进退牧还草工程建设。甘肃省从2003年起落实国家实施的退牧还草工程，在全省23个县（市、场）累计完成退牧还草围栏建设任务702万公顷，其中禁牧245万公顷、休牧430万公顷、划区轮牧27万公顷；完成补播改良草地176万公顷，建设人工饲草地1.93万公顷，舍饲棚圈9000户（许国成，2015）。

（二）草原管理方式加快转变

甘肃不断加快草原管理方式转变，加大推行依法治牧力度，完善草原法律法规体系，相继出台《草原禁牧管理办法》《草畜平衡管理办法》《草原承包经营权流转办法（试行）》等法律法规，修订完善《草原生态保护补助奖励资金管理暂行办法实施细则》《落实草原生态保护补助奖励机制政策绩效考评办法》等多项制度，为落实草原禁牧、草畜平衡制度，实现草原管理规范化、制度化提供了重要保障。同时，加强村级草原管护员队伍建设，开展巡查，实行动态监管。

第三节　中国西部六个项目省区草畜业绿色生产具体模式

一、生态草业模式

生态草业按照生态规律和经济规律经营草原、草场。突破传统放牧方式，利用现代科技发展高产、优质牧草，提高绿色植被覆盖率和初级生产光能利用率；以草定畜，确保畜草供求平衡，建立畜种天然放牧与短期育肥相结合的经营管理体制；逐步实现牧、工、商一体化，知识密集型和良性循环的草业生态经济体系。主要措施是：摸清草资源自然本底建设围栏草场，在栏内划区轮放和封育改良；逐步实现草原灌溉、施肥、补播和浅翻轻耙；建设人工草场；坚持国土整治营造防风林带；发展多层次、多品种、精粗结合的加工业，实现资源综合利用。促进商品经济发展；与现代科技结合，建立各类型教育、科研、推广三结合的科技管理体系。在沿海滩涂及广大农业区的10亿亩草山坡亦应发展生态草业。这对发挥地区生产优势，改善人民食物构成，改善环境生态，减轻北方草场压力有很大意义。生态草业特区将借鉴现代化农业的理念，通过科学规划、合理布局、精细管理、集成现代科技成果，用很少的土地来发展精细草业，大部分土地实现草地的生态功能，进而从根本上转变草原畜牧业的发展方式（蒋高明等，2016）。

二、有机草畜业模式

在牲畜的饲养过程中，禁止使用化学饲料或含有化肥、农药成分的饲料来喂养，在预防和治疗畜禽疾病时尽可能不使用具有残留性的药物，从而保障人体安全。有机草畜业的根本目的是对环境有利，保证动物健康的持续性，关注动物福利，生产高质量的产品（房玉双，2010）。有机草畜业是把生态工程原理与方法用于动物养殖实践而发展起来的一个新领域，它强调运用生态学基本原理，通过开发利用各种生物技术，建立起以养殖业为中心，以农牧业相结合的合理农业生态结构，以及充分利用空间、时间的生物种群结构通过生态饲料、生态肥料、生态燃料的开发，建立种植、养殖、加工等各业相结合的生态经济，从而更有效地开发各种自然资源。与此同时，充分利用农业生产中的各种农副产品和剩余物，最大限度地利用和处理农业废弃物，通过强化农牧生产系统中的生物过程，减少养殖业本身对环境造成的污染，并节省能源和充分利用农业资源。从实践层面看，有机草畜业生产构架是以生态营养调控为基础，以检查认证为保证，以环境的生态保护和提供优质安全的畜产品为最终目的的微生态生产系统。有机草畜业生产系统中生态营养调控主要包括畜禽生产、营养调控、环境控制和检查认证各个方面，畜禽生产主要是通过科学的繁养方式，按照相关要求进行，为有机食品生产提供健康优质的畜禽资源营养调控，即通过对饲料营养的控制，提高其在动物体内的消化吸收率，减少营养物质的排泄量。环境控制则有两个方面，一是指通过对产地环境包括水质、大气质量和土壤环境等的控制，为畜禽提供良好的生活环境，以提高其生产性能；二是对生产中产生的粪、尿和污水等进行无害化处理，维持生态环境的平衡，使物质与能量在生态圈内循环流动。检查认证体系是生产有机畜禽产品的保证，通过对产地环境、饲料、兽药和添加剂等原料以及生产过程的检查和认证，确保产出的畜禽产品达到相应级别标准（颜景辰，2007）。

三、节水草畜业模式

畜禽自体水量一般都在60%左右。草畜业与水的天然联系，决定了这一产业是高耗水产业。发展节水型草畜业既是一个资源高效利用问题，又是一个产业增长方式转变问题。发展节水型草畜业是转变畜牧业和草业生产方式和模式，实现科学饲养与可持续发展需求。节水型草畜业转变了传统饲养方式，使草畜业发展建立在水资源高效合理利用基础之上，建立起"水—料—畜"平衡体系。该体系推进了秸秆畜牧业和草地畜牧业发展，促进了种植业由二元结构向三元结构转变，有利于提升草畜产业级次，推动传统养殖模式向高效清洁化畜牧业生产模式转变（曹天义等，2007）。发展节水草畜业主要是推广节水型饮水技术、清粪技术、降温技术、湿料饲养技术等一系列养殖节水技术（周斌等，2015）。节约型绿色草业是指节水、节地、高效综合利用资源的现代草业、质量型和效益型草业，是草业的正确发展道路（侯向阳，2006）。

内蒙古草原生态重点建设工程进展顺利，成效显著。2012年，为推动现代化草业发展，扩大优质苜蓿生产基地，提高苜蓿种植集约化、规模化、标准化程度，自治区优质高产苜蓿示范项目正式立项实施。自治区财政每年拿出1亿元用于发展节水灌溉优质苜蓿生产基地建设。

四、林草复合模式

林草复合系统，属农林复合系统的一大类，是指由多年生木本植物（乔木、灌木、果木和竹类等）和草（牧草、药草和草本农作物等）在空间上有机结合（长期或短期）形成的复合多物种、多层次、多时序和多产业的人工经营植被生态系统，其范畴包括林草间作、牧场防护林、饲料林、果树和经济林培育中的生草栽培等。林草复合系统能够充分利用自然资源，提高初级产品的转化率和利用率，发挥复合系统的生态效益，在实现可持续发展方面有巨大的潜力。

林草复合系统的思想自古有之，至今已有1300年的历史，并且有许多国家都在使用。现今林草复合系统在全球广泛分布与应用，主要集中在大洋洲、南美洲、非洲撒哈拉和南亚等适宜地区，林草复合系统的类型取决于当地的气候条件和经济管理水平，不同区域或气候带所决定的林草复合系统类型之间相差较大，故而林草复合系统存在多种形式。

五、生态畜牧业模式

生态畜牧业是指运用生态系统的生态位原理、食物链原理、物质循环再生原理和物质共生原理，采用系统工程方法，吸收现代科学技术成就，以发展畜牧业为主，农、林、草系统工程方法为辅，并吸收现代科学技术成就来发展畜牧业的牧业产业体系。

该生态畜牧业主要的特征为：（1）生态畜牧业是以畜禽养殖为中心，同时因地制宜配置其他相关产业（种植业、林业、无污染处理业等），形成高效、无污染的配套系统工程体系，把资源的开发与生态平衡有机结合起来。(2) 生态畜牧业系统内的各个环节和要素相互联系、相互制约、相互促进，如果某个环节和要素受到干扰，就会导致整个系统的波动和变化，失去原来的平衡。(3) 生态畜牧业系统内部以"食物链"的形式不断地进行着物质循环和能量流动、转化，以保证系统内各个环节上生物群的同化和异化作用的正常进行。(4) 在生态畜牧业中，物质循环和能量循环网络是完善和配套的。通过这个网络，系统的经济值增加，同时废弃物和污染物不断减少，以实现增加效益与净化环境的统一。

生态畜牧是一个以生态文明为指导思想的产业，是大农业领域为深入落实科学发展观而规划创意的战略性新兴产业。生态畜牧前连生态种植农业，后连生态化农产品加工业，由绿色低碳服务业渗透其中，将生态文明贯穿于产业链各环节的产业体系。当前影响我国畜牧业稳定、和谐、持续发展的突出问题，都属于生态系统失衡出现的问题，只有通过生态化途经才能解决。生态畜牧是资源节约环境友好型生产方式，以互联网为产业链操作工具，采取生态化技术路线，是现代畜牧业可持续发展的实现途径。

六、山地生态畜牧业

山地生态畜牧业是指在不同海拔、地形的丘陵和中高山地区，进行适地适牧以保护生态环境，防治水土流失。目前，我国的生态畜牧业发展出现了牧草较少的问题，因此，发展山地畜牧业成为解决生态牧业以及牲畜生态环境的重要途径。对于畜牧业来说，发展山地畜牧业不仅可以解决当地的肉食、畜力、肥料等问题。而且能支持平原地区更多的牲畜及其牲畜的产品。同时在发展山地畜牧业时，还可以利用饲草饲料资源的优势和有利于生态环境条件来进行牧草种植与畜牧业的共同发展，从而带动各山区经济的发展进步（陈琼琰，2017）。

山地生态畜牧业是推动现代农业和生态文明建设，提高畜禽产品生产供给能力和市场竞争力的重要途径之一。在加快推进山地生态畜牧业的发展进程中，利用坡耕地退耕还草，建设人工草地及对天然草地改良，饲养草食家畜。利用饲草饲料资源优势和有利生态环境条件，种草与发展畜牧业结合，推进草畜配套，既有利于农业的良性循环，保护了生态环境，又优化了畜牧业产业结构（秦成逊，王杰，2012）。

七、"减羊增牛"模式

为积极响应农牧业供给侧结构性改革,内蒙古多旗推行了"减羊增牛"方案,对畜牧业结构进行调整。主要的原因除了牛肉市场需求大,经济效益较高之外,更重要的是从生态保护方面来看,草原生态经济系统中,如果能量流动与物质循环的输入输出失调,就会破坏草原生态结构,导致其稳定性减弱,功能下降。羊的采食方式是"啃式采食",牛的采食方式是"卷式采食",牛采食过程对牧草损伤较小。牧草生长早期自然放牧,牛采食过的牧草生长速度要远快于羊采食过的牧草生长速度。当前内蒙古肉牛养殖户基本采取"放牧+补饲"的饲养方式,舍饲、半舍饲时间长达150天以上,这种暖季利用天然草场自然放牧,冷季采取舍饲半舍饲的饲养方式有利于草场保护。因此,农牧户获得相同收益的前提下,养牛更有利于草原生态经济系统的良性循环(记者赵宇,2017)。

第四节 本章小结

一、小结

综合本章分析,可以得出如下几点结论:

(一)中国西部六省区草原生态保护效果较为显著

我国西部六省的草原植被覆盖率在几年来都有显著的提高,在草畜平衡、退牧还草等项目工程实施上效果良好,草原虫鼠害和火灾等预防治理率较高,在一定程度上改善了地区草原生态环境,提高了草原生产能力,并且在一定程度上缓解了草原生态退化的趋势,促进草原植被恢复。

(二)中国西部六省区畜牧业产业发展势头良好

贵州省、内蒙古自治区等地已经在合理调整畜种结构,提高牲畜质量的基础上保护生态环境。多地建立大量的标准化规模养殖场,牲畜改良率也在不断提高。在继续壮大原有龙头企业的基础上,积极培育和引进新的龙头企业,加快了产业化经营格局的形成,提高了畜牧业的经济效益。

(三)中国西部六省区发展绿色畜牧业方兴未艾

目前,六省区都有一些品牌龙头企业在推动绿色畜牧业发展,与科技相结合，致力于实现生态环境和经济效益双赢，并且得到政府的大力支持。包括内蒙古自治区蒙草集团——致力于生态修复和抗旱等；四川省川草生态草业公司——致力于草业科技开发和生态环境建设；陕西省绿能生态牧业有限公司——致力于打造世界最大的奶山羊养殖集群；贵州省众智恒生态科技有限公司——致力于水土流失治理、生态农业发展、草种经营等。

二、展望

（一）依托科技进步，推进畜牧业结构调整

总体上讲，中国西部地区的畜牧业生产大部分仍然处于传统畜牧阶段，生产效率低下，市场发育水平不高。在大力发展畜牧业经济的同时，政府不能忽视对生态环境的保护，而应进行可持续生态发展。发展生态畜牧业因按照生产力发展水平、区域特点，发展不同的生产模式，而不能采取"一刀切"的发展模式。（1）草原生态畜牧业的发展模式应以保护生态环境为前提；（2）生态畜牧业的发展应以资源循环利用为目标；（3）生态畜牧业发展应秉持现代绿色有机生态养畜经营方式，避免刺激性激素饲料，做到畜牧业生产过程中的低耗，高效转化和循环利用；（4）生态畜牧业应大力发展无公害饲料基地建设及持续利用技术，充分利用畜牧业资源、气候资源、光能资源、绿色饲草料生产等资源，形成以饲草料基地建设、草产品加工、牲畜的舍饲育肥、粪便废水无公害及归田处理、太阳能利用、畜产品加工及销售的完整循环生产体系和产业链。

（二）根据实际情况探索家庭牧场

根据六省区各自的实际地理、经济等状况，探索不同生态类型的发展模式，如甘南高寒牧区的"六化"（品种良种化、饲喂方式配方化、饲养管理标准化、防疫检疫制度化、经营管理组织化、效益实现最大化）家庭牧场建设模式、西部荒漠草原的禁牧封育模式；在牧草生长期短，但超载退化严重的草甸草场形成了划区轮牧半舍饲模式（李文卿，等，2007）。

（三）继续推进绿色畜牧业发展相关政策

加强对退牧还草生态、社会效益的宣传，大力推行基本草原保护、草畜平衡、禁牧休牧和划区轮牧"三项基本制度"。要在继续稳步推进各项生态建设重点工程的同时，把工作重心转到巩固成果上来。退耕还林和退牧还草工作要按照国务院的要求切实落实"五结合"配套保障措施，即把退耕还林、退牧还草与基本农田建设、后续产业开发、农村能源建设、生态移民和封山禁牧舍饲结合起来，努力解决好农民的吃饭、烧柴、增收等当前生计和长远发展问题。特别是要采取有效措施，积极培育和发展壮大生态建设后续产业，走出一条生产发展、生活富裕、生态良好的文明和谐发展之路。

（四）立足民生，提高农牧民收入

由于禁牧休牧等政策，牧民现主要采取纯舍饲圈养的方式，但是饲草料市场价格较高导致了养殖成本的提高，在一定程度上影响了农牧民的收入水平。要打造品牌畜牧业，走可持续发展道路；通过多种渠道对牧民进行适当补贴，主要在饲草料和优良品种上提高补贴；加大对农牧民的培训，提高其生产业务能力，特别是要针对牧民开展养殖技术的培训；探索开展农牧民专业合作社创新试点，引导发展联合社经营机制，全面提升生态畜牧业水平。

（五）全面推进饲草产业发展

加快饲草产业发展，落实新一轮草原生态保护补奖政策的关键是推进饲草业发展，以草促牧，饲草产业和生态畜牧业协同发展。通过草畜一体化方式拉动草产业发展，以草产业发展带动畜牧业持续稳定增长，实现饲草业与生态环境保护双赢的目标。此外，推进草业改革创新，探索不同区域、不同类型的草业发展模式，创建草业科技服务平台。

第六章

中国西部六省区的农村绿色生活

第一节 中国西部地区六个项目省区农村生活特征分析

我国作为农业大国,农村居民所占比重很大,全国一半以上的人口集中在农村,农村经济发展在全国经济发展中起着举足轻重的作用(王瑾瑾,2016)。因此,农村人口的生活方式会直接影响农村环境质量的优劣和资源能否合理利用,进而制约我国绿色生活的发展进程。自1999年我国开始实施西部大开发战略以来,如何提高西部地区农民的生活水平、推动西部农村的发展一直是中央和地方政府工作的重点(刘辉,2013)。我国西部地区是多民族的聚居区,地处西北与西南边陲。主要包括重庆、四川、贵州、广西、云南、陕西、甘肃、宁夏、内蒙古、青海、西藏和新疆12个省、自治区和直辖市,远离海洋,深居内陆腹地。我国西部地区总面积为638万平方千米,分布于我国的南、北、西三个方位,占我国国土总面积的71.4%。我国西部地区地理情况复杂多样,西南地区山水切割,山川壮美,四季分明,少数民族众多;西北地区辽阔无垠,历史悠久,文化底蕴深厚;黄土高原沟壑纵横,形态复杂,不乏北方粗犷的人文气息;青藏高原严寒高拔,跌宕起伏,庄严静穆,堪称世界屋脊(何娜,2016)。我国西部农村地区生态文明建设是我国生态文明建设的重要组成部分,其绿色生活方式推进与发展程度对于我国西部乃至全国都起着至关重要的作用。

一、内蒙古农村生活特征分析

截至2015年末,内蒙古自治区全区年末总人数为2511万人(表6-1),其中,城镇人口为1514.2万人,乡村人口为996.9万人,分别占比为60.30%、39.70%。主要由汉族、满族、蒙古族、回族、达斡尔族、鄂温克族等民族构成。并且伴随社会经济发展,城镇人口逐年增加,乡村人口逐渐转移到城镇中去，城镇化趋势越来越明显（图6-1）。

表6-1 内蒙古自治区年末总人数及其构成

年份	年底总人口（万人）	市镇人口 人口数（万人）	市镇人口 百分比（%）	乡村人口 人口数（万人）	乡村人口 百分比（%）
2010	2472.2	1372.9	55.53	1099.3	44.47
2011	2481.7	1405.2	56.62	1076.5	43.38
2012	2489.9	1437.6	57.74	1052.3	42.26
2013	2497.6	1466.4	58.71	1031.3	41.29
2014	2504.8	1490.6	59.51	1014.2	40.49
2015	2511.0	1514.2	60.30	996.9	39.70

数据来源：《内蒙古统计年鉴》。

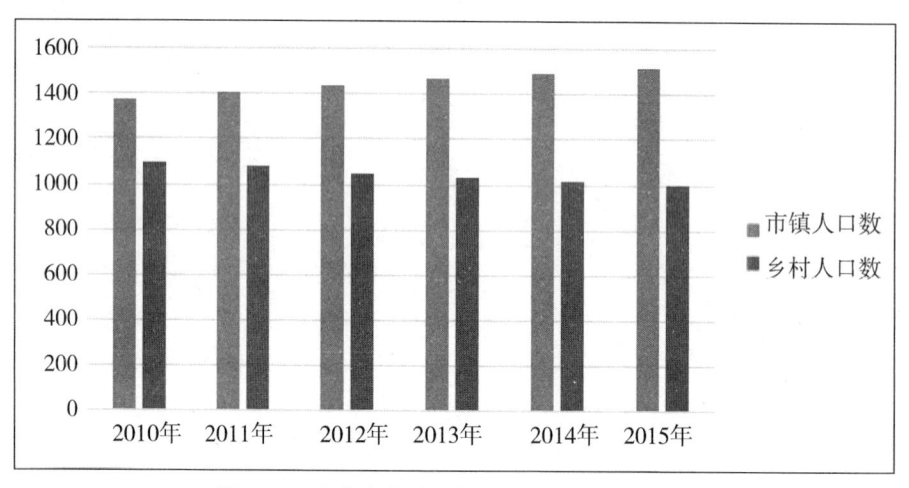

图6-1 内蒙古自治区年末总人数及其构成图

据统计数据表明，农村牧区常住居民生活消费支出仍是以食品为主，2015年食品的人均消费为3123元，占消费总支出的29.4%，比去年增长2.8个百分点。居住是第二大支出项目，人均消费支出1817元，占消费总支出的17.1%，比去年增长8.4个百分点。交通和通信是第三大支出项目，人均消费支出1647元，占消费总支出的15.5%，比去年增长10.6个百分点。从2010—2015年的变动情况来看，各类消费支出稳定增长，食品支出一直稳居第一大消费支出项目，居住、交通和通信分别是第二、第三大消费支出，教育文化娱乐仅次于交通和通信，消费结构较为稳定（表6-2和图6-2）。

表6-2 农村牧区常住居民人均消费情况　　　　　　　　　　　　单位：元

项目＼年份	2010	2011	2012	2013	2014	2015
消费性支出	4461	5508	6691	7543	9973	10638
食品	1675	2067	2151	2355	3039	3123
衣着	318	395	494	556	728	765
居住	752	880	1262	1300	1676	1817
生活用品及服务	178	243	294	331	428	475
交通和通信	599	729	868	1076	1468	1647
教育文化娱乐	374	526	944	977	1318	1458
医疗保健	468	534	561	791	1114	1118
其他商品和服务	97	133	116	157	202	235

数据来源：《内蒙古统计年鉴》。

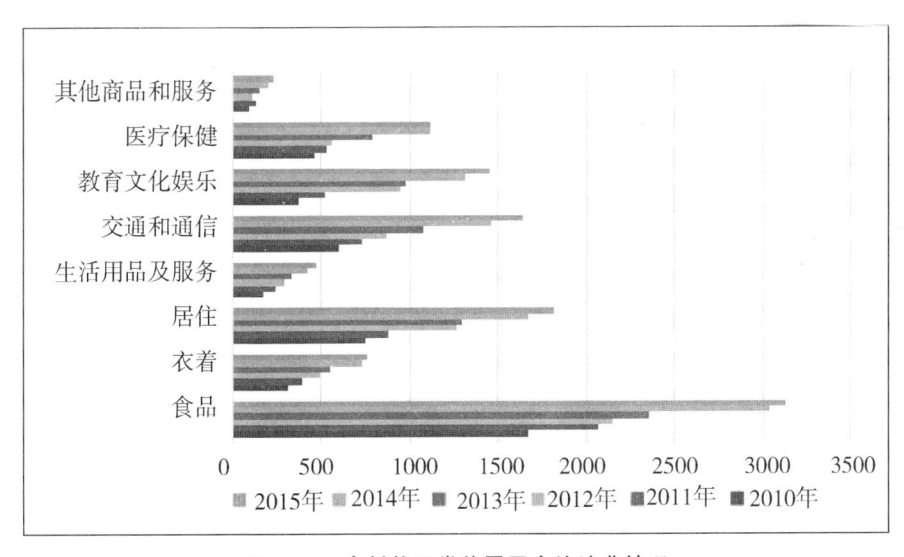

图6-2 农村牧区常住居民人均消费情况

在农村牧区常住居民家庭平均每人主要消费品消费量中（表6-3和图6-3），粮食、蔬菜、猪牛羊肉为主要消费品，2015年的消费量分别为170.41千克、69.38千克、26.71千克，占总消费品消费量的55.85%、22.74%、8.75%。其次是酒、蛋及其制品和食油等消费品。从2010—2015年的变动情况来看，各消费品的消费量一直处于波动状态，2013年大部分的消费品消费量都处于顶峰。

从消费项目来看，粮食一直占据主要的消费量，其次是蔬菜、猪牛羊肉、酒等消费品。

2016年，内蒙古自治区公路建设完成投资915亿元，公路总里程突破19万千米，实现了全部乡镇（苏木）通油路，96%行政村（嘎查）通沥青水泥路。2015年末，农村牧区常住居民家庭住房面积为26.07平方米/人，以砖木结构为主。

表6-3 农村牧区常住居民家庭平均每人主要消费品消费量　　单位：千克

年份 项目	2010	2011	2012	2013	2014	2015
粮食	183.80	165.43	181.91	196.73	165.43	170.41
蔬菜	67.90	63.04	68.74	75.97	75.58	69.38
食油	3.80	4.50	5.20	6.29	8.19	5.7
猪牛羊肉	25.41	26.18	26.18	28.92	27.45	26.71
家禽	2.66	3.46	3.52	3.60	3.93	3.87
蛋及其制品	4.67	5.13	6.45	6.05	6.47	7.34
水产品	1.97	2.12	2.06	3.03	2.63	2.64
食糖	1.05	0.91	0.92	4.68	1.77	1.21
酒	13.86	12.19	13.90	22.89	18.13	17.86

数据来源：《内蒙古统计年鉴》。

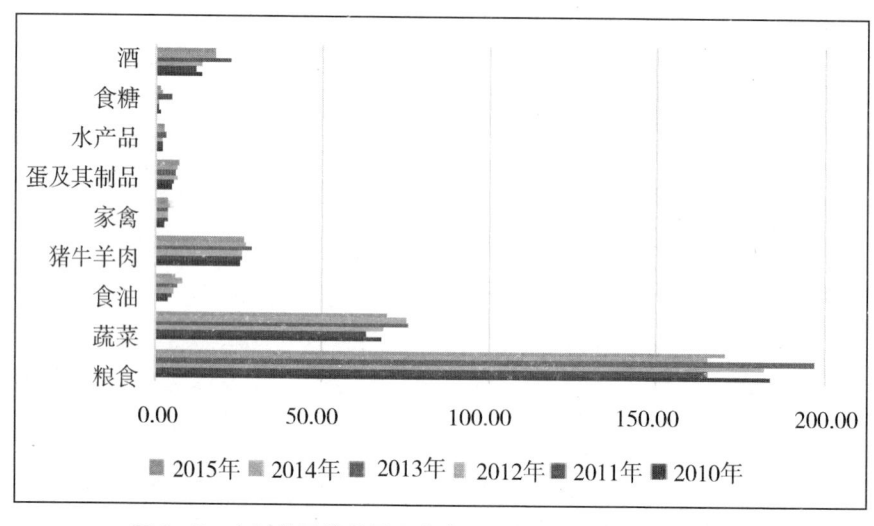

图6-3 农村牧区常住居民家庭平均每人主要消费品消费量

二、青海农村生活特征分析

截至2016年末,青海省年末总人数为593.46万人(表6-4和图6-4),其中,城镇人口为306.4万人,乡村人口为287.06万人,分别占比为51.63%、48.37%。伴随社会发展,青海省城镇人口数逐年增加,乡村人口数逐年减少,在2015年城镇人口超过乡村人口。青海的世居少数民族主要有藏族、回族、土族、撒拉族和蒙古族,其中土族和撒拉族为青海所独有。5个世居少数民族聚居区均实行区域自治,先后成立了6个自治州、7个自治县,其中有5个藏族自治州、1个蒙古族藏族自治州、1个土族自治县、1个撒拉族自治县、2个回族自治县、2个回族土族自治县、1个蒙古族自治县。自治地方面积占全省72万平方千米总面积的98%,区域自治地方的少数民族人口占全省少数民族人口的81.55%。此外全省还有28个民族乡。

表6-4 青海省年末总人数及其构成

年份	年末总人口（万人）	城镇人口 人口数（万人）	城镇人口 比重（%）	乡村人口 人口数（万人）	乡村人口 比重（%）
2010	563.47	251.98	44.72	311.49	55.28
2011	568.17	262.62	46.22	305.55	53.78
2012	573.17	271.92	47.44	301.25	52.56
2013	577.79	280.3	48.51	297.49	51.49
2014	583.42	290.4	49.78	293.02	50.22
2015	588.43	295.98	50.30	292.45	49.70
2016	593.46	306.4	51.63	287.06	48.37

数据来源:《青海省统计年鉴》。

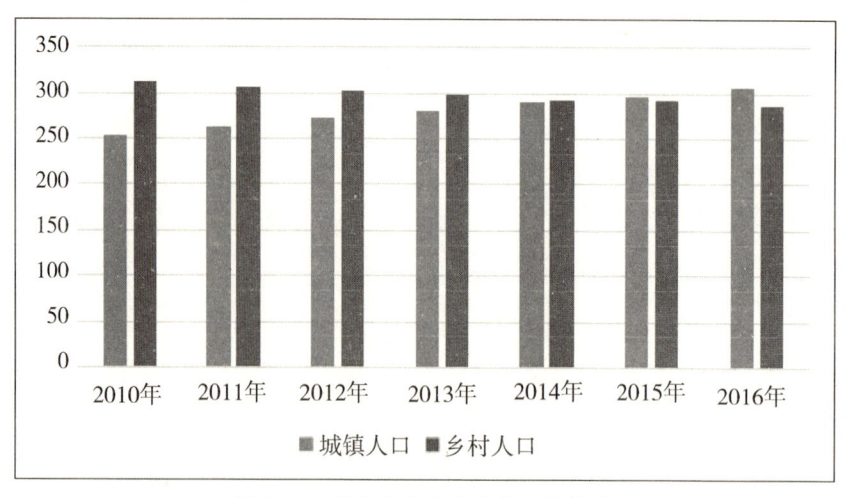

图6-4 青海省年末总人数及其构成

根据统计数据显示（表6-5和图6-5），青海省农村常住居民生活消费支出仍是以食品烟酒为主，2016年食品烟酒的人均消费为2715元，占消费总支出的29.44%。交通通信是第二大支出项目，人均消费支出1577元，占消费总支出的17.1%。居住是第三大支出项目，人均消费支出1487元，占消费总支出的16.12%。从2012—2016年的变动情况来看，各类消费支出虽略有波动，但基本保持稳定增长。食品烟酒支出一直稳居第一大消费支出项目，居住、交通通信二者的地位交替变动。虽然医疗保健是第四个消费支出项目，但是近年来医疗保健的支出大幅增长。

表6-5 农村居民家庭平均每人消费支出　　　　　　　　　　单位：元

年份 项目	2012	2013	2014	2015	2016
生活消费支出	6612	7506	8235	8568	9222
食品烟酒	2457	2494	2626	2564	2715
衣着	497	557	615	627	636
居住	1028	1241	1416	1462	1487
生活用品及服务	355	438	488	445	464
交通通信	918	1232	1392	1278	1577
文化教育娱乐	549	528	611	807	851
医疗保健	677	889	944	1191	1279
其他用品及服务	131	127	143	194	213

数据来源：青海省统计年鉴

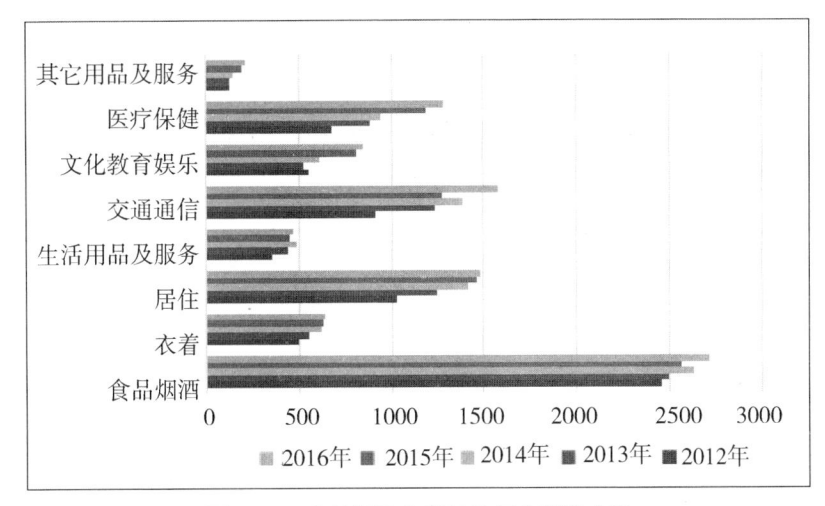

图 6-5 农村居民家庭平均每人消费支出

在农村常住居民家庭平均每人主要消费品消费量中,由于历年统计口径与标准不同,因此在此保留了统计口径相同的消费品指标。从统计数据中可以看出(表 6-6 和图 6-6),粮食、蔬菜及其制品、肉类是主要的消费品,2016 年的消费量分别为 144.8 千克、47.7 千克、26.7 千克,占总消费品消费量的 54.19%、17.85%、9.99%。其次是干鲜瓜果类、奶和奶制品、油脂类等消费品。从 2012—2016 年的变动情况来看,除了油脂类的消费量较为稳定,各消费品的消费量都有一定的起伏变化,但是粮食、蔬菜及其制品、肉类依旧是各年主要的消费品。

表 6-6 农村牧区常住居民家庭平均每人主要消费品消费量　　单位:千克

年份 项目	2012	2013	2014	2015	2016
粮食	171.5	154.7	155.5	138.9	144.8
油脂类	10.3	10.1	10.5	10.7	9.6
蔬菜及菜制品	40.8	49.8	53	53.3	47.7
肉类	24.1	21.9	26.2	21.7	26.7
禽类	1.4	2.8	2.9	2.7	2.5
水产品	0.6	0.6	0.7	0.7	0.7
蛋类及蛋制品	1.6	1.9	2.2	2.5	2.6

续表

年份 项目	2012	2013	2014	2015	2016
奶和奶制品	15.2	12.9	11.2	10.5	13.8
干鲜瓜果类	8.8	7.6	15.1	17	18.8

数据来源：《青海省统计年鉴》。

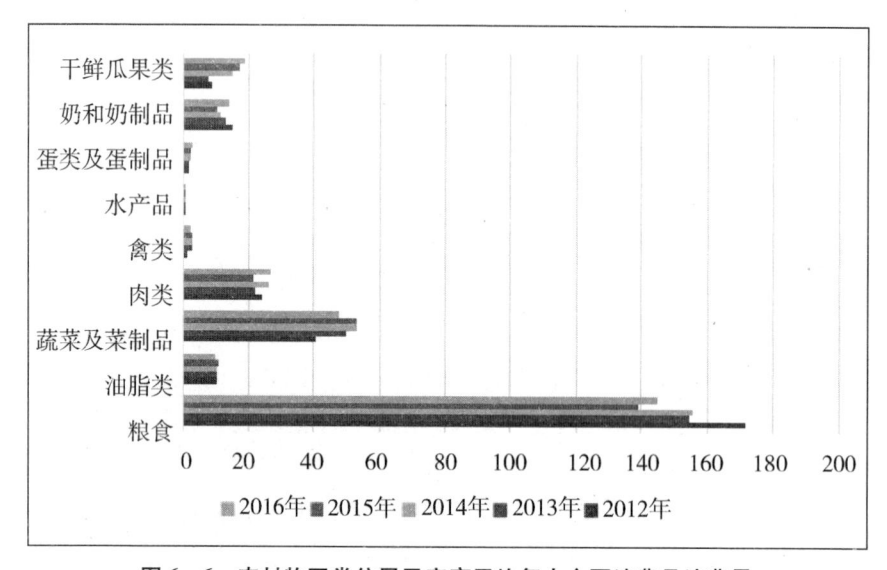

图6-6 农村牧区常住居民家庭平均每人主要消费品消费量

三、陕西农村生活特征分析

截至2016年末，陕西省年末总人数为3813万人（表6-7和图6-7），其中，城镇人口为2110万人，乡村人口为1703万人，分别占比为55.34%、44.66%。伴随社会发展，陕西省城镇人口数逐年增加，乡村人口数逐年减少，在2015年城镇人口超过乡村人口。陕西除汉族外，有42个少数民族在全省杂居、散居。在少数民族中，回族人口最多，占少数民族人口的89.1%。此外，千人以上的少数民族有满族、蒙古族、壮族、藏族；百人以上的有朝鲜族、苗族、侗族、土家族、白族、锡伯族；其他少数民族均在百人以下。

表6-7 陕西省年末总人数及其构成

年份	年末总人口（万人）	城镇人口 人口数（万人）	城镇人口 比重（%）	乡村人口 人口数（万人）	乡村人口 比重（%）
2010	3735	1707	45.7	2028	54.3
2011	3743	1770	47.3	1973	52.7
2012	3753	1877	50.02	1876	49.98
2013	3764	1931	51.31	1833	48.69
2014	3775	1985	52.57	1790	47.43
2015	3793	2045	53.92	1748	46.08
2016	3813	2110	55.34	1703	44.66

数据来源：《陕西省统计年鉴》。

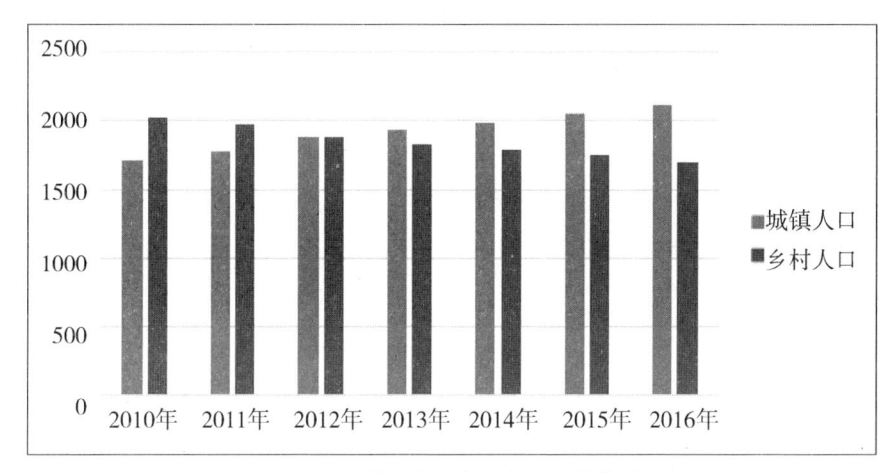

图6-7 陕西省年末总人数及其构成

根据统计数据显示（表6-8和图6-8），陕西省农村常住居民生活消费支出仍是以食品烟酒为主，2016年食品烟酒的人均消费为2307元，占消费总支出的26.93%。居住是第二大支出项目，人均消费支出2026元，占消费总支出的23.65%。教育文化娱乐是第三大支出项目，人均消费支出1103元，占消费总支出的12.87%。从2012—2016年的变动情况来看，各类消费支出基本持续稳定增长。食品烟酒支出一直稳居第一大消费支出项目，居住支出近年增长速度较快，仅次于食品烟酒支出。教育文化娱乐、医疗保健项目的支出分别位居第三、第四。

表6-8 农村居民家庭平均每人消费支出　　　　　　　　　　单位：元

年份 项目	2012	2013	2014	2015	2016
生活消费支出	5115	6488	7252	7901	8568
食品烟酒	1520	1772	2112	2199	2307
衣着	333	418	457	496	511
居住	1258	1432	1627	1786	2026
生活用品及服务	299	406	444	491	543
交通通信	503	660	691	793	880
教育文化娱乐	446	863	900	1037	1103
医疗保健	620	803	884	959	1044
其他用品及服务	136	134	137	140	154

数据来源：《陕西省统计年鉴》。

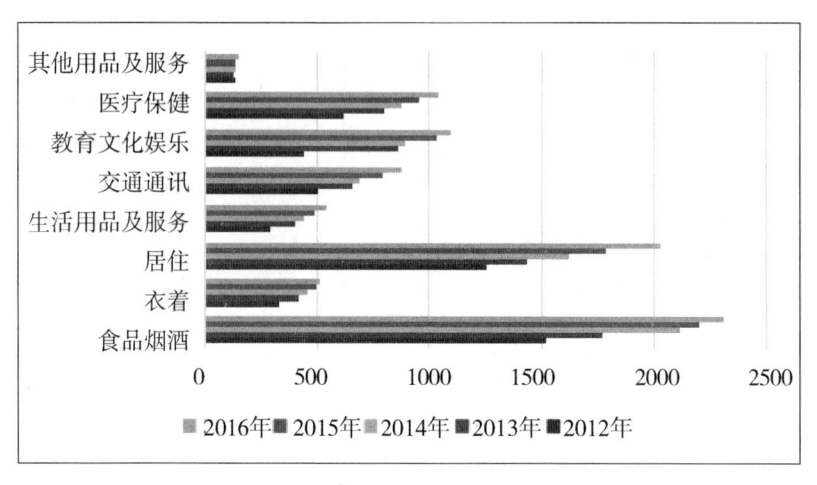

图6-8 农村居民家庭平均每人消费支出

在农村常住居民家庭平均每人主要消费品消费量中，由于2014年之前的数据统计口径与标准不同，因此在此保留了2014—2016年的相关数据。因为这三年的统计指标类别较细，因此对其同一类别的数据进行加总整理，具体数据见表6-9和图6-9。粮食、鲜菜、卷烟、鲜瓜果是主要的消费品，2016年的消费量分别为60千克、47.8千克、34.1千克、25.8千克，分别占总消费品消费量的30%、22.4%、17.1%、12.9%。其次是肉类、食用植物油、奶和奶制品等消费品。从2014—2016年的变动情况来看，各消费品的消费量都有一定的起伏变化，粮食、鲜菜、卷烟、鲜瓜果依旧是各年主要的消费品，并且消费量逐年增加，其他消费品的消费量变动幅度较小，整体消费结构较为稳定。

表6-9 农村牧区常住居民家庭平均每人主要消费品消费量　　单位：千克

年份　项目	2014	2015	2016
粮食	52.8	56.9	60
食用植物油	9.1	9.5	9.5
鲜菜	40.1	43.5	44.8
肉类	9.1	9.9	9.7
鲜蛋	3.9	5.2	4.2
奶和奶制品	4	4.9	5.6
鲜瓜果	20.1	21.7	25.8
糕点	1.5	1.5	1.4
茶叶	0.2	0.2	0.2
卷烟（盒）	31.8	31.5	34.1
酒	4.5	4.1	4.7

数据来源：《陕西省统计年鉴》。

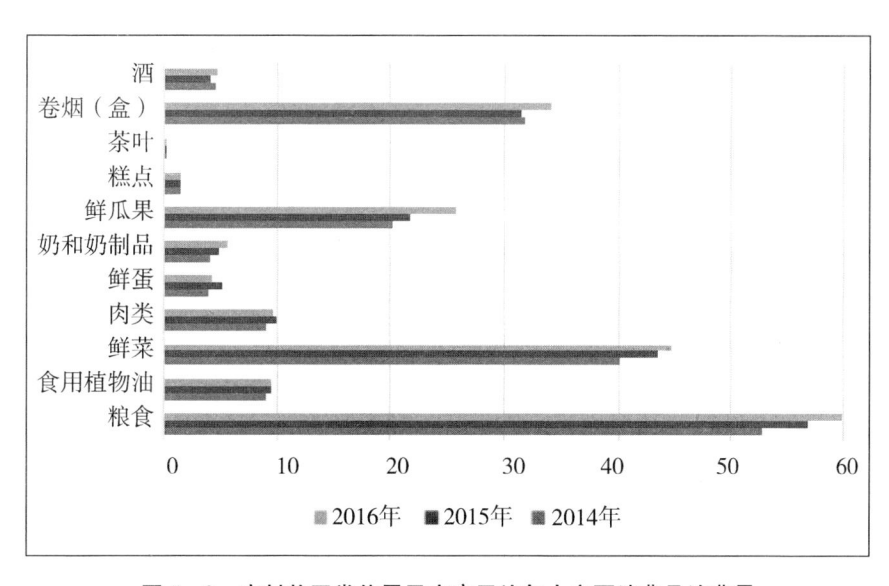

图6-9 农村牧区常住居民家庭平均每人主要消费品消费量

目前陕西农村居民平均每人建筑面积为44.7平方米,55.6%的居住样式为单栋平房,22.75%的居住样式是单栋楼房,11.8%的为筒子楼或者连片平房。从建筑材料来看,主要为砖混材料、砖瓦砖木,分别占63.9%、25.7%的为砖混材料。73.6%的外道道路路面是水泥或者柏油路面,16%的为沙石或石板等硬质路面,基本实现道路硬化。

四、甘肃农村生活特征分析

截至2015年末,甘肃省年末总人数为2599.55万人(表6–10和图6–10),其中,城镇人口为1122.75万人,乡村人口为1476.8万人,分别占比为43.19%、56.81%。虽然甘肃省乡村人口比重连年下降,但是乡村人口比重仍超过城镇人口,大部分的人口仍然居住在农村。甘肃自古以来就是个多民族聚居的省份,在少数民族中,人口在千人以上的有回族、藏族、东乡族、土族、裕固族、保安族、蒙古族、撒拉族、哈萨克族、满族等16个民族,此外还有38个少数民族,其中东乡族、裕固族、保安族为三个特有少数民族。

表6–10 甘肃省年末总人口数及其构成

年份	年末总人口（万人）	城镇人口 人口数（万人）	城镇人口 比重（％）	乡村人口 人口数（万人）	乡村人口 比重（％）
2010	2559.98	924.66	36.12	1635.32	63.88
2011	2564.19	952.6	37.15	1611.59	62.85
2012	2577.55	998.8	38.75	1578.75	61.25
2013	2582.18	1036.23	40.13	1545.95	59.87
2014	2590.78	1079.84	41.68	1510.94	58.32
2015	2599.55	1122.75	43.19	1476.8	56.81

数据来源:《甘肃省统计年鉴》。

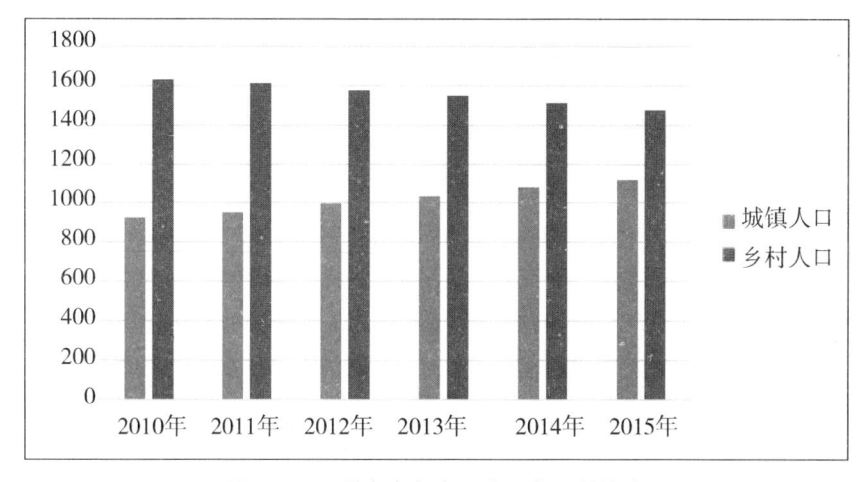

图 6-10 甘肃省年末总人口数及其构成

据统计数据表明（表 6-11 和图 6-11），甘肃省农村居民生活消费支出仍是以食品烟酒为主，2015 年食品烟酒的人均消费为 2244 元，占消费总支出的 32.9%。居住是第二大支出项目，人均消费支出 1221 元，占消费总支出的 17.9%。教育文化娱乐是第三大支出项目，人均消费支出 854 元，占消费总支出的 12.5%。从 2010—2015 年的变动情况来看，除了其他用品及服务外，各项消费支出均为增长的趋势。其中，食品烟酒支出一直稳居第一大消费支出项目，居住支出是第二大消费支出项目。在 2015 年消费结构发生变化，教育文化娱乐支出首次超过交通通信支出，成为第三大消费支出项目。

表 6-11 农村居民家庭平均每人消费支出   单位：元

年份 项目	2010	2011	2012	2013	2014	2015
生活消费支出	2942	3666	4145	4851	5272	6830
食品烟酒	1315	1548	1649	1799	1980	2244
衣着	184	247	303	353	386	466
居住	552	597	682	794	883	1221
生活用品及服务	147	198	250	303	324	445
交通通信	257	367	436	598	627	812
教育文化娱乐	238	293	327	367	415	854
医疗保健	203	339	398	513	530	670
其他用品及服务	46	77	100	124	127	118

数据来源：甘肃省统计年鉴

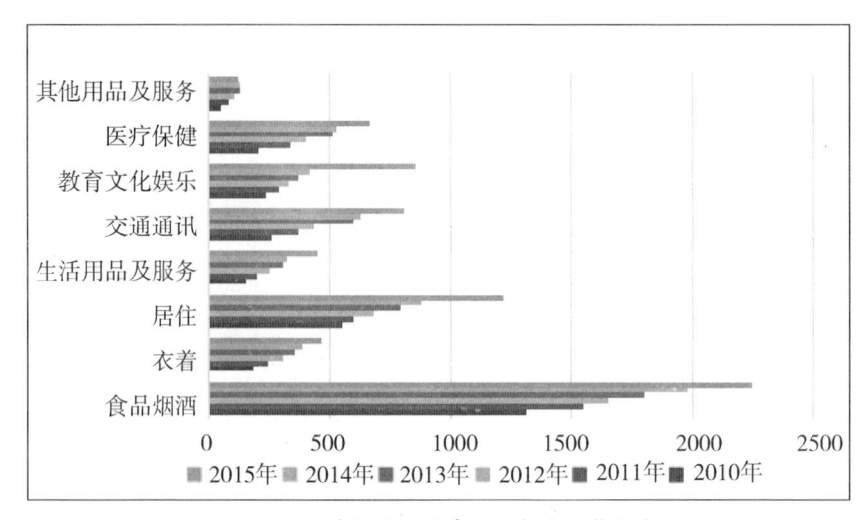

图 6-11　农村居民家庭平均每人消费支出

在农村居民家庭平均每人主要消费品消费量中，粮食、蔬菜、瓜果为主要消费品，2015 年的消费量分别为 181.34 千克、55.37 千克、35.13 千克，分别占总消费品消费量的 55.22%、16.86%、10.70%。其次是猪牛羊肉、酒和食油等消费品。从 2010—2015 年的变动情况来看，各类消费品的消费量都有所波动，但是粮食、蔬菜和瓜果的消费量一直稳居前三。粮食的消费量自 2010 年后一直呈下降的趋势，在 2015 年才有所回升。蔬菜的消费量自 2013 年后持续增加，瓜果的消费量一直稳定增长（表 6-12 和图 6-12）。

表 6-12　农村居民家庭平均每人主要消费品消费量　　　单位：千克

年份 项目	2010	2011	2012	2013	2014	2015
粮食（原粮）	229.03	192.02	189.12	162.21	158.91	181.34
豆类及豆制品	5.15	3.14	3.05	4.98	4.10	4.31
蔬菜	43.14	49.43	44.39	42.71	49.75	55.37
食油	4.13	5.99	6.40	6.76	12.02	8.47
猪牛羊肉	13.45	14.4	12.14	10.97	14.62	15.05
猪肉	12.30	12.71	10.87	9.51	12.70	12.46
牛肉	0.35	0.42	0.36	0.35	0.63	0.61
羊肉	0.80	1.27	0.91	1.11	1.29	1.98

续表

年份 项目	2010	2011	2012	2013	2014	2015
家禽	1.29	1.41	1.48	2.56	3.42	3.53
蛋及蛋制品	2.58	3.42	3.93	4.12	5.04	6.40
奶和奶制品	2.72	4.67	4.51	4.85	6.58	6.51
水产品	0.30	0.42	0.54	0.57	0.81	0.75
瓜果	16.39	18.97	21.89	21.93	30.82	35.13
食糖	0.97	1.08	1.11	1.13	1.67	1.73
酒	7.28	8.24	8.86	7.32	10.39	9.82

数据来源：《甘肃省统计年鉴》。

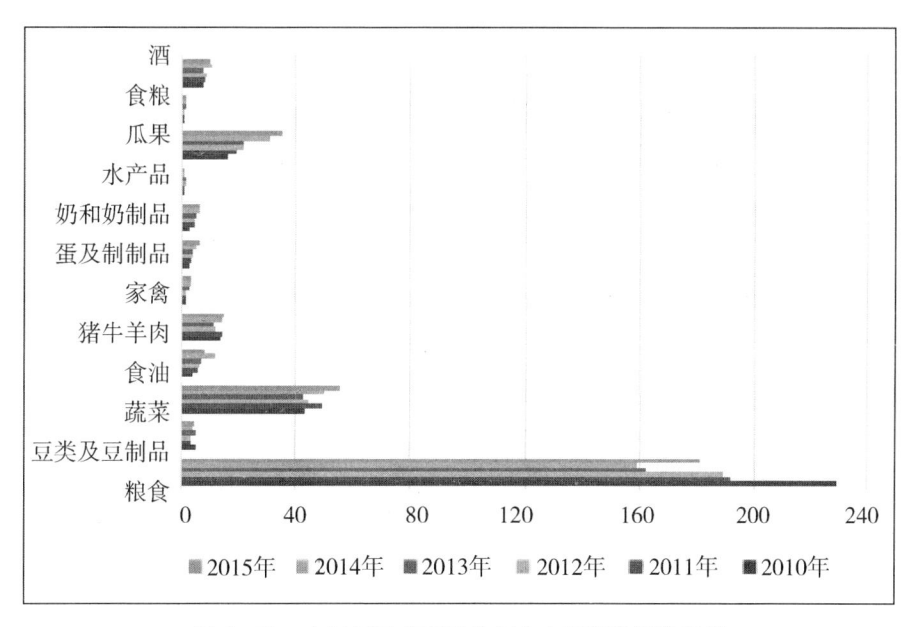

图6-12 农村居民家庭平均每人主要消费品消费量

五、贵州农村生活特征分析

截至2016年末，贵州省年末总人数为3555万人（表6-13和图6-13），其中，城镇人口为1569.53万人，乡村人口为1985.47万人，分别占比为43.19%、56.81%。虽然贵州省乡村人口比重连年下降，但是乡村人口比重仍超过城镇人口，大部分的人口仍然居住在农村。贵州是一个多民族共居的省份，全省共有民族成分56个，其中世居民族有汉族、苗族、布依族、侗族、土家族、彝族、仡佬族、水族、回族、白族、瑶族、壮族、畲族、毛南族、满族、蒙古族、仫佬族、羌族等18个民族，其中汉族、苗族、布依族、侗族、土家族为主要的民族。

表6-13　年末总人口数及其构成

年份	年末总人口（万人）	城镇人口 人口数（万人）	城镇人口 比重（%）	乡村人口 人口数（万人）	乡村人口 比重（%）
2010	3479	1176.25	33.81	2302.75	66.19
2011	3469	1212.76	34.96	2256.24	65.04
2012	3484.07	1268.54	36.41	2215.53	63.59
2013	3502.22	1324.89	37.83	2177.33	62.17
2014	3508.04	1403.57	40.01	2104.47	59.99
2015	3529.50	1482.74	42.01	2046.76	57.99
2016	3555	1569.53	44.15	1985.47	55.85

数据来源：《贵州省统计年鉴》。

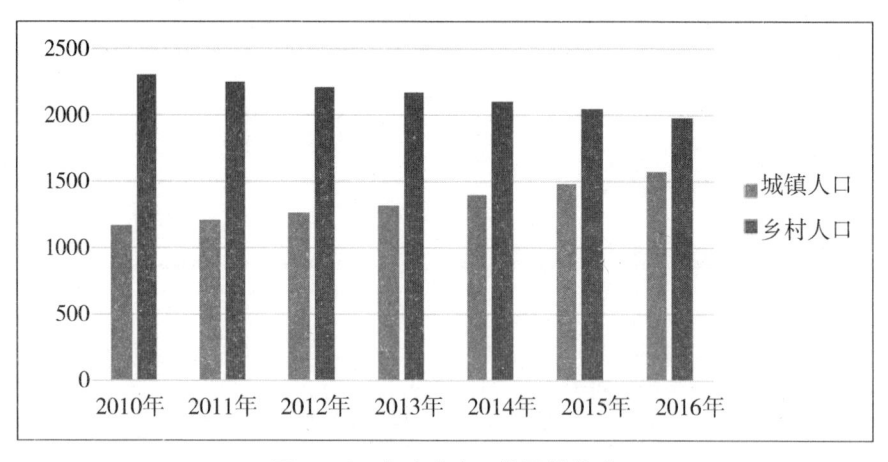

图6-13　年末总人口数及其构成

据统计数据表明（表6-14和图6-14），贵州省农村居民生活消费支出仍是以食品烟酒为主，2016年食品的人均消费为2915元，占消费总支出的38.7%。居住是第二大支出项目，人均消费支出1518元，占消费总支出的20.15%。交通和通信是第三大支出项目，人均消费支出961元，占消费总支出的 12.76%。从 2010—2015 年的变动情况来看，各类消费支出持续稳定增长，食品一直稳居第一大消费支出项目，其次是居住，交通和通信位居第三，文教娱乐用品及服务此之。

表 6-14　农村居民家庭平均每人消费支出　　　　　　　单位：元

年份 项目	2012	2013	2014	2015	2016
生活消费支出	3901	4739	5970	6645	7533
食品	1741	2036	2489	2645	2915
衣着	227	254	342	355	378
居住	758	981	1202	1356	1518
家庭设备、用品及服务	211	272	355	380	437
医疗保健	283	302	373	449	528
交通和通信	371	490	636	784	961
文教娱乐用品及服务	226	301	481	585	693
其他商品和服务	84	103	92	91	102

数据来源：《贵州省统计年鉴》。

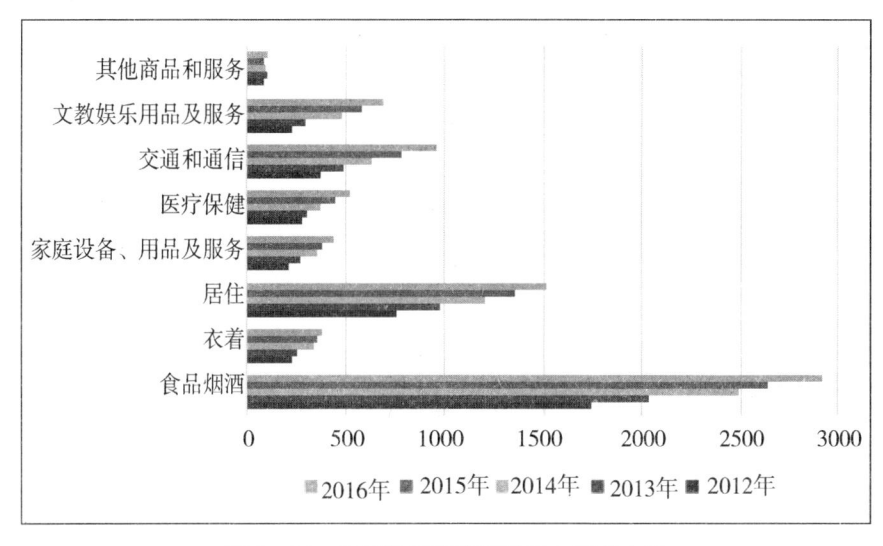

图 6-14　农村居民家庭平均每人消费支出

在农村居民家庭平均每人主要消费品消费量中（表 6-15 和图 6-15），粮食、蔬菜、肉禽及其制品为主要消费品,2016 年的消费量分别为 144.14 千克、86.10 千克、32.93 千克,分别占总消费品消费量的 42%、25.09%、9.59%。其次是卷烟、瓜果、酒等消费品。从 2010—2015 年的变动情况来看,各类消费品的消费量都增减变动,粮食的消费量在 2014 年达到顶峰,最近两年一直下降,同样肉禽及其制品、蔬菜、酒、家禽、蛋类及蛋制品、食糖的消费量在近年也呈现下降趋势,水产品、瓜果、卷烟的消费量基本呈现增长的趋势。但是粮食的消费量一直稳居第一大消费支出项目,其次是蔬菜,肉禽及其制品,从消费趋势预测,卷烟可能会在未来超过肉禽及其制品,成为第三大消费支出项目。

表 6-15 农村居民家庭每人主要消费品消费量　　单位:千克

年份 项目	2012	2013	2014	2015	2016
粮食	149.10	151.57	163.55	152.65	144.14
大米	121.17	120.53	127.83	116.76	108.75
食油	4.80	5.98	8.05	7.06	7.06
肉禽及其制品	23.67	28.54	36.52	36.63	32.93
猪肉	20.98	24.58	32.11	31.61	28.11
家禽	2.05	2.43	3.30	3.63	3.55
蛋类及蛋制品	2.35	3.26	3.57	3.54	3.29
水产品	0.53	0.80	1.01	1.12	1.22
鱼类	0.48	0.72	0.92	1.02	1.11
蔬菜	97.43	95.49	97.17	92.29	86.10
瓜果	12.39	10.88	17.31	20.46	22.90
食糖	0.70	0.74	0.94	0.95	0.93
卷烟(盒)	25.83	24.26	30.31	31.36	31.98
酒	7.75	8.82	9.96	9.78	9.13

数据来源:《贵州省统计年鉴》。

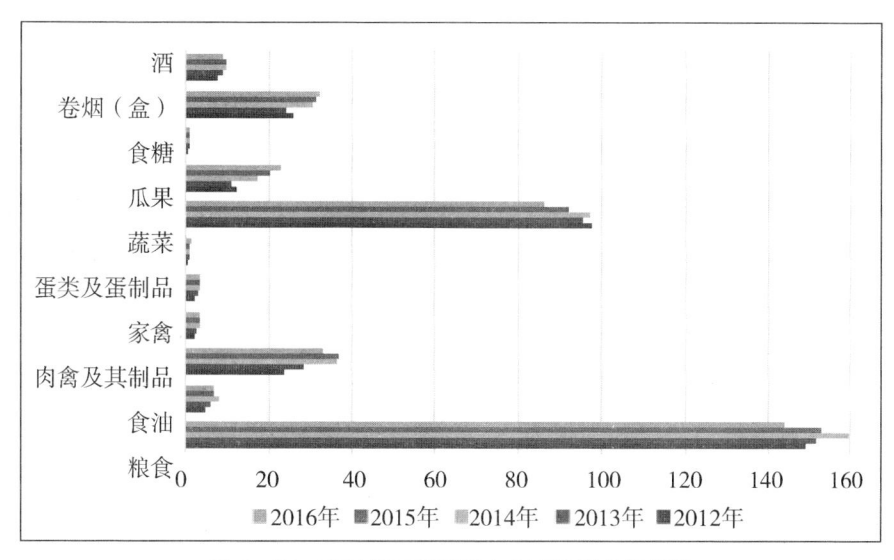

图 6-15 农村居民家庭每人主要消费品消费量

六、四川农村生活特征分析

截至2015年末，四川省年末总人数为8204万人（表6-16和图6-16），其中，城镇人口为3912万人，乡村人口为4292万人，分别占比为47.68%、52.32%。虽然四川省乡村人口比重连年下降，但是乡村人口比重仍超过城镇人口，大部分的人口仍然居住在农村。四川为多民族聚居地，有55个少数民族。其中，彝族、藏族、羌族、苗族、回族、蒙古族、土家族、傈僳族、满族、纳西族、布依族、白族、壮族、傣族为省内世居少数民族。四川是全国唯一的羌族聚居区，最大的彝族聚居区和全国第二大藏区。少数民族主要聚居在凉山彝族自治州、甘孜藏族自治州、阿坝藏族羌族自治州及木里藏族自治县、马边彝族自治县、峨边彝族自治县、北川羌族自治县。被誉为"中国第二藏区""中国唯一羌族聚集区""中国第一彝族聚集区"。

表6-16 年末总人口数及其构成

年份	年末总人口（万人）	城镇人口 人口数（万人）	比重（%）	乡村人口 人口数（万人）	比重（%）
2010	8042	3231	40.18	4811	59.82
2011	8050	3367	41.83	4683	58.17
2012	8076.2	3515.6	43.53	4560.6	56.47

续表

年份	年末总人口（万人）	城镇人口		乡村人口	
		人口数（万人）	比重（％）	人口数（万人）	比重（％）
2013	8107	3640	44.90	4467	55.10
2014	8140.2	3768.91	46.30	4371.29	53.70
2015	8204	3912	47.68	4292	52.32

数据来源：四川省统计年鉴

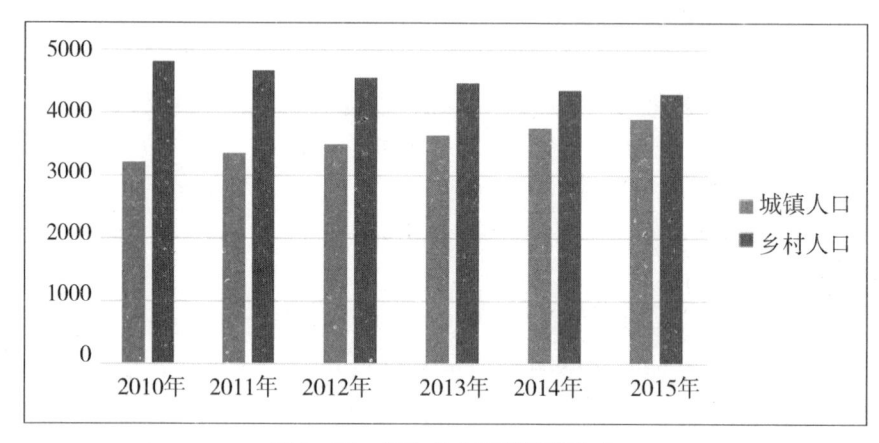

图 6-16　年末总人口数及其构成

据统计数据表明（表 6-17 和图 6-17），四川省农村居民生活消费支出仍是以食品为主，2015 年食品的人均消费为 3618 元，占消费总支出的 39.11％。居住是第二大支出项目，人均消费支出 1675 元，占消费总支出的 18.11％。交通和通信是第三大支出项目，人均消费支出 1020 元，占消费总支出的 11.03％。从 2010—2015 年的变动情况来看，各类消费支出持续稳定增长，食品一直稳居第一大消费支出项目，其次是居住，交通和通信位居第三，医疗保健位居第四，文教娱乐用品及服务，家庭设备、用品及服务这两项支出在近年中发展势均力敌。

表 6-17　农村居民家庭平均每人消费支出　　　　　　　　　　单位：元

年份 项目	2010	2011	2012	2013	2014	2015
生活消费支出	3898	4675	5367	6127	8301	9251

续表

年份 项目	2010	2011	2012	2013	2014	2015
食品	1881	2162	2514	2665	3299	3618
衣着	227	282	339	407	548	580
居住	625	727	787	947	1486	1675
家庭设备、用品及服务	239	301	333	417	630	660
医疗保健	276	413	498	557	724	840
交通和通信	361	431	464	642	885	1020
文教娱乐用品及服务	219	277	329	357	600	699
其他商品和服务	70	83	102	135	129	159

数据来源：四川省统计年鉴

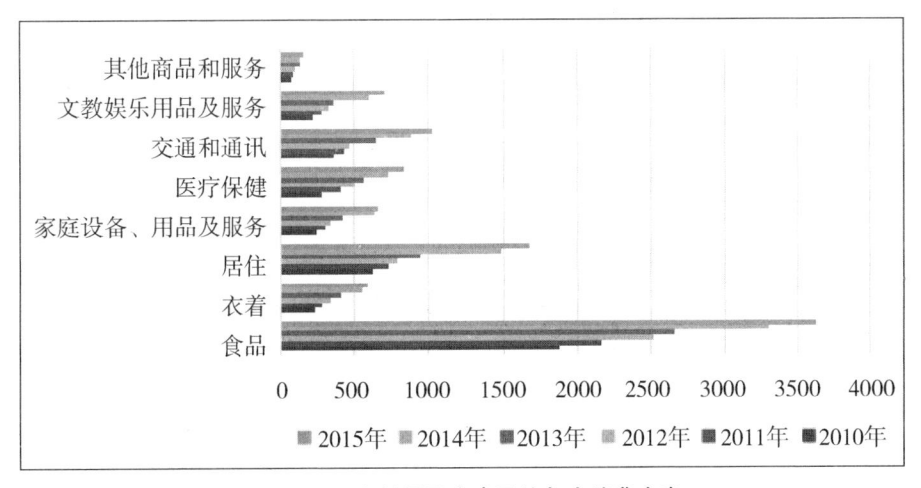

图 6-17 农村居民家庭平均每人消费支出

在农村居民家庭平均每人主要消费品消费量中（表6-18和图6-18），粮食、蔬菜、肉类为主要消费品，2015年的消费量分别为187.6千克、125千克、36.2千克，分别占总消费品消费量的48.68%、32.43%、9.39%。其次是食油、家禽、蛋及制品等消费品。从2010—2015年的变动情况来看，各类消费品的消费量变动都有所不同。其中，粮食与蔬菜的变动趋势相同，在2013年消费量降到最低，最近两年逐渐回升，但是二者依旧分别稳定占消费量的第一、第二。肉类的变动幅度较小，较为稳定，位于第三大消费量。

表6-18 农村居民家庭每人主要食品消费量 单位：千克

项目\年份	2010	2011	2012	2013	2014	2015
粮食	178.21	168.4	161.89	154.3	176.17	187.6
蔬菜	122.76	114.3	116.4	101.6	120.27	125
食油	4.05	6.27	6.94	9.6	24.4	12.25
肉类	34.62	34.58	33.88	36.81	35.21	36.2
猪肉	27.5	25.94	25.72	27.81	33.16	34.42
家禽	5.18	5.94	5.88	6.92	9.08	9.16
蛋及制品	4.2	4.69	4.87	5.63	7.87	8.41
水产品	2.62	2.57	2.55	3.01	4.49	4.91
食糖	1.16	1.14	1.17	1.12	2.15	1.87

数据来源：四川省统计年鉴

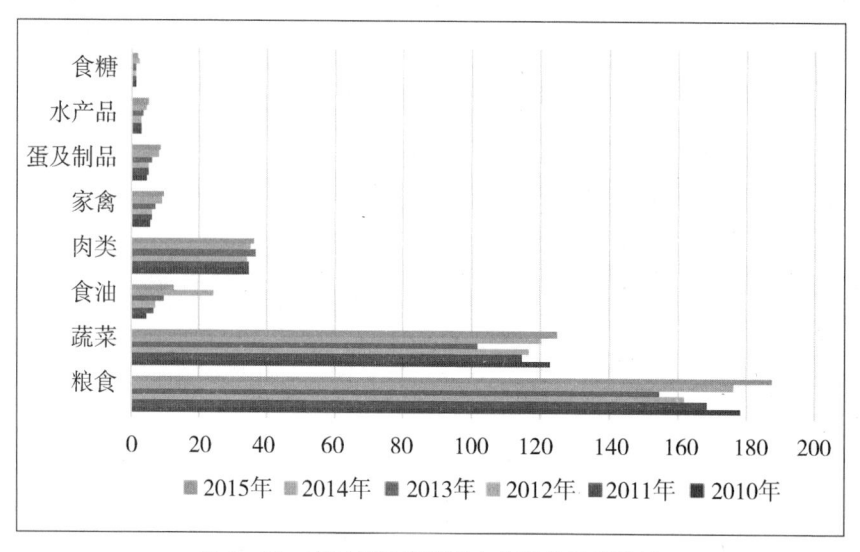

图6-18 农村居民家庭每人主要食品消费量

第二节 中国西部地区绿色生活的具体模式分析

面对当前资源约束趋紧、环境污染严重、生态系统退化的严峻形势，加强生态环境保护工作，推动绿色发展，倡导绿色生活，是实现中华民族伟大复兴的中国梦之必然选择（杨小玲，韩文亚，2015）。2015年4月，中共中央、国务院出台《关于加快推进生态文明建设的意见》，其中提到要培育绿色生活方式，倡导勤俭节约的消费观。广泛开展绿色生活行动，推动全民在衣、食、住、行、游等方面加快向勤俭节约、绿色低碳、文明健康的方式转变，坚决抵制和反对各种形式的奢侈浪费、不合理消费。积极引导消费者购买节能与新能源汽车、高能效家电、节水型器具等节能环保低碳产品，减少一次性用品的使用，限制过度包装。大力推广绿色低碳出行，倡导绿色生活和休闲模式，严格限制发展高耗能、高耗水服务业。在餐饮企业、单位食堂、家庭全方位开展反食品浪费行动。同年10月，环保部印发《关于加快推动生活方式绿色化的实施意见》，提出促进生产、流通、回收等环节绿色化，推进衣、食、住、行等领域绿色化，全面构建推动生活方式绿色化全民行动体系，创新开展全民生态文明宣传教育活动，积极搭建绿色生活方式的行动网络和平台。

由于历史和现实的原因，我国西部农村地区先天自然条件较差，再加之长期以来急于摆脱贫困落后的经济现状，西部农村地区大多采用粗放式经济增长方式，以单纯追求经济增长为目标。但是随着近年来，统筹城乡发展工作的深入开展，新农村建设的不断推进，党和政府出台了一系列相关政策措施，如指导新农村建设的《"十一五"规划纲要建议》、被纳入"十三五"规划的"美丽中国"建设规划等。西部各省积极响应党和国家的号召，纷纷出台相应的政策文件等，以促进农村绿色生活的发展（表6-19）。

表6-19 中国西部六省区农村绿色生活相关文件

地区	政策性文件名称
内蒙古	《内蒙古自治区人民政府关于建立农村牧区人居环境治理长效机制的指导意见》
	《关于加强建筑节能工作的若干规定》
	《内蒙古自治区积极发挥新消费引领作用加快培育形成新供给新动力实施方案》
	《内蒙古自治区人民政府办公厅关于促进庭院经济发展的意见》
	《内蒙古自治区人民政府关于大力开展节能工作的意见》
	《内蒙古自治区人民政府关于水污染防治行动计划的实施意见》
	《内蒙古自治区"十三五"新型城镇化规划》
	《内蒙古自治区"十三五"节能降碳综合工作方案》
	《内蒙古自治区培育发展农村牧区垃圾污水治理市场主体实施方案》
	《内蒙古自治区农村牧区垃圾治理实施方案》

续表

地区	政策性文件名称
青海省	《青海省人民政府办公厅关于加快推进畜禽养殖废弃物资源化利用的实施意见》
	《青海省促进绿色建筑发展办法》
	《青海省农牧区垃圾专项治理行动五年工作方案》
	《青海省人民政府关于加快改善农牧区人居环境全面推进高原美丽乡村建设的指导意见》
	《青海省开展农牧区生活垃圾专项治理工作指导意见》
甘肃省	《甘肃省农村能源条例》
	《甘肃省畜禽养殖废弃物资源化利用工作方案》
	《甘肃省城乡环境卫生整洁行动实施方案（2015—2020年）》
陕西省	《陕西省人民政府办公厅关于加快发展农村沼气的通知》
	《关于支持社会主义新农村建设的指导意见》
	《陕西省人民政府关于加快全省改善农村人居环境工作的意见》
	《陕西省人民政府办公厅关于开展农村社区建设试点工作的通知》
	《陕西省人民政府办公厅关于大力发展装配式建筑的实施意见》
	《关于进一步加强城镇生活垃圾处理工作的意见》
	《陕西省人民政府关于全面改善村庄人居环境持续推进美丽乡村建设的意见》
	《陕西省人民政府关于加快节水型社会建设的意见》
贵州省	《省人民政府关于做好村庄规划加强农民建房和宅基地管理促进新农村建设的意见》
	《省人民政府办公厅关于深入推进"四好农村路"建设的实施意见》
	《省人民政府关于加快发展农村客运的意见》
	《贵州省生活垃圾分类制度实施方案》
	《绿色贵州建设三年行动计划（2015—2017年）》
四川省	《四川省"十三五"农业和农村经济发展规划》
	《四川省农村住房建设管理办法》
	《全省推进农村垃圾治理实施方案》
	《四川省人民政府办公厅关于改善农村人居环境的实施意见》
	《四川省人民政府办公厅关于进一步加强城乡生活垃圾处理工作的实施意见》
	《四川省绿色建筑行动实施方案》

资料来源：根据文献资料整理。

目前，我国西部农村地区绿色生活已经取得一定的成绩，突出表现在以下几个方面。

一、绿色能源替代

西部地区蕴藏丰富的可再生绿色能源，西部地区的能源问题不仅关系当地经济发展的潜力与后劲，也关系着能不能维系一个可持续发展的生态环境（李志伟，2010）。

风力发电作为到目前为止技术最成熟、效率最高的可再生能源，受到世界各国的普遍重视，从风机的制造控制到风电场并网，从学术研究到工业应用，风力发电已经形成完整的产业链条。新疆和内蒙古都具有极为丰富的风力资源（占全国的50%以上）（李志伟，2010）。内蒙古巴彦淖尔市电业局属于内蒙古西部地区，具有非常丰富的风力资源，多年以来，风力发电一直是内蒙古巴彦淖尔边远地区的重要发电补充。比如，牧区居民在很多年前就备有家用风力发电机，在电网还不能延伸到边远地区的时候，风力发电在某种程度上甚至可以说是某些牧区的主要发电形式。现在，风力发电在内蒙古地区得到了较大规模的利用，如内蒙古巴彦淖尔市后旗变电站附近就配有六家风力发电厂，这六家风力发电厂的电汇入变电站，由变电站统一输送。而且，针对牧区居民政府还推出了"户户通"的惠民政策，只要牧民有要求，就可以为每一户居民安装一台专用变压器，不计成本和线损，极大地方便了牧区居民用电（王强等，2013）。

太阳能是最原始的能源，具有资源充足、长寿，分布广泛、安全、清洁，技术可靠等优点（王强等，2013）。青海省农村太阳能光伏发电、被动式太阳能采暖房、太阳能采暖卫生室、太阳能采暖学校、太阳能日光节能温室、太阳能养殖暖棚、太阳灶等项目由点到面广泛开展。据初步统计，在青海省农村牧区推广太阳灶约13.4万台；太阳能户用小电源100多万台；太阳能光伏电站110余个（10—50千瓦）；日光节能温室约6万栋；太阳能牲畜暖棚近4万栋；太阳能被动式采暖房约12万户（含不规范建筑）；近期在部分地区进行太阳能热水器的推广，新建一些太阳能卫生室和太阳能教室。太阳灶、太阳能采暖房和沼气池属于生活型用能设施，每台太阳灶年可节能400公斤标煤，每栋被动式太阳能采暖房年可节能500—600公斤标煤（朱华，2008）。

农村沼气作为一种宝贵的再生能源，其在农村普及推广中的自身价值和作用，正是"节约型""友好型"效益的综合显现（杜宏来等，2007）。据初步统计，在青海省农村牧区推广沼气池约10万口。据调查，每口沼气池每年可为农户供气170—200天，使用沼气可使每户每年节约燃料开支480元；沼气池残渣作为有机肥可使每户每年少购化肥100公斤，可节约化肥开支200元（朱华，2008）。自2000年以来，陕西省分别在11个地（市），78个县（区），312个乡（镇），936个村（组）实施了农村沼气建设项目，建成以家庭为农牧生产单元的户用沼气池17.5万户，累计建设30.5万户；全省累计完成省柴节煤灶605万户，取得了明显的生态、经济和社会效益。陕西分为陕北、陕南和关中三块，区域特点十分明显，但在农村发展沼气建设普遍适宜。陕南秦巴山区，在推广沼气建设中侧重发展"三沼"综合利用，尤其在蚕业、渔业上空间大、用途广；关中注重把秸秆还田与沼气建设紧密结合，同时对大中型畜禽养殖场，大量的粪便无害化处理，有着广阔的发展前景；陕北地区，气温低、风沙大，生态环境相对脆弱，但由于在寒冷季节采用塑料薄膜弓棚覆盖技术，有效地解决了冬季不产气或少产气的问题，特别是针对这一地区农村居住分散，能源集中供应困难等实际，推广沼气建设技术，对于改善农村、农业生态环境意义更为重大（杜宏来等，2007）。近几年来，贵州省结合地区优势，在农村许多地方以沼气建设为纽带，联动种养业协调发展，形成了猪—沼—果（菜）、猪—沼—鱼等庭院生态农业模式，为建设改善村容村貌、提高农民生活质量创造了条件。如贵州省六盘水地区盘县现已经完成了八个沼气生态农业示范点建设：保田镇马鞍山"猪—沼—果"模式，板桥镇三榜子沼气池新池型建设示范模式，民主镇小白岩、猴跳石、大坪地和红果镇旧铺村的"猪—沼—粮（菜）"模式，大山镇嘎拉河"猪—沼—菜"模式，淤泥乡双龙柠"猪—沼—蒜"模式（张瑞雪，2006）。

农村水电是清洁、环保、廉价、可再生的战略资源，在促进经济社会可持续发展、保护和改善生态环境、解决"三农"问题等方面，具有不可替代的重大作用。四川素称"千河之省"，全省水能资源理论蕴藏量14479.25万千瓦，技术可开发量12020.29万千瓦。其中，农村水电技术可开发量3437万千瓦，居全国第一。特别是革命老区、盆周山区、贫困地区和少数民族聚居区，水电资源极为丰富，开发潜力巨大。

二、绿色生活用水节水

大部分西部地区而言，气候干旱，多风少雨，气候恶劣，水资源十分匮乏。久而久之造就了当地居民淳朴的节水意识，如有些地区院内多设地窖，且很多平房建成平顶或单坡较缓的硬山顶，当下雨时雨水会顺着屋面流进院里，经过土壤的层层过滤，最后沉淀在院内的地窖中，用来提供人们饮用水和生活用水。

在风水的角度上来讲，这样的构造形式也呼应了"财水不外流"之说。用过的废水还可以用来冲厕所或者浇灌种植的花草和菜地，使人们的日常生活很好地融入水资源的循环利用中（王笑菲，2016）。目前，室内节水、雨水收集技术很好地解决广大西部地区的农村用水困难问题（巨克军，2010）。

室内节水是通过使用节水型设备和器具，以实现节约水资源的一种重要途径。节水型器具是指与同类器具设备相比具有显著节水功能的用水器具设备或其他检测控制装置。节水型器具种类很多，主要包括龙头阀门类、淋浴器类、水位和水压控制类以及水装置设备类等。由于同一类节水器具和设备往往会采取不同的节水方法，而常用的节水器具和设备的种类繁多。除此之外，更重要的是要提高农民的节水意识，尽量将废水回用，如用鱼缸里换出的水浇花，用洗完菜的水拖地或浇地，用洗完衣服的水冲厕所。

雨水收集技术包括雨水收集系统、雨水收集场、雨水存储设施、雨水简易净化四方面。雨水收集系统是将雨水先收集存储起来，通过简易的净化处理后，向用户供给的系统，可以分为两种：一是室外使用系统，指用于满足室外需求（非饮用水）的系统，相对易于安装和管理；二是室内及室外混合使用系统（包括饮用水在内）用于满足全部家庭用水需求，这种系统的规模更大，过滤装置更加完善，管理也较复杂。

雨水收集场是指雨水收集的场地，一般分为屋面集水场、地面集水场两种。屋面集水收集利用系统是由屋顶集水面、集水槽、落水管、输水管、储水池（水窖或水箱）、净化装置和取水设备组成，集水屋面材料一般以瓦质和水泥为主，草皮、石棉、油漆、涂料屋顶等都不宜作为集水面。因西北地区的降雨量小，所以大部分的农村住宅都是平屋顶，雨水收集起来更加便捷。地面集水场是由庭院集水面、汇水沟渠、简易净化装置、水窖和取水设备等组成。在广大农村地区，村中有集体的晒谷场和自家庭院，都可以作为雨水收集的汇水面，而各家的庭院有着独立的雨水收集系统，为了保证集水效果，庭院内宜建成有一定坡度的汇水区，坡度不宜小于1∶200。庭院铺装地面和汇水渠都要做好防渗处理，最简单的方式是用黏土夯实，也可利用场院、道路或其他防水材料等，但应注意不能增加水的污染。

雨水存储设施包括了简易的水箱或水桶，雨水调节池和雨水窖。我国西北地区，常用的雨水窖以结构形式划分，有瓮式水窖、泥壁半球形水泥盖水窖、混凝土薄壁水窖等；以常用做法划分，有红胶泥水窖、二合土抹面水窖和混凝土薄壳水窖。收集到的雨水除了用于生活生产，还兼作为消防用水。根据西北大部分地区年降雨量为200—500mm进行推算，并结合一些成功经验得出：若每户修建两口 40m³ 的雨水窖，每口水窖一年可集水两次，则共蓄水 160m³，这些雨水基本能够满足一户人家全年的生活生产用水。

雨水的简易净化是雨水搜集的最后一个环节。初期的雨水汇集在屋顶表面时水质较好，经过简单的粗过滤池净化就可作为农业用水或绿化用水来使用，若作为生活用水还要往水窖中投药处理，净化后方可食用。地面集水式雨水收集系统收集到的雨水量比较大，但水质较差，要通过沉沙、沉淀、混凝、过滤和消毒处理后才能使用（陈明，2009）。

三、绿色消费

随着我国经济发展方式的转型与升级，绿色消费理念在我国得到广泛的传播。2001 年，中国消费者协会指出"绿色消费"包括消费内容、消费过程和消费观念三个层面的意义：一是在消费内容上，消费者应当选择零污染或对公众健康有益的绿色产品进行消费；二是在消费过程中，避免对垃圾的随意处置，以防造成环境污染；三是在消费观念上，引导消费者崇尚自然、追求健康的消费观念，最终实现人类的可持续消费（崔如波、王唯薇，2014）。

农村环境资源非常丰富，农村原本是最绿色的地方，是绿色之源。农民拥有的天然氧吧即使投入大量的资本也未必能够短时间建设出来，是大自然赐给我们的一笔巨大的财富，也是中国农村被忽略的财富和资本。进入耐用消费品时代，当大量的工业品涌入农村，农民绿色消费的传统受到严重冲击，"城市污染农村的水和地，农村污染城市的饭和菜"，消费问题成为农村环境危机的核心。当前，农村实行绿色消费的时机和条件正在逐步具备，新农村建设在环境保护方面绝不能发生"青蛙、油锅与水锅"的故事（黄侦，2009）。

在食品方面，20 世纪五六十年代大跃进和自然危害造成了我国的粮食危机，此后国家一直给予粮食的高度重视。1995 年中国基本迈入小康阶段，农村居民的收入已有了明显的好转。尽管与城镇居民相比，农村居民消费水平仍然偏低，消费结构变化缓慢，但是从纵向来看，农村居民的食品消费已由吃饱转向吃好，注重营养，膳食结构显著改善。特别是进入 21 世纪后，食品结构发生了根本性变化。高热量的谷类食物相对下降。高蛋白、高脂肪的动物食品相对增加，营养素比例日渐协调，营养状况明显改善，保证了农村居民的身心健康（黄倩云，2015）。

20 世纪 90 年代后，农村经济快速发展，村民的家庭收入不断提高，人们不再为最基本的衣食住行担忧，更多的是比较房屋及家电的好坏等。这种消费方向的转变表明了其消费观念正发生着变化，重生活消费意识开始增强（黄倩云，

2015)。随着经济发展的加快,城乡居民收入的稳步提高,家电下乡、以旧换新、汽车下乡等一系列拉动城乡消费政策效应的显现,新农村建设的扎实推进,城乡市场全面发展,家庭消费中的家电、汽车等耐用消费品推陈出新,节能、绿色和环保产品已经成为家庭耐用消费品的主要发展方向。

四川省召开绿色家电消费节新闻发布会,以"全球品质、焕新天府"为主题,通过回馈给用户创新性的新经典产品,为用户带来更高端、智能、科技的品质消费体验,实现用户品质生活升级。近年来,受到供给侧改革不断深入和国民消费能力持续增长的双重影响,品质消费呈现出快速增长之势,未来基于绿色环保理念的品质商品、品质服务、品质生活将成为消费结构升级的重要载体。加快绿色发展不仅需要供给侧结构性改革持续发力,同时也需要加强消费的促进。对此,顺应消费升级的趋势、大力促进绿色消费成为当前市场的重中之重。同时,作为协办方,海尔家电承诺将以"绿色、节能、健康、智能"的品质产品和优质服务,在为绿色消费起到积极示范作用的同时,推动全民生活方式驶入"品质时代"的发展轨道,为四川地区近亿用户提供一场高品质家电消费盛宴。

贵州省积极推进家电以旧换新活动,因为废旧家电中含有铅、镉、水银等重金属,通过以旧换新实现回收利用,是减少重金属污染的有效途径(张琳,2010)。贵州省遵循"手续简便、直接补贴、安全高效、节能环保"的原则,在有效扩大消费的同时,推动再生资源回收利用体系建设,促进循环经济发展。

近年来,内蒙古全力推动绿色消费模式,在《内蒙古自治区关于推进统一绿色产品标准、认证、标识体系的实施方案》中,明确到2020年,绿色产品标准、认证、标识在全社会普遍使用和采信,自治区绿色产品市场占有率稳步提升,绿色产品有效供给能力满足市场需求。在"十三五"规划中提到,倡导绿色消费引领模式。树立绿色消费理念,引导节约消费、适度消费,反对铺张浪费;倡导绿色生产生活方式,积极发展绿色建筑、绿色制造、绿色交通、绿色能源,支持呼和浩特市、通辽市新能源示范城市建设。鼓励消费者购买和使用节能环保产品、节能省地住宅,减少使用一次性用品;政府机构带头节约,建设节约型机关;强化政府绿色采购制度,严格执行强制或优先采购节能环保产品制度,提高政府采购中再生产品和再制造产品的比重。同时,伴随消费市场秩序进一步改善,服务消费、信息消费、绿色消费、健康消费和农村牧区消费潜力得到进一步释放,个性化、中高端消费增长较快,社会消费品零售总额增长11%左右。

四、绿色建筑

农村住宅建设是建设社会主义新农村宏伟目标和"生产发展、生活富裕、乡风文明、村容整洁、管理民主"中的重要一环（崔德芹，2010）。新农村绿色建筑是满足社会主义新农村建设要求的新型建筑，是促进农村经济发展、环境保护和居民生活水平等协调发展的主要内容。农村绿色建筑是指在新农村新建建筑及旧房改造建筑的全寿命周期内，最大限度的满足节能、节水、节材、节地、保护环境和减少污染的要求，为社会生产和农民百姓生活提供舒适、健康、高效和便利的农民居住空间，让农民百姓与自然环境和谐共生的建筑。新农村绿色建筑有以下几点特征：通过在新农村使用新能源让建筑用能多元化；通过使用地方材料或新材料提高围护结构各方面的指标；注重环境保护以减少环境污染；建筑因地制宜，将地方传统、习俗、文脉等与现代人居环境理念相结合，具备特色化、多样化和个性化的要求。而且，我国新农村发展绿色建筑，应该从中国农村的国情出发，遵循农民的意愿，有针对性地对农村建筑量体裁衣，而不是一味盲目跟风（崔新旭，2012）。

目前在农村绿色建筑设计与应用中相对比较广泛的方法，概括起来主要包括以下三个方面：一是建筑体型及围护结构绿色化，即对屋面、墙体、窗户等围护结构从保温、隔热、遮阳等方面入手进行改造；二是可利用可再生能源，即在建筑利用过程中可以使用太阳能、风能、地能等可再生能源，实现建筑用能多元化；三是设备系统绿色化，即满足农村居民对空调设备及系统、照明设备及系统，以及其他设备的满意度，并提高其能效比（崔德芹，2010）。

（一）建筑体型及围护结构绿色化

在秦巴山区，山地农村由于场地限制，传统民居"一"字形前场院落建筑布局占有很大的数量，这种形式民居平面简单基本，空间形体较为紧凑，占地较少，尤其在山区乡间，组织灵活，易于建造。传统民居建筑材料使用符合绿色循环原则，建造民居时从自然界中获取这些产自当地的石材、生土、木材等天然材料，使用后的木材和石料可以更新再利用，木材、夯土粉碎后还可撒入土中，进入自然的生态循环系统，而不会如现代的建筑垃圾会对自然环境带来很多的负面影响；同时传统民居建筑材料在制造使用时除耗费人工外，材料的输入输出均不会像现代建筑材料那样在制造、运输、使用过程中耗费大量能量，对自然环境造成破坏，避免能源的潜在浪费。传统民居生土墙体厚重，围护结构蓄热能力强，可以使室内温度变化更为平稳，冬暖夏凉。夏季白天可以吸收过多热量，减缓室内温度的升高，夜间通过室内通风将热量散失出去，来保证室内温度的适宜；冬季可以白天获得太阳能，将热量储存在墙体中，到室内温度低时，释放出来，减少对辅助热源的需要（高源等，2013）。

在甘肃省"村镇居住建筑节能综合配套技术研究"项目中，该项目吸收了甘肃省新型墙材的最新研究成果，因地制宜就地取材，结合甘肃农村地区不同情况，提出了18种外墙保温做法、3种屋面及3种地下保温做法以及相应的保温材料厚度参考值。首次结合甘肃农村实际对石灰麦草、石灰锯末、石灰秸秆、石灰玉米芯等保温材料进行了导热系数试验，对5种类型农村单层节能住宅进行热工性能计算和热工性能检测，并在榆中县进行了工程示范，为甘肃农村节能建筑采用夹心墙体结构提供了依据。

内蒙古地区的农村住宅经历了一个从具有鲜明区域特征的传统民居到砖瓦结构的转变过程。如内蒙古河套地区在20世纪80年代以前的农村住宅以土坯结构为主，墙体用干打垒、土坯或土坷垃（经人工裁取、晾晒干后，自然形成的茅草根和黏土粘连块）砌筑，外围护墙体厚500—600mm，内隔墙厚300—400mm，墙体表面抹草泥；80年代末的住宅多属于建筑下层为青砖、上层为土砖的腰线砖结构，上层墙体外表面抹白石灰砂浆，屋顶用檩条、椽子、苇帘片、穰泥等逐层构筑；90年代后，随着生活水平的提高，住宅以砖瓦房为主。农村住宅发展至今，砖瓦结构类型是农村新建住宅的主流。

（二）可利用可再生能源

在甘南合作师专、武威市凉州区，建起了不用烧煤的太阳能建筑。已在甘肃在内的西北农村推广了$1.5m \times 106m^2$该类型的太阳房建筑，这种太阳房是利用太阳的直接辐射功能，不需安装复杂的太阳能集热器，更不用循环动力设备，完全依靠建筑结构造成吸热、隔热、保温、通风等特性，可以使室内的温度提高到12℃左右，节约能源达到65%以上，来达到冬暖夏凉的目的（杨戈、赵介箴，2009）。

内蒙古地区属严寒地区，从西部地区的乌达到东部地区的根河镇，计算用采暖期分布在142—230天范围内，普遍采暖期长。内蒙古东部地区传统采暖方式以"火炕+火墙"为主，内蒙古中西部地区采暖方式多为火炉+火炕。新建的农村住宅普遍为"土暖气+火炕"的采暖方式。火炕是北方农村住宅中普遍使用的采暖设施，具有良好的蓄热性能。它可利用做饭的余热加热炕面，从而使室温升高，既解决了做饭热源问题，又解决了部分取暖用热，节省能源。目前，内蒙古大部分地区农牧民仍保留着晚上睡觉前，用秸秆等烧炕的习惯（尤其寒冷的冬夜），以保证深夜火炉、土暖气等熄火后卧室的温度，并在其周围形成一个舒适的微气候空间。有个别农村住宅采用地面辐射采暖系统，在供水管路上加装管道泵作为循环动力，铺设的管道环路按照卧室、客厅、厨房及其他辅助用房分区。使用过程中也人为的实行分区、分时供热调节，相比同类住宅可节约30%左右的采暖耗煤量，起到一定的节能效果（白叶飞等，2011）。

（三）设备系统绿色化

过去，农民只需要满足基本的生产生活需要，建筑功能基本上是以卧室、厨房及饲养牲畜的猪牛圈为主，而由于生产方式的转变，很多农民家庭的生活条件得到改善，现代生活方式逐渐进入他们的生活空间，现代化的电器设备等成为农民的新需求，推动了新农村绿色建筑的发展（张鸿、唐星明，2009）。

在中国农村地区推广高效环保照明技术，不仅受到了国家部委和各地政府的重视，也已经在社会公益组织的推动下迈出了探索与实践的步伐。2009年，由气候组织和壹基金携手发起的"千村计划"开始在乡村地区推广低碳清洁技术。一年以来，千村项目落户于重庆、成都和贵阳农村地区40个行政村，向村政府捐赠了太阳能LED路灯400多套，使得4万余村民受益。并针对乡村环境进行了相应产品的技术创新和改进，结合当地的日照条件和农村照明需求，为贵阳的示范乡村特别设计开发了能满足6个连续阴雨天的照明需求，并结合光控与时控的智能太阳能LED路灯，安装于贵阳辖区内的10个村寨中。太阳能LED路灯既不需要铺设额外的电缆，通过太阳能转化为电能照明的路灯也没有为村民增加电费负担；同时有效改善了寨内的室外照明质量，真正实现了低碳排放的环境效益与社会效益的共赢（杨霞，2010）。

（四）生活垃圾绿色处理

农村生活垃圾主要是指农村村民在日常生活中衣食住行所产生的固体废弃物或者是辅助日常生活的产品经过使用后所产生的固体废弃物（马文斌，2016）。根据农村生活垃圾的产生来源、组成原料以及呈现出来的特点，可以将农村生活垃圾分为农村生活有机垃圾和农村生活无机垃圾。农村生活有机垃圾主要包括：（1）食品垃圾，主要是指食品的果皮、厨房餐物剩余等。（2）纸类。（3）塑料、皮革以及橡胶制品等塑料类废弃物。（4）纺织类，如使用过的编织口袋等。（5）木制类，如农村建房过程中所产生的各种竹木废弃物。农村无机垃圾可以分为：（1）扫集物，如灰、土、砂砾等无机物质。（2）无机非金属材料类，如玻璃、水泥等。（3）金属类制品废弃物，指各种产品的金属外包装或者其他细碎的金属废弃物（单胜道等，2009）。

从应用技术上来看，考虑到农村生活垃圾的产生和物理特性以及农村地区的经济水平和技术条件等的限制，现有的处理技术主要包括卫生填埋法、焚烧法、堆肥法三种。

卫生填埋的原理是采取防渗、铺平、压实、覆盖等措施将生活垃圾埋入地下，经过长期的物理、化学和生物作用使其达到稳定状态，并对气体、渗沥液、蝇虫等进行治理，最终对填埋场封场覆盖，从而将垃圾产生的危害降到最低。卫生填埋技术工艺简单、管理方便、建设费用和处理成本较低，是一种适合经济发展落后、土地资源较丰富、生活垃圾无机含量高的地区的生活垃圾处理方式，在我国也是使用最多的一种垃圾处理方式。但是卫生填埋技术也有一定的局限性，它需要占用大量的土地，并且卫生填埋场的建设要求必须保证有充分的填埋容量和较长的使用期，且能保证不会受洪水、滑坡等的威胁。因此，在我国土地资源越来越紧张的情况下，垃圾卫生填埋的选址面临着很多的困难；另外生活垃圾中成分复杂，其中的大量的可回收物以及有毒有害物质一起被填埋，资源化程度较低，对处理场周围的环境造成威胁和破坏（姚步慧，2010）。

焚烧方式在生活垃圾处理中的运用历史已经很悠久了，但是一直到近几十年才出现了对产生的烟气、余热等进行控制的焚烧技术。焚烧处理是将收集的生活垃圾中的可燃成分投放于焚烧设备中，经过烘干、引燃、焚烧三个阶段后将其转化为残渣和气体（主要是 CO_2，SO_2 等）。其转化的灰渣一般可以做堆肥处理，同时在焚烧过程中产生的热量可以用于发电或者供暖。这一处理方式可以迅速有效地实现生活垃圾的减量化和无害化。焚烧技术在处理生活垃圾时具有以下一些优点：首先是能有效实现垃圾的减量化，在焚烧过程中生活垃圾的体积和重量显著减少；其次是可以很好实现垃圾的无害化处理，生活垃圾中的有害有毒物质在高温下氧化、热解从而被破坏；最后，垃圾的焚烧处理能产生潜在的大量热能，可用于发电或供暖，实现资源化利用。焚烧技术在应用中也受到很多因素的限制。第一，焚烧技术要求垃圾量应该保持在一定范围之上，生活垃圾的含水率不能太高，其中的可燃成分比较多，并且通常要求生活垃圾低位热值不低于5000KJ/kg时才可以焚烧，但是实际中生活垃圾的成分复杂，稳定性差，垃圾的产生量及成分组成都有变动性，不利于焚烧技术的运用。第二，焚烧技术处理生活垃圾会产生一定成分复杂的废气，其中含有有毒气体，需要有相应的技术治理，如果处理不好的话，很有可能造成生活垃圾的二次污染。因此，焚烧厂选址的时候比较困难，必须在远离居民的地方，而且周围不能有农作物，往往需要在比较偏僻的地区。第三，焚烧处理技术的设备费用和运行费用很高，需要较多的资金投入，且处理设施的操作比较复杂，要求有很高的技术水平。焚烧处理的这些限制因素使得其推广比较困难,长期以来在我国的应用相对较少,并且发展也比较缓慢(姚步慧,2010)。

堆肥技术是在一定的工艺条件下,利用自然界广泛分布的细菌、真菌等微生物对垃圾中的有机物进行发酵、降解使之变成稳定的有机质,并利用发酵过程产生的热量杀死有害微生物达到无害化处理的生物化学过程。当垃圾中有机物含量大于15%时,堆肥处理就可使垃圾达到无害化、减量化的目的(赵金才,2009)。垃圾堆肥处理,可以将其中的易腐有机物转化为土壤易接受的有机营养土,可以产生一定的堆肥物。这种堆肥物是具有一定肥效的土壤调节剂和改良剂,它的用途很广,既可以用作农田、果园、菜园、草场苗圃、庭院及景区绿化等种植肥料,也可以用来制作蘑菇盖面过滤材料、隔音板及纤维板等。其次生活垃圾中的有机成分,在适宜的温度、水分、碳氮比率及充足的氧气等条件下,通过高温发酵使有机物降解并杀灭其中的有害病菌,实现了垃圾无害化处理的要求,它不仅有效解决了生活垃圾的减量化问题,同时也解决了生活垃圾污染与无害化的问题。另外,堆肥处理技术要求的经济投入相对较少,操作比较简单,对技术要求低,而且对周围环境的污染较小。但是在堆肥处理中,也存在很多问题,主要表现为:堆肥主要是对垃圾中的有机物进行发酵,对不可腐烂的无机物无法处理,要求生活垃圾中有机物的含量高,堆肥处理的减量化程度较低;由于石块、金属、玻璃、塑料等物质无法被微生物分解,因此,在对垃圾进行堆肥处理之前需要对垃圾进行分拣;堆肥处理需要的周期长,占地面积大,而且卫生条件差;堆肥处理后产生的堆肥物肥效低、成本高,与化肥的销售相比,经济效益差(姚步慧,2010)。

(五)绿色出行

国家加大基础设施建设力度,特别是开始实施西部大开发战略,对西部地区的生态和基础设施建设给予重点倾斜,内蒙古的公路建设进入了历史最好的时期,随着公路里程、通达深度的提高,农村牧区道路运输得到快速发展。全区农村牧区的客货运输基本上解决了广大农牧民出行难和运货难的问题。经过改革开放多年的发展,内蒙古农村牧区道路运输市场从无到有,从小到大发展很快,在农村牧区经济发展中发挥着越来越重要的作用。不但方便了农牧民的出行,初步满足了农牧民探亲访友、购物、子女上学等基本出行需要,而且增加了农牧民收入,改善了农牧民的生产生活条件,促进了农村牧区与城镇的经济融合,加速了内蒙古城镇化的进程,为发展农村牧区经济作出了重要贡献(胡雅琴,2012)。

青海省地处青藏高原东北部,境内高山、河谷相间分布,地势险峻。近年来,青海省紧紧抓住西部大开发战略,道路里程飞速增长,2011—2016年的六年间累计完成交通运输固定资产投资1497亿元,公路交通承担了全省约85%的客运量和75%的货运量。据统计,截至2016年底,青海公路总里程达7.86万千米,其中,农村公路总里程达6.15万千米,约占总里程的78%。农村公路的快速扩张也给道路交通安全带来了挑战,农村交通基础设施不完善、隐患多、事故多、管理缺失以及交通参与者安全意识薄弱等问题突出,农村牧区交通安全形势严峻。面对挑战,青海省公安厅交警总队主动出击,迎难而上,积极争取政府支持,省政府办公厅下发了《关于加强农村牧区道路交通安全工作的意见》,部署在全省进一步加强和改进农村牧区道路交通安全工作。青海省各级交管部门充分发挥主力军作用,强化部门协作,落实工作责任,建立完善农村牧区道路交通安全管理体制和工作机制,切实解决农村道路交通安全失控漏管的问题,不断提高广大农牧民群众幸福生活指数。

陕西省农村公路发展的目标和主要任务是:2011—2020年,与农村全面建设小康社会目标相适应,以完善路网、优化结构、提升通行服务保障水平为重点,计划改造县乡公路4.5万千米,改建村公路5万千米。全省农村公路总里程达到12.5万千米,其中县乡公路6.5万千米,村公路6万千米,形成以县道为骨干、乡村道为基础的布局完善、结构合理、安全可靠、服务良好的农村公路网,并做到有路必养、路通车通,使农村公路交通条件根本改善,基本实现农村公路网络化、等级化、舒适化和规范化。完善行政村"村村通"工程,着力推进自然村之间路网建设,实施村庄内部道路硬化,解决农村生产生活道路不畅问题。到2020年,确保具备条件的行政村通沥青水泥路,基本实现村内道路全部硬化。并且要求各地要按照"先重后轻、先急后缓"和"控制增量、减少存量"的原则,加快推进农村道路生命防护工程建设,先行完成农村道路客车、校车通行路段,旅游线路和临水、临崖路段的生命防护工程建设,不断改善农村道路通行条件。2016年完成5000千米农村道路生命防护工程建设任务;从2017年开始,每年完成不少于6000千米的建设任务,力争到2025年末全面完成全省农村道路隐患路段的治理任务。

甘肃省"十二五"时期,全省公路建设累计完成固定资产投资约2300亿元,约为"十一五"时期投资的3倍,5年新增公路里程2.12万千米,全省公路总里程达到14.01万千米,公路网密度达到32.75千米/百平方千米,提前实现所有市州政府驻地以高速公路贯通、所有县市区政府驻地以二级及以上公路贯通,所有乡镇以沥青(水泥)路贯通。农村公路通畅工程成效显著,5年新增农村公路1.94万千米，实施乡镇通畅工程1936千米，建成建制村通畅工程4.2万千米，解决了7083个建制村不通沥青（水泥）路的问题，建制村通畅率达到82%。公路客货运输站场建设积极推进，新建成国家级公路枢纽项目7个、省级公路枢纽项目5个、区域级公路枢纽项目36个、乡镇汽车站436个、建制村停靠站点6479个。并且绿色交通建设初显成效。兰州市被交通运输部列入绿色交通建设城市，机动车"油改气"、推广乳化沥青等改性沥青材料、应用冷拌温拌技术及沥青混凝土拌和站重油改等先进技术得到大力推广，实施了公路隧道照明LED改造，推动外场监控点采用太阳能、风光互补供电方式。交通环境监测工作逐步开展，启动建设了甘肃省交通环境监测中心站。实施了"黄土半干旱地区公路绿化技术试验示范研究"等一批科研项目。此外，甘肃省将农村公路建设和农村运输发展与精准扶贫、富民产业发展等紧密结合，建成乡镇通畅工程1936千米、建制村通畅工程4.2万千米，解决了51个乡镇、7083个建制村不通沥青（水泥）路的问题，加大农村公路危桥改造和安保工程建设力度，农民群众出行条件明显改善。

贵州省为加快推进全省"四在农家·美丽乡村"小康路行动计划和全省县乡公路改造三年攻坚行动，努力构建农村公路网络，促进建管养运一体化发展，从2015年9月起，在全省开展农村公路建设三年会战，总体目标是到2017年，全省农村公路里程达16.2万千米，其中县道3.4万千米、乡道4.6万千米、村道7.2万千米、撤并建制村通组路1万千米，实现4个"100%"目标。2015—2017年共计投资400亿元，确保2017年全面实现"村村通沥青（水泥）路、村村通客运"目标，力争提前实现"十三五"农村公路规划目标，为全面建成小康社会提供强有力的交通运输保障。截至2017年6月底，全省村民组通硬化路率仅为68.9%。为充分发挥交通在脱贫攻坚中的支撑性作用，不断提升广大群众的获得感，省政府决定从2017年8月起，在全省开展农村"组组通"公路三年大决战。2017—2019年，共投资388亿元，对39110个30户以上具备条件的村民组实施9.7万千米通组公路硬化建设（其中，14个深度贫困县、20个极贫乡镇、2760个深度贫困村共3.3万千米），实现通组公路由"通不了"向"通得了""通得好"转变，全面提高农村公路通畅率，切实提升农村群众出行质量。

第三节 本章小结

总体而言,我国西部地区农村绿色生活发展势头良好,成果显著。西部各省根据其自然禀赋,开发利用风能、太阳能、沼气、水电等多样化绿色能源,逐步替代传统的燃料,实现生活用能绿色化。室内节水与雨水收集技术双管齐下,有力解决广大西部地区用水难的问题,实现生活用水节水绿色化。从消费内容、消费过程、消费观念上,西部地区农村正在转变以往的消费理念与习惯,迈向生活消费绿色化。结合地方传统、习俗、文脉等,综合考虑建筑体型及围护结构、建筑能源使用、家用设备系统等方面,对传统建筑进行改良,实现建筑绿色化。通过应用卫生填埋法、焚烧法、堆肥法等技术,对农村生活垃圾进行减量化和无害化处理,保持村容整洁,实现生活垃圾处理绿色化。通过加大对农村道路运输的投资与建设,从加强公路硬化、增加客运线、提高通车率与公路密度、注重道路养护等方面,提升农村群众出行质量,实现出行绿色化。然而,绿色生活的进一步开展需要一套行之有效的长效机制,以促使西部农村逐步养成践行绿色化生活方式的行为习惯。

一、加强教育与引导,强化农村居民绿色生活意识

考虑到我国西部农村地区教育水平落后,人口老龄化较为严重,大多数农民对新鲜事物的接受能力较差,因此需要充分运用报刊、广播电视、互联网、广告、手机等多种传统与现代传媒的载体,进行多方面、多形式、多内容的宣传教育工作,同时在宣传教育中要用农民群众易于接受的语言、形式潜移默化地使之自我内化,逐渐让更广泛的农民产生绿色生活的意识与自觉,掌握必要的科学技术与生态文化知识来践行绿色生活。

二、做好顶层设计,完善绿色生活政策与法律保障

绿色生活相关制度和机制不健全成为绿色发展面临的障碍之一。当前西部地区绿色发展仍缺乏一个统筹区域整体绿色发展的战略规划,缺乏明确的目标、策略引领西部地区绿色发展,战略规划的缺失使得西部地区各省区之间各自为战缺乏协同互动,各区域、各层次、各领域不能实现协调和统一。因此,必须做好顶层设计,多层次、多角度完善绿色生活政策与法律。在国家绿色发展规划的基础上,充分结合西部地区经济社会发展状况、民族文化、生态安全地位、

贫困问题等实际情况，因地制宜，制定西部地区农村绿色生活规划，科学统一规划西部地区农村绿色生活，明确西部地区农村绿色生活的目标、原则、重点、路径、对策等。

三、构建激励与惩罚机制，加大资金、政策与技术投入

只有把节约资源、保护环境与自身利益相连时，绿色生活方式才会逐步形成。因此，有必要通过激励机制促进农民自觉地践行绿色化生活方式，通过惩罚机制制约农民的非绿色行为。如对农民的绿色生活行为进行精神和物质奖励。同时，对其非绿色生活方式进行约束，最终是要促进和激发西部农民自觉践行绿色化生活方式的内在意识。同时绿色生活需要支付较高的成本，因此西部欠发达地区应多途径、多层次、多手段筹集建设资金，制定并完善绿色发展相关的优惠政策，指引和支持民间投资绿色发展项目，加大资金与政策投入，并实行严格审计监督，做到专款专用，防止挪用滥用。此外，强化绿色发展的科技支撑，加强企业与科研院所和高校的合作，推动产学研的密切联系与科技水平的提升，加快转化科技成果，提升西部农村绿色生活的质量。

第七章

西部地区绿色发展模式探索

第一节 市域区域层面的绿色发展模式

一、内蒙古鄂尔多斯城市治理模式

（一）模式介绍

鄂尔多斯市作为一座资源型城市，煤炭探明储量2017亿吨，占全国的六分之一，远景储量1万亿吨以上。已探明高岭土储量65亿吨，占全国的二分之一，量大质优。探明天然气储量4.4万亿立方米，约占全国的三分之一，是国家西气东输工程重要气源地。

在实现经济快速发展的道路上，鄂尔多斯曾经一度以高排放、高耗能为代价背上沉重的污染包袱，让环境不堪重负，难以为继。被誉为"地球癌症"的砒砂岩裸露区和干旱硬梁区占总面积的48%，年降水量150—300毫米，年蒸发量达2000—3000毫米。"先天不足"的生态状况，不仅制约了经济社会发展，而且严重威胁着京、津、冀及周边地区的生态安全。

如何实现工业发展与绿色环保并驾齐驱？十年前，鄂尔多斯就下了壮士断腕的决心，本着"生态建设是最大的基本建设"的可持续发展理念，打响了一场提高地方煤矿资源回采率三年攻坚战。

"反弹琵琶，逆向拉动"，是鄂尔多斯生态建设的创新之举，它使生态建设和经济发展相融合，绿了荒漠，富了百姓。

坚持"生态建设产业化、产业发展生态化"的发展思路，在大力开展生态建设的同时，延长林沙产业链条，促进林沙产业发展，形成了"五化"（林板一体化、林纸一体化、林饲一体化、林能一体化、林景一体化）、"三品"（饮品、药品、化妆品）的总体格局，初步构建起以人造板、造纸、生物质发电、饲料、饮食品、药品、化妆品加工和生态旅游为主的林业产业体系。建成林沙产业原料林基地2900万亩，建成规模以上林沙企业20家，建成恩格贝、七星湖等一批生态旅游景区。林沙产业的发展实现了生态生计兼顾、治沙致富共赢。2016年，鄂尔多斯市林沙业总产值达44.5亿元，农牧民来自林沙产业的人均纯收入达2700元。

（二）模式特点

1. 兼顾生态性和经济性

鄂尔多斯运用产业化的理念治沙，在"生态治沙、生态绿沙和生态富沙"的可持续发展之路上弯道超车，走出了一条新型生态建设和产业化发展之路，创造了沙漠地区的"绿色发展样本"。而文化旅游产业融合发展，又推动响沙湾、恩格贝、七星湖等多个景区成为经济发展和百姓致富的新路径（彭日东、刘畅，2017）。鄂尔多斯在绿色发展的道路上坚持严进严控。让工业化思维进入生态领域，实现美丽与发展双赢。严格落实顶层设计，建立起资源开发与环境保护最严门槛监管机制，用制度红线守住了绿色底线，并严格推进节能减排和环境综合整治。与此同时，鄂尔多斯充分利用国际、国内"两种资金、两个技术"，坚持"引进来、走出去"模式，作为荒漠化防治的有效补充。

2. 循环性

沙产业的发展是在生态经济理论指导下的一个新兴产业。随着科学技术的发展，工作一开始，人们都探求从无害化转向减量化和资源化，这实际是在更广泛的社会范围或在消费过程中和消费后各个层次上组织物质、能源的循环。按照资源闭路循环和避免废物产生的思想，来经营和管理企业生产。内蒙古东达蒙古王集团沙产业发展是这一理论实践者和受益者之一。东达蒙古王集团地处鄂尔多斯市，库布齐沙漠的边缘。始建于1996年，最早从事羊绒加工，近年来积极投入沙产业开发，实施"林纸一体化"战略，大规模地植沙柳，利用沙柳为原料发展造纸业，利用沙柳副产品进行舍饲养羊、养牛，发展畜牧业，取得明显成效。按照生态工业园区的新概念，运用循环经济的思想，企业之间形成在共生的层次上物质的能源循环。达拉特电厂的冷凝水过去强排黄河，每年还要花万元污水处理费。现在改为造纸用水，将废水变为回收利用的好水，该集团还投入多万元建立"两所一基地"，即沙漠治理和高产绒山羊研究所以及生态建设基地，为万亩沙柳种植积累经验（白一丁，2011）。

3. 低碳性

鉴于鄂尔多斯市是以煤为主的经济结构，这就在很大程度上决定了鄂尔多斯市经济发展具有碳关联度高、能源生产和消费含碳高的高碳产业特征。从产业结构方面来讲，煤炭产业在全市工业结构中占相当大的比重，对全市地区生产总值贡献率在60%以上，火电装机在全市装机容量中的比重过高，占全市装机容量的96%。可以看出，鄂尔多斯市的产业结构具有明显的高碳排放的特征（彭日东、刘畅，2011）。从工业产品结构方面来看，工业产品大多以煤炭为原材料，深加工程度较低，产品附加值不高，能源消耗量大，环境污染严重，二氧化碳等气体排放较大。从能源的生产和消费方面来看，煤炭在能源生产和消费总量中占有绝大比例，而石油、天然气、水能、风能、太阳能等低碳或无碳能源的占比不足，导致鄂尔多斯市能源生产和消费的含碳水平高（刘爱东等，2016）。

（三）模式形成

鄂尔多斯市委、市政府重视生态建设。20世纪50年代"禁止开荒，保护牧场"，60年代"种树种草"，70年代"农林水综合治理"，80—90年代"植被建设是最大的基本建设"，生态建设的脚步一直没有停歇。然而，由于生产力水平的制约和认识水平的局限，鄂尔多斯无法从根本上摆脱"恶化—治理—再恶化—再治理"的怪圈。艰辛的探索，深刻的反思，让鄂尔多斯摸索到了生态建设良性循环的入口。2000年，当时的伊克昭盟委盟行署（2001国务院批准撤销伊克昭盟，设鄂尔多斯市）召开了一个具有标志性意义的会议——伊克昭盟农村牧区工作会议，鄂尔多斯生态建设史翻开崭新一页。

先后实施了退耕还林、天然林保护、三北防护林、退牧还草等一批国家生态重点工程，形成了国家重点工程和地方林业生态工程双轮驱动，个体、集体、国家一齐上的新局面。2005年以来，地方财政累计投入资金100多亿元，相继启动实施了"六区"（城区、园区、景区、通道区、生态移民、新农村新牧区）绿化、"四个百万亩"（百万亩油松、樟子松、沙棘、山杏）、碳汇造林、城市核心区百万亩防护林生态圈和"四带工程"（沿黄河绿化风光带、环城区城镇绿化带、沿路沿线绿化带以及毛乌素沙地和库布齐沙漠绿化带）等地方林业重点工程，大力推进重点区域绿化工程，完成高标准造林600多万亩（张晓艳，2017）。

1984年，钱学森院士曾提出"沙产业就是一种在干旱半干旱的生态环境恶劣的地区利用先进技术发展的知识密集型农业"，鄂尔多斯俨然成为沙产业理论的实验之地、转化之地和示范之地，这为鄂尔多斯发展新型产业提供了良好的机遇。鄂尔多斯市发展沙产业有很多优势，受气候和地形影响，这里适合诸多富含药用价值的生物生长，也有着诸多具有特性的适宜开发的植物存在，并且沙漠地区更有丰富的太阳能、风能等资源，不仅如此，沙漠特别的风景也为发展旅游业奠定了基础。经过多年的实践探索，鄂尔多斯的沙产业已经取到了巨大成就。鄂尔多斯市在近年来的沙产业发展上取得了长足进展，该市立足于地区特点和灌木资源优势，以产业化的发展思路指导生态建设，全力构建沙产业基地，着力培育龙头企业，建立了沙产业发展的服务体系和有效机制，极大促进了沙产业的快速发展，初步形成了以人造板、造纸、饲料、饮食品、药品、化妆品加工和生态旅游为主的沙产业体系。同时，加大了品牌培育力度实施品牌经营战略。对具有一定生产规模的林沙产品积极注册商标，具有明显区域特色的林沙产品积极申报名牌产品，提高了林沙产品商品率和市场占有率。通过扩建原料林基地来推动和激励企业治沙，形成了治沙造林与林沙产业发展的互动（胡耀军，2012）。

鄂尔多斯市本着生态优先、林产兼顾的原则，对产业原料林进行了全力构筑。一是按照全市"三区"规划，将原料林建设任务重点安排到禁止开发区和限制开发区，将国家重点工程项目向基地建设倾斜。二是继续扩大沙柳、柠条、羊柴、沙棘原料林基地规模，大力开展山杏、梭梭、红枣、葡萄等经济林基地建设。三是积极引导林产品加工企业建设自有原料林，以增强抵御市场风险能力。截至2015年底，全市共建成原料林2209.4万亩，其中沙柳628万亩、柠条1005万亩、羊柴465万亩、沙棘59万亩、山杏41万亩、梭梭7.5万亩、红枣1.9万亩、葡萄2万亩。

（四）模式评价

鄂尔多斯是典型的资源型城市，又是典型的能源开采与消耗城市。在当前倡导低碳经济和转变经济发展方式的时代背景下，鄂尔多斯市绿色发展模式对于很多资源型城市有着特殊的借鉴意义。

1. 低碳型发展

资源型城市长期依赖的传统优势产业是资源消耗大、环境污染严重的能源、原材料等重化工业，其中以不可再生自然资源为主，再加上资源型城市发展方式粗放，资源利用率低、产业链短、能耗大、附加值不高、环境污染严重、经济和能源结构的"高碳"特征十分突出。低碳经济表现为生产的低消耗、低污染、资源的高利用率和高循环率，使原材料等资源在生产中能得到充分利用，使大多数污染物内化于生产过程,提高资源的综合利用水平,把经济活动对自然资源的需求和生态环境的影响降低到最小程度,有效地解决了经济发展与环境保护的突出矛盾。因此,资源型城市发展低碳经济能够促进能源结构调整、工业产业结构调整和消费结构的调整及优化。不仅如此,资源型城市发展低碳经济能延长产业链、提高产品利用率,以最小的资源代价换取最大的经济效益,从而缓解资源供需矛盾,推进资源优势向经济优势转化。

2. 沙产业规模化

鄂尔多斯素有"灌木王国"的美誉,得天独厚的灌木林优势为沙产业发展奠定了物质基础。20世纪90年代初东胜市漫赖刨花板厂的设立,标志着鄂尔多斯市沙产业的开始。经历了生产规模从小到大、产业链条从短到长、产品附加值从无到有、市场从内到外的过程,现在已经形成了集合造纸、人造板生产、饲料加工、生物质发电、药品、饮品、化妆品研发和沙漠旅游多种产业模式的林沙产业体系(梁文英,2014)。截至2016年底,全市林业总产值达到了44.5亿元,带动农牧民12万多人,农牧民来自林业的人均纯收入达到2700元,占当年农牧民人均可支配收入的20%[①]。具体变化见图7-1。

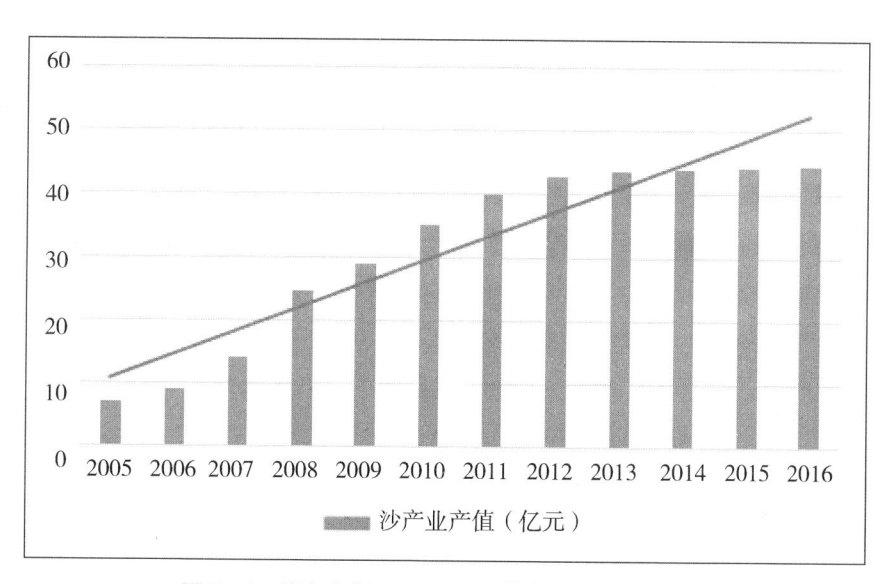

图7-1 鄂尔多斯2005—2016茶产业产值变化情况

数据来源:鄂尔多斯林业网和内蒙古自治区政府相关资料。

---

① 鄂尔多斯治沙:从博弈到共舞[N].鄂尔多斯日报,2017-09-08.

鄂尔多斯市依托林业生态重点工程建设，积极推广"农户+基地+龙头企业"的林沙产业发展模式，培育壮大林沙产业，逆向拉动生态建设，促进农牧民增收致富。截至 2016 年底，全市已建成自治区级林业产业化重点龙头企业 14 家，国家林业产业龙头企业 2 家，总资产 20 亿元，总产值 5.6 亿元，实现销售收入 5.2 亿元，分别占全市林沙企业总资产、总产值和总收入的 87%、81% 和 80%。全市林沙企业年生产人造板 2.6 万立方米，杏仁露 1.4 万吨，沙棘饮料 0.41 万吨，沙棘酱油醋 0.2 万吨，沙棘油、黄酮、原花青素等 0.013 万吨，螺旋藻 0.19 万吨，鹿产品酒 0.001 万吨，生物质发电 3.03 亿度，柠条饲料 1.47 万吨，带动农牧民每人年均增收 3800 多元。

目前，鄂尔多斯已有大批沙产业企业涌现，主要的绿色龙头企业有亿利资源集团、毛乌素生物质热电厂以及鄂尔多斯市宏业生态产业发展有限公司等。

二、内蒙古恩格贝生态示范区建设模式

（一）模式介绍

恩格贝生态示范区位于内蒙古自治区鄂尔多斯市达拉特旗原乌兰乡境内，地处库布奇沙漠中段，北靠黄河，居"呼—包—鄂金三角"区域。曾经是一个沙害、洪害、黄害（泥沙涌入黄河）相当严重的地区，但如今已是一个绿树成荫、花草遍地、库水清澈、果实飘香的国家级生态示范区和 4A 级景区，一个以沙产业、旅游业泽被一方的国家级农业循环经济示范区、农业生态旅游示范点和自治区级文化产业示范基地。园区总面积 30 万亩，其中植被覆盖率达到 70% 以上。2012 年，恩格贝被评为"中国生物多样性保护与绿色发展示范基地"，其高科技沙生植物园的面积达 78.7 公顷，具备了观光旅游、科研科普、示范推广、植物展示等功能；中国科学院与鄂尔多斯市政府共同打造的芳香园第一期工程，占地约 33.3 公顷，有薰衣草、猫薄荷、阔叶柏等 20 多个品种；在其 120 多栋日光温室里，创意化种植了 50 多种果蔬；在其沙漠特色动物园，圈养或散养了鸵鸟、孔雀、驼羊、鹿、狼、狐狸等，并发展了与动物相关的观光、娱乐、工艺品制售等产业。恩格贝文化产业与沙产业的融合发展，对我国荒漠化地区的经济、文化和生态建设，以及对类似的产业融合，都具有普遍的借鉴意义和参考价值。

（二）模式形成

近年来，恩格贝生态示范区按照"沙产业、新能源"的科学发展思路，积极与中国科学院合作，采取"多采光，少用水，新技术，高效益"的路线，将

沙产业放在低碳经济、人员安全、食品安全、粮食安全等几个大的事业上，集中资金、技术、人才等要素，不仅在提升恩格贝生态示范区的经营理念和科学定位上给予高度重视，而且在发展模式和沙漠产业化项目建设上加大、加快了扶持力度，全面推进低碳经济和循环产业发展，走沙产业和新能源协同发展的路子，形成了经济、沙产业和新能源为主的绿色发展模式（图7-2）。

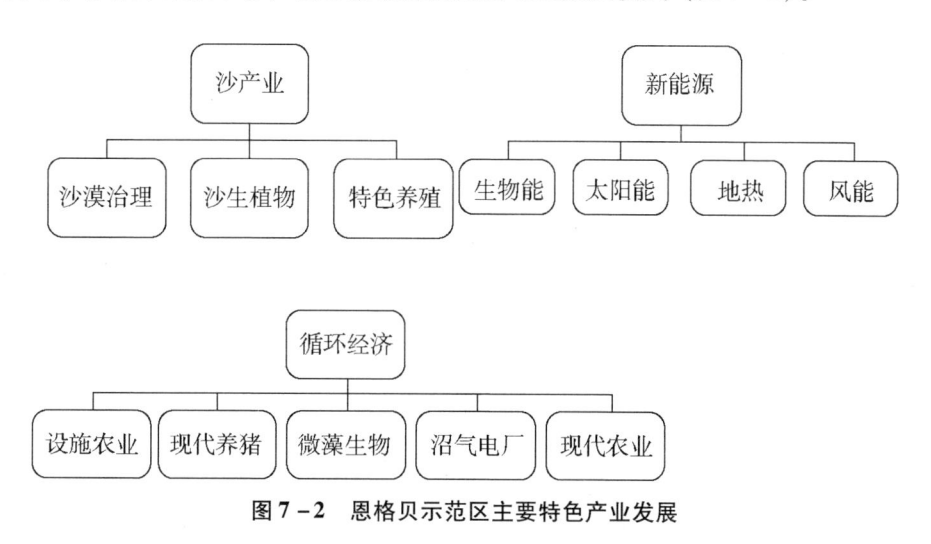

图7-2 恩格贝示范区主要特色产业发展

恩格贝地处中国八大沙漠之一的库布奇沙漠中段，按照构筑"沙产业、新能源"的发展思路，在恩格贝示范区积极推进与中国科学院合作，采取"多采光、少用水、新科技、高效益"的路线，积极开发利用太阳能、地热能和沼气能等新能源。

恩格贝已初步建成生态农业园、香草园、高科技沙生植物园等园区。在此基础上，可将这些园区整合为资源共享、功能互补的创意沙产业园，以更好地实现文化产业与沙产业的融合发展。根据不同区块的状况以及产业融合发展的要求，恩格贝创意沙产业园的产业融合结构可由图7-3表示。

（三）模式特点

1. 生态性

通过太阳能、风能、地热、生物能的综合利用，大力推进阳光农业、藻类产业、转基因技术等产业的发展，把"沙产业、新能源"的理念具体化，把恩格贝示范、探索、引领和教育的作用充分体现出来，将恩格贝打造成为世界沙漠生态循环经济示范园、中国沙漠文化世博会。

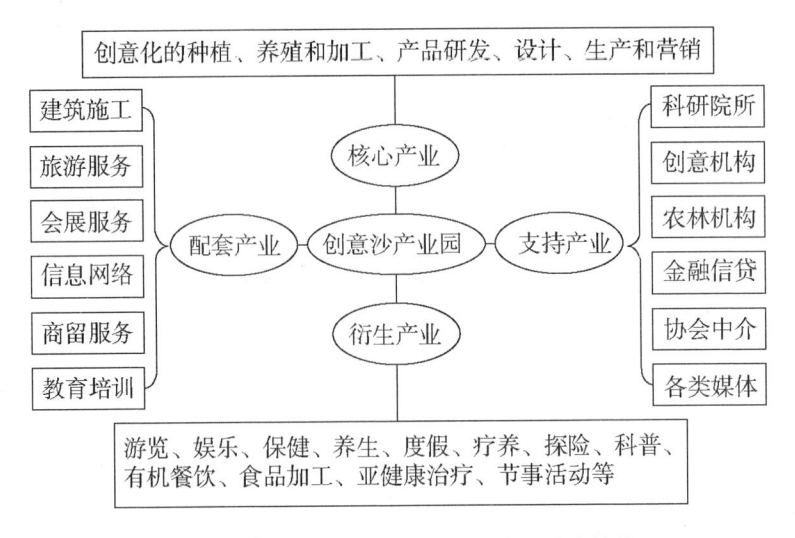

图7-3 恩格贝创意沙产业园的产业融合结构

2. 低碳性

2009年，恩格贝按照构筑"沙产业、新能源"的发展思路，积极与中国科学院合作，集中资金、技术、人才等要素，不仅在提升恩格贝生态示范区经营理念和科学定位上给予了高度重视，而与此同时，恩格贝示范区依托中科院节水农业技术、沼气技术、生猪养殖技术、航天种子工程为支撑，整体上形成一套变废为宝、低耗无碳、生产环节消碳、资源无浪费的阳光农业循环经济体系（郁建军，2011）。

（四）模式评价

1. 优势

文化产业与沙产业相融合，对于当地的发展有着巨大的意义。首先是在优化区域产业结构上，可以转变沙产业的经营管理模式和发展路径，形成新的业态、增长极和动力源，推出新的产品和服务；其次是在带动当地GDP上，有利于发展异地消费型产业，有利于区域的文化资源向产业资源和品牌资源转化（王光文，2013）。

（1）有利于提高区域经济增长的质量

文化产业是发展前景极好的"朝阳产业"之一，具有低消耗、高回报、强带动等特点，以及刺激社会消费、转变增长方式、优化产业结构等功效。对恩格贝而言，文化产业与沙产业的融合发展，是以生态建设为基础，以特色文化为内涵，以多样灵活的产业形态为表现，优化区域产业结构，转变沙产业的经营管理模式和发展路径,形成新的业态、增长极和动力源,推出新的产品和服务,实现品牌、产品和服务的增值,并能更加有效地向社会传播低碳、低耗、节能、健康、人与自然和谐相处的理念。

(2) 有利于发展异地消费型产业

恩格贝自2007年提出"打造内蒙古乃至国内一流的农业生态旅游示范区"的构想之后,先后开发了沙漠绿洲观光、沙漠生态农业观光、沙漠娱乐、水上娱乐、沙漠科学馆、采摘体验、动物观赏、植树游等项目。创意和科技大力发展异地消费型产业。对恩格贝而言,异地消费型产业既能保证常年的产出和收益,又能减少单一发展旅游业的局限。

根据产业优势、文化优势和发展方向分析,内蒙古恩格贝生态示范区文化产业与沙产业融合发展的定位主要是休闲沙产业、创意沙产业和其他关联产业。

(3) 有利于区域的文化资源向产业资源和品牌资源转化

恩格贝的区域文化资源,在文化地理层面可分为沙漠文化、草原文化、河套文化、园区文化等。这些文化交融于恩格贝的沙漠治理和资源开发利用事业中,形成了以"不畏艰辛、志愿奉献、凝心聚力、福泽后世"精神为核心的恩格贝文化。

2. 局限性

旅游业在很大程度上受到自然地理条件和生态环境条件的限制。恩格贝在自然地理方面,冬季漫长且时常冰雪封路,干旱少雨且3—5月风沙较多;在旅游市场方面,人口总量较少,本地市场规模有限,与国内重点市场距离较远,游客的时间和交通成本较大;在生态保护方面,生态安全阈值较低,脆弱的生态环境难以承载超量游客。

三、甘肃石羊河流域绿色农业循环模式

(一) 模式简介

石羊河流域是西北荒漠生态区水资源开发强度高、供需矛盾突出、生态恶化严重的地区。针对石羊河流域绿洲灌区光热资源丰富、干旱缺水的自然条件和水资源依赖性农业特点,抓紧目前农牧业生产中存在的亟待解决的问题。通过对石羊河流域玉米、小麦两大主栽作物节水栽培、秸秆饲料化和资源化利用、牛肉健康养殖、废弃物综合利用、农畜产品生产全程质量监控等技术的推广应用,试验研究构建节水高效、种养结合、大田设施配套、资源循环利用、清洁生产、物质能量平衡的绿色农业发展模式(杨帆、阎婧,2008)。石羊河流域特

色农业发展的总趋势可概括为以节水型农业为先导,在巩固传统特色农业的基础上,突出发展日光温室种植产业。因此,发展日光温室特色农业是今后石羊河流域农业发展的重中之重。

(二) 模式形成

石羊河流域特色农业发展形成了如下三种特色模式:一是"玉米—养牛—沼—肥"种养结合型模式,即农田种植玉米,玉米秸秆养牛,牛粪生产沼气,沼液、沼渣还田肥地的循环农业模式。通过玉米抗旱良种和节水高效栽培技术的推广应用,提高产量和水分利用率,发展玉米产业;对产生的大量玉米秸秆青贮发酵,提高秸秆消化利用率和采食率,促进肉牛生长。另一种是"小麦—菇—肥—果(葡萄)"——大田设施配套型模式,即指农田种植小麦,利用小麦秸秆和牛粪生产双孢菇,双孢菇培养基废料还田肥地的循环农业模式。第三种则是"牛—沼/蚯蚓—肥/饲料"小型养殖绿色农业循环模式是指充分利用小型养牛场奶(肉)牛生产所产生的废弃物牛粪,将其作为生产沼气或养殖蚯蚓的原料,所产沼气用于牛奶消毒、牛舍取暖和职工生活,蚯蚓作为高蛋白饲料喂牛,副产品沼液渣作为优质冲施肥还田。

(三) 模式特点

1. 可持续性

"玉米—养牛—沼—肥"种养结合型模式以沼气为纽带,使种植业和养殖业紧密结合。利用牛粪或人畜粪便生产沼气,用于农户照明、取暖、烧水、做饭等,改善农村居住环境和农村生活条件,节省农村能源;沼液、沼渣是无公害农产品生产的优质肥料,可提高作物产量和改良土壤,降低生产成本,减少农业面源污染。同时,该模式在努力提高农业经济效益的同时,更加注重农业自然资源的持续利用和废弃物的资源化利用、农村生态环境和农民生活条件的改善,追求社会、经济、生态综合效益的稳步提高。

"小麦—菇—肥—果(葡萄)"大田设施配套型模式通过种植抗旱良种、采用节水高效栽培方式,减少灌水定额,提高产量和水分利用率;利用小麦草和牛粪生产双孢菇,可以缓解当前随双孢菇生产规模的过大导致小麦秸秆的不足。

"牛—沼/蚯蚓—肥/饲料"小型养殖绿色农业循环模式以沼气生产和蚯蚓养殖为纽带,将牛粪的资源化利用和牛的养殖有机连接起来,获得高蛋白饲料和优质有机肥,延长养殖产业链,清洁养殖场环境,投资小、效益高。

2. 低碳节能性

石羊河流域把日光温室产业培育成为主导产业，通过发展日光温室，压缩高耗水、低效益作物种植面积，扩大用水少、效益高的经济作物种植面积，压缩传统农业，发展阳光产业，提高单位面积和单方水的效益，突出发展以日光温室为主的高效节水农业。按照区域化布局、标准化生产、规模化发展的要求，大力发展以保护耕地为主的精细蔬菜，尤其要大力发展以日光温室为主的反季节蔬菜，打好"季节、规模、质量"三张牌，实现"农业农场化，农民员工化，生产标准化，产品国际化"的特色农业新局面。

（四）模式借鉴

石羊河流域在水资源紧缺的条件下选择循环节水农业是发展特色农业的明智选择。以水定种植规模，以水调经济结构，以水促产业发展是缺水型地区发展的必由之路。石羊河流域的成功发展为西部水资源稀缺地区的农业发展提供了良好的范本。要因地制宜地发展适合不同区位特点的节水农业技术集成模式，在生物节水技术、非传统水资源开发技术、精量控制用水管理技术、节水产品产业化开发等方面实现重点突破和发展（胡志桥等，2011）。

此外，日光温室特色农业，有着较高的节水效益和显著的经济效益，有学者以石羊河流域为样本将日光温室和大田常规作物的生产成本、节水效益、经济效益及劳动强度进行比较，明晰了日光温室特色农业的优势，并且发展日光温室特色农业是节约水资源、节约耕地，增加农民收入最有效的途径之一，而且日光温室种植，避开了用水高峰期，变农闲为农忙，实现周年生产。同时，随着日光温室的规模化发展，还能直接带动营销、加工、包装、运输等第二、三产业发展。

第二节 企业层面的绿色发展模式

一、内蒙古蒙草集团的绿色发展

（一）模式简介

蒙草集团是一家以"草"为业的科技型生态企业。从"蒙草抗旱"到"蒙草生态"，蒙草集团名称的变化也代表公司战略考量的变迁，从抗旱绿化、景观建设领域，转型到草原生态修复领域，他们正在积极布局中国草产业运营平台的战略。蒙草生态是我国目前草原生态建设方面唯一的上市公司，也是我国产业抗旱的龙头企业。公司致力于驯化干旱植物，并应用在草原生态环境建设、草原恢复和农牧业上，为社会造福。20余年，立足"草、草原、草科技"构建产业生态圈，业务聚焦三大产业线：生态修复、种业科技、现代草业。秉承"尊重生态、师法自然"的理念，先科研、后修复，依托"蒙草生态产业大数据平台"和13个专项研究院，蒙草针对草原、矿山、荒山、边坡、荒漠及沙地、盐碱地、垃圾场/废弃地、节水园林与海绵城市、运动草坪建植等提供"顺国情、合地情、成本低、效果好"的生态修复集成技术体系及对应的生态包、植生毯等产品。以内蒙古为样板，蒙草将"生态理念＋技术智慧＋资源储备＋管理标准＋生态产品"的生态修复模式复制成疆草、藏草、滇草和秦草等事业群，并将生态修复的理念和智慧输出到新加坡、蒙古国、俄罗斯、阿联酋等国家和地区（高俊刚等，2016）。

为保护内蒙古草原植物种质资源，蒙草集团开展了多年的野生植物种质的采集和保存工作，并通过与相关科研、推广单位合作，显著提高了种质资源的收集效率。据统计，内蒙古有种质资源2400余种。蒙草集团已经收集草原种质资源1800余种，土壤样本数11万余份，建有国内最完备的草原乡土植物种质资源库。蒙草集团利用大数据网络，建立起"草原生态大数据平台"。作为一个具有科学指导性的服务平台，是草原生态系统的检测阀和导航器，俨如一本草原生态建设工具书，为企业、政府、农牧民提供了大量生态修复数据资料和技术方案（农经编辑部）。

多年来，蒙草人凭借扎实的工作作风，一流的工作质量，打造出一个个精品工程，生动地诠释了蒙草精神，成功地塑造了蒙草公司的品牌形象。现在，当你漫步草原，看到在蒙草公司手中再现的"天苍苍、野茫茫、风吹草低见牛羊"的生态美景时，不由惊叹，原来小草也可以如此神奇美丽。

（二）模式形成

蒙草的初衷就是为了解决西北地区恶劣的生态环境。在西北地区做园林、做养护的成本是很高的，草原上的植物很好养护，就确立了"草"这个发展方向，在解决问题的过程中，找到了公司的三个方向。

第一，生态修复。驯化乡土植物，利用种质资源、大数据和生态标准进行环境修复。涵盖草原、矿山、盐碱地、垃圾场、工业废弃地、戈壁、荒漠等不同类型的生态系统修复及节水园林、生态景观建设，并相应形成一系列地标、行标及国标，有《北方草原区露天煤矿排土场植被恢复技术规范》《北方区域绿地节水技术规范》《荒废土地恢复草原植被技术规程》《退化草地修复技术规范》《内蒙古草原生态牧场建设技术规范标准体系》。通过选育原生植物种类量化配比,恢复"人草畜、水土气、微生物"协调发展的生态系统,实现生态的可持续。

第二,种业科技。基于干旱半干旱地区的草坪、草地、草原的土壤、种质资源研究及生态产业大数据平台支持,集植物科研、技术服务输出、种苗草种生产加工销售为一体,提供不同区域生态修复用种、乡土植物种苗、牧草草种及科技服务输出,支持"生态修复、生态牧场、现代草业"的发展。

第三,现代草业。依托"生态修复和种业科技"的核心技术,致力于成为"中国牧草专业供应商",打造"草原修复、种植、收购、进口、加工、仓储、物流、交易"全产业链运作,进行优质天然牧草、人工牧草的规模化生产经营。细分马草、羊草、牛草等草产品品类,创新"牧草银行"模式,建设运营口岸,保障草产品稳定供给和品质安全。蒙草不仅有自己的草产品,同时在生态建设中,草也代表了生态环境的植物体系,蒙草致力于生态建设,大生态体系的研究还包括植物种类、水系治理、土壤修复等。相比而言,植物在生态系统中的作用是无可比拟的。植物本身像人体当中的心脏一样,是个动力源,连接地上地下的空气、土壤、水循环,所以蒙草要以植物去修复生态环境,就是因为植物在生态环境中的作用非常独特(王桢,2017)。

(三)模式特点

1. 低碳性

蒙草集团近年来狠抓研发,已经一跃成为"低碳绿化"产品的主流供应商。从2008年开始,当时的蒙草抗旱公司成立内蒙古蒙草抗旱股份有限公司研发中心,并在呼和浩特和林格尔县盛乐经济园区建设了300亩研发基地,用于耐旱植物引种、选育、驯化、种苗扩繁和通过分子生物学手段进行新品种的选育。并于2009年进行完善继续探索,已经建立了内蒙古草原抗旱、耐寒和耐盐碱植物基因库(王桢,2017)。

2. 经济性

蒙草集团用"产业带动+合作就业"模式带动农牧民增收。2016年比2015年全集团年度总人工费同比增长38%,实现了人均收入4.5—5.2万元/年。具体数据见图7-4。

蒙草集团现如今主要的利益联结机制主要分为以下四种:

股份权益联结:"土地租赁+劳动就业+权益分红";市场订单联结:"标准

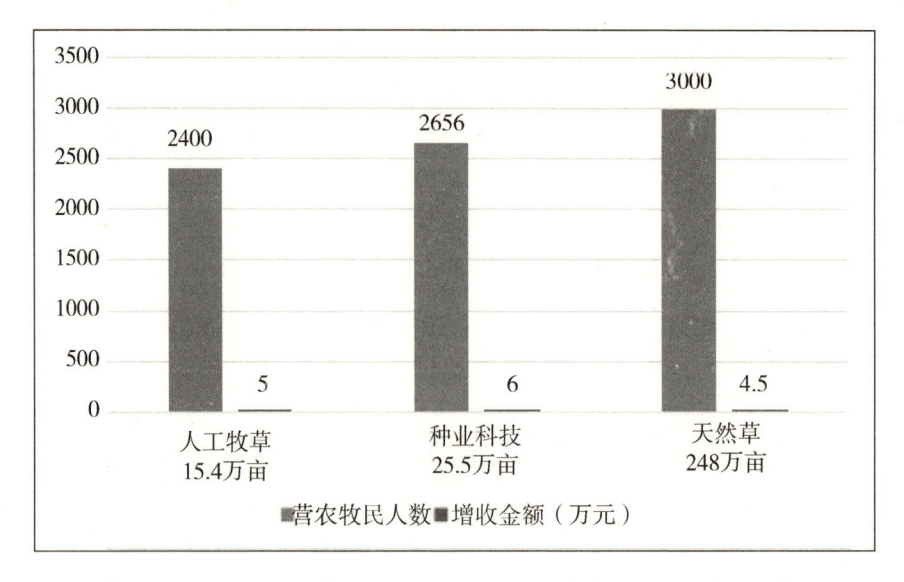

图7-4 蒙草集团营农牧民人数和增收金额情况

产品+订单生成+市场价格";产业工人联结:"技能培训+岗位就业+新型农民";数据平台联结:"农牧民生产+实施互联网+草原生态环境大数据平台"。

3. 科技性

蒙草发展生态牧场家庭牧场建设技术,努力打造天然打草场培育,搭建溯源服务平台。对家庭牧场草场进行施肥改良,提高草地生产力和利用率,对牧户留草带的打草场进行雪深度的测定,同时,引进现代畜牧业生产监控及产品安全溯源服务平台,完成耳标体系建立。除此之外,在草原生态修复集成技术方面也取得了较大的成就,有多个成功的案例,包括沙化草地植被恢复技术研究与示范,退化草地狼毒治理示范。

4. 生态性

蒙草集团因地制宜,在不同地区设置不同的沙障。在风蚀坑地区,用芦苇做沙障材料,做成 $2m \times 2m$ 的菱形网格铺设于沙中央的严重风蚀区域,并在沙障中铺设枯草;在缓坡区、陡坡区又都采用不同的方式,以防风固沙。此外,采用自主研发的环保植生毯进行固碳修复。在坡度小于40度,风势不会太大的坡面,使用树枝和杂草编成的生物笆结合生态包进行修复治理;在坡度接近90度的坡面,则采用喷播的方式对边坡进行固坡修复。

(四)模式评价

蒙草集团承接草原生态系统修复:呼和塔拉万亩草原修复项目,在五年内取得了重大成效,干草产量、年固碳量和年释氧量都有显著提高,具体情况见表7–1。

表7–1 2012—2016年度监测数据

年份	2012	2013	2014	2015	2016
干草产量(kg/公顷/年)	266.23	4968.46	3231.61	3151.58	3081.68
年固碳量(kg/公顷/年)	111.26	2113.58	1384.10	1361.80	1359.34
年释氧量(kg/公顷/年)	319.48	5962.15	3877.93	3781.90	3697.20

数据来源:蒙草集团。

(五)模式借鉴

为了保护内蒙古草原植物种质资源,蒙草公司已开展了多年的野生植物种质的采集和保存工作,并通过与相关科研、推广单位合作,显著提高了种质资源的收集效率。蒙草种质资源库的建立为草原植物和北方干旱半干旱植物资源的开发和利用搭建了一个新的平台。除此之外,目前蒙草集团已经搜集了大量的土壤样本;测出土壤 pH 值、有机质、速效氮等七项指标,并且将这些数据导入蒙草草原生态产业大数据平台中,为生态修复提供了一个真实可靠的依据。通过潜在全区各旗县区采集土样,并将图样自然阴干后进行称重、浸提、过滤和分液,最后通过检测获得数据并进行记录,确认无误后录入电脑上传到大数据平台(图7–5)。

图7–5 蒙草大数据指挥中心

土壤盐碱化问题是干旱区可持续发展和改善环境质量的战略问题。根据联合国教科文组织和粮农组织的不完全统计，全世界盐碱地的面积为9.54亿公顷，我国约为9913万公顷，且分布范围广，是盐渍化危害最为严重的国家之一，尤其是生态系统脆弱的西部干旱、半干旱地区绿洲土壤盐渍化问题异常突出，土壤盐碱化问题已成为我国发展生态农业的重要威胁。土地盐碱荒漠化不仅导致土地数量的减少和土地质量的降低，影响植被的生长发育，使作物减产，而且影响整个生态系统的平衡，造成区域水盐平衡的破坏，对生物圈和生态平衡构成威胁。蒙草集团在盐碱地的改良上也有值得借鉴的地方，采用工程措施、化学措施、农业措施和生物措施相结合综合治理。工程措施最主要的是暗管排盐技术，这是国际上盐碱地改造的先进技术，蒙草集团对暗管排盐进行了成熟化研究，实现了水位自控、无人值守；数据传输、远程监控，定期充淤，延长使用寿命；化学措施是通过对盐碱地土壤化学成分的研究，通过添加的改良剂脱硫石膏等物品来降低土壤盐分以达到改良土壤理化性质，使得土壤pH值趋于中性；农业措施是针对盐碱地中土壤的颗粒极为细小，土壤毛细管作用强烈，地下水不断向地表聚集，蒙草则是通过深耕细耙改变土壤的结构，增加透水透气性，防止地下水聚集反盐，平整土地，改变地表径流；生物措施是指蒙草对盐碱地乡土植物的内部特性进行研究，驯化具有抗逆性的乡土植物是蒙草进行生态修复的"土办法"。将生长在盐碱地中的植物种质采集回来进行驯化培育，划分出具有聚盐、吸盐和泌盐功能的乡土植物经过合理的配比种植后达到的盐碱地改良的目的。

二、内蒙古亿利企业生态治沙绿色发展模式

（一）模式简介

亿利资源集团是中国百强民营企业，是全球领先的生态修复企业。主要致力于从沙漠到城市的生态修复和生态产业，让荒漠土地长出绿草丛林、长出健康食品；让污水沟、垃圾山变成绿水青山，变成生态家园。同时专注于清洁能源的开发与服务。企业总资产1000多亿元。1988年以来，亿利资源企业在党和政府的重视支持下，坚持"厚道共赢、生态惠民、绿富同兴"的发展理念，在发展主业的同时，坚持坚守坚毅致力于中国第七大沙漠库布奇沙漠的治理，25年投入30亿元人民币实施了5000多平方千米的沙漠生态建设和保护工程，相当于全球荒漠化面积的1/7000，控制荒漠化面积1.1万平方千米，创造了300多亿元的生态系统生产总值，有效遏制了内蒙古和北京沙尘，改善了空气质量，保卫了北京及周边地区的生态安全，创新了"市场化、产业化、公益化"相结合的沙漠绿色经济发展机制，走出了一条抗争荒漠化、整体消除贫困、改善区域生态环境、建设整治沙漠土地的绿色发展之路。2012 年 6 月，库布奇沙漠生态文明被列为联合国"里约 + 20"峰会重要成果向世界推广。企业董事长王文彪获得了联合国颁发的"全球环境与发展"奖。联合国防治荒漠化公约组织提出了"2030 年世界耕地荒漠化零增长"的目标，其目标的决策依据来自中国库布奇沙漠发展模式。最典型的治沙是在库布齐沙漠，而"库布奇模式"以沙漠资源为依托，以技术创新为支撑，核心内涵是"三个带动"，即科技带动企业发展，产业带动规模治沙，生态带动民生改善。据悉，中国亿利资源集团库布奇生态经济模式已经获邀进入北京郊区、河北坝上、新疆南部等生态环境脆弱地区。

（二）模式形成

亿利资源素有"绿土地""绿能源""绿金融"三大生态方向。分别利用生物技术与生态技术，有效修复退化土地，给国家丝绸之路经济带的生态环境改善及建设，带来了不少发展带动。

首先是"绿土地"计划，即利用生物技术和生态技术修复退化土地。创业 27 年来，通过本土化耐寒、耐旱、耐盐碱种质资源开发、生态修复与工程技术服务输出、"林、草、药材"复合生态种植，以及生物肥料的创新研发，修复沙漠化和盐碱化土地 1.1 万多平方千米，包括内蒙古库布奇、科尔沁、毛乌素、河北坝上、新疆南疆，并培育发展沙漠生态修复、生态健康、生态光伏、生态旅游等产业，让荒漠变成了绿洲，变成了沃土，长出了绿色财富，带动 10 多万农牧民脱贫致富，建设集生态旅游、生态社区、智能交通、生态电商及互联网金融于一体的"亿利生态城"，先后在内蒙古鄂尔多斯、乌兰察布，河北固安，福建宁德等地建设实施"亿利生态城"，目前正积极推动天津中新生态城建设。

其次是"绿能源"，即利用沙漠的光热和空间优势发展光伏清洁能源。在荒漠化地区创新实施"发电 + 种树 + 种草 + 养殖"特色生态光伏产业，实现了修复沙漠土地、生产绿色能源、创造绿色岗位的多重效益。自主研发"微煤雾化"技术，实现煤炭的清洁利用，目前项目已成功落地山东、河北、天津、江苏、江西、浙江等多个省区，实现了多省联动，成为控煤减霾的主力。同时，亿利发展的城市和交通燃气业务已遍布全国 20 多个省，100 多个城市，300 多个网点。

最后是"绿金融"计划，即致力发展生态金融产业，主要业务为互联网金融、财务公司、信托、融资租赁、投资基金等金融业务。2015年3月8日，亿利资源联合泛海、正泰、汇源、新华联、中国工商银行、中国平安银行、兴业基金等共同发起"绿色丝绸之路股权投资基金"，基金规模300亿元，致力于丝绸之路经济带生态环境改善和生态光伏清洁能源发展。基金首批项目拟在丝绸之路经济带沿线地区和国家投资"发电＋种树＋种草＋养殖"立体式生态光伏产业。

（三）模式特点

1. 生态性

亿利资源集团26年致力于荒漠化治理，并逐步进入城市生态修复。绿化库布奇沙漠6000平方千米，现已进入新疆、甘肃、河北、北京等地区实施规模化、产业化的生态修复。26年构建了"生态规划设计、生态技术开发、生态工程服务、种子种苗研发交易"一体化的生态修复产业，并发展了沙旱生甘草、苁蓉健康产业。26年创造了305.91亿元的生态系统生产总值（GEP），减少了京津冀地区的沙尘，带动了10多万沙区农牧民增收致富，走出了一条"治沙、生态、民生、经济"平衡驱动的可持续发展之路。

2. 和谐性

亿利集团实施生态移民，建设金窝银窝。亿利集团出资2200万元建设七星湖牧民新村，将分散在沙漠中的牧民集中安置，免费为36户贫困农牧民建造了106平方米住房，同时建设了多功能的村部、村民活动中心和相应的基础设施。结合库布奇国家沙漠公园的建设，为搬迁的牧民提供了多种方式参与旅游业的机会。亿利集团支持政府建设独贵塔拉镇新区，将2086户、7058名农牧民移民搬迁到亿利库布齐一期生态修复区，同时搭建劳务就业平台帮助搬迁户就业，人均年收入超过了2万元。亿利集团投资5000万元建设杭锦淖尔生态扶贫新村，安置农牧民205户，其中贫困户32户；帮助农牧民发展沙漠旅游、特色种养殖等产业来增加收入（农经，2017）。

按照"生态规划、生态修复、生态建筑、生态产业"的"共生城市"理念，以"因势而建、就地取材、低碳设计、乐居宜业、节能环保"为特色，面向全国一、二线城市实施了"亿利生态城"，让身在其中的居民能真正享受到"绿色、低碳、智能、健康"的生活，而且能多渠道就业创业，实现生活、工作、休闲为一体的和谐共生社区，成功打造了亿利特色的中国生态城镇升级版的典范。2006以来，企业先后在库布奇沙漠、鄂尔多斯、呼和浩特、乌兰察布、福建宁德、河北等地区建成了多个宜业宜居的"生态城"。企业还致力于居屋空气质量的改善，为居户提供环保门窗和居室空气净化服务。

（四）模式评价

作为全球沙漠绿色经济的领军企业，亿利资源集团20多年坚守中国第七大沙漠库布奇沙漠，与地方政府、民众共同创立了"科技带动企业发展、产业带动规模治沙、生态带动民生改善"的库布奇模式，绿化库布奇沙漠5000多平方千米，帮助十几万沙区老百姓脱贫致富，实现了"绿色、环保、民生、经济"共赢。

亿利资源实施科尔沁沙地生态环境综合治理工程，旨在贯彻落实西部大开发和自治区"东西结合，优势互补"产业政策，充分发挥自身20多年防沙、治沙、用沙的技术优势，通过"科技治沙、工程治沙、产业治沙"途径，以发展中蒙医药、沙漠旅游等沙漠绿色经济拉动生态治理，带动当地老百姓脱贫致富，促进区域经济发展。库布奇治沙与绿色发展模式同以往的生态治理相比，在机制体制上都有很大的创新。以往的生态治理都是由政府和相关部门做主导，规划设计，投入人力物力来实施各种工程。库布奇近30年的治沙历程，变被动为主动，逐步把生态治理转化为一种自觉行动，一种社会担当，这是绿色发展中的一个创新之举。

亿利集团当初被沙漠围困，走上治沙之路是迫不得已，是在生存压力面前的无奈之举。当他们沙中修路闯过难关后，没有就此停歇，而是不等不靠，把种种社会责任与企业的发展联系在一起。企业壮大后，主动投资从事生态修复，带领乡亲脱贫致富，建学校办教育，企业在获得良好经济效益的同时，也创造了良好的社会效益。

（五）模式借鉴

"治沙扶贫+治霾"是亿利资源28年坚持不懈、专注深耕的工作方向，全面实施"绿土地、绿能源、绿金融+互联网"的亿利生态圈商业模式，协同推进土地、空气和生态环境修复产业。

治沙扶贫方面，联合国授予亿利资源"全球治沙领导者"，不仅治理了1.27万平方千米的沙漠，而且还通过创塑PPP模式、"平台+插头"模式，大力发展生态修复、生态农业、生态牧业、生态光能、生态旅游、生态健康，创造4600亿元生态财富，当地10万人脱贫，创造就业100万人次。

亿利洁能拥有的"微煤雾化"煤炭清洁利用技术，作为一项环保的煤炭清洁利用技术，通过引进飞机涡流技术，使加工配置后的微煤实现三次高效雾化，和空气充分混合燃烧。同时通过分级配风和锅炉结构优化设计，实现低温低氮燃烧，大幅减少氮氧化物的生成。利用这项技术改造传统工业燃煤锅炉，可将燃烧效率提高到98%，热效率提高到90%以上，吨煤生产蒸汽由5吨多提高到9吨以上。具有排放低、煤耗低、热效高、性价比高的优势，而且不见尘、不见煤、不见渣、不见烟。

目前，亿利洁能微煤雾化项目已落地山东、江苏、江西、安徽、河北等多个省区，在全国开工在建项目近700蒸吨，运行项目近200蒸吨，待开工项目近600蒸吨。另外，亿利洁能还在华北地区11个地市以及县级市，亿利投资建设集中供热（汽）中心，同时改造周边150千米范围内燃煤锅炉。

除了微煤雾化业务，亿利洁能还依托"互联网+"进行城区能源整体布局顶层设计，通过PPP投资模式使得政企无缝对接，力求将城市剩余能源变废为宝，改善生态环境，系统调理"城市能源病"①。

三、齐峰果业"互联网+绿色产销"一体化模式

（一）齐峰果业简介

陕西齐峰果业有限责任公司（简称"齐峰果业"）注册资本3000万元，资产总额13500万元左右，主要从事猕猴桃种植、收购、储藏、销售等业务。齐峰果业现有气调保鲜库150座，储存量15000吨，自动化分拣线14条，日分拣量达300吨以上，标准化包装车间两个共7000多平方米，自有有机猕猴桃基地3000多亩。2011年齐峰果业被陕西省人民政府认定为农业产业化经营重点龙头企业，2015年被认定为陕西省电子商务示范企业，2016年11月被农业部认定为国家级产业化重点龙头企业，2017年被商务部认定为电子商务示范企业。

2014年公司实施了宝鸡眉县30000吨猕猴桃全自动分拣线及1120亩猕猴桃种植基地新建项目在齐峰果业实施后，各项效益明显，龙头企业与合作社农户五统一机制得到最大限度发挥。

齐峰果业下属合作社于2014年4月在眉县汤峪镇心联村成立眉县齐峰富硒猕猴桃专业合作社秦岭生态农庄，占地面积1000亩，引进现代旱作农业节水灌溉技术，建成生态农业种植区、体验农耕区、家禽养殖区、生态农业休闲观光区、苗木种植资源培育区及农业物联监控设施区等是集新技术、新品质培育引进、果蔬种植、采摘、休闲观光为一体的综合型农业。

---

① 治沙扶贫+治霾 亿利洁能秉承绿色基因助力能源转型［EB/OL］. 中国发展门户网，2016-03-21.

（二）齐峰果业引导农户进行绿色生产的一般模式

传统意义上，齐峰果业通过加强社员管理、进行产业扶贫带动等加强与农户的利益联结，同时以作物种植、果园托管的方式对农户的生产行为进行引导，具体情况如下：

1. 社员管理

吸收农户入社，对项目区种植户进行培训动员，对部分农户宣传吸收进入合作社，成为合作社社员，从而享受合作社社员利益及分红，2015年吸收入户社员102户。

2. 产业扶贫带动

依靠企业扶贫龙头企业优势帮扶项目区贫困户，实行农资农肥资助、技术指导、产品收购等带动农户脱贫致富；2014—2016年累计投入产业帮扶资金200万元以上。

3. 标准化作物种植培训

从项目区社员有机作物上，邀请西农大专家、眉县果业推广中心技术人员及企业农民专家对猕猴桃各生产环节进行现场教学指导，义务剪树、人工授粉、施肥情况进行指导跟踪。

4. 实施猕猴桃果园托管模式

企业根据发展成立农资电商科技公司与农机专业合作社，创新农户服务模式，实施"技术培训、农机服务、农资配送、产品回购"的全产业服务模式，项目托管服务内容主要有农机、农技、农资、植保、收购、代储代销六项服务内容，服务方式为订单预约与技术上门两种。企业接单汇总后及时将农资配送到猕猴桃果园地头并实施服务，企业通过订单收购的形式，托管果农的机械服务及技术服务，最终达到收购果农产品的目的。

（三）"互联网+产销"一体化模式

1. 模式的内容和意义

中国适应气候变化的土地可持续管理项目在齐峰果业开展"互联网+产销"一体化的示范项目，推广猕猴桃质量追溯系统，逐步试点数字化农业模块，并在项目区建设完善猕猴桃商品化处理中心，为农产品电商提供支持与帮助。项目支持内容具体包括建立电商产业基地及农民田间学校教育基地，配置电商运营软硬件、辅助设施及材料（其中购置电商系统软硬件及教学办公设备），进行电商宣传和绿色发展等理念推广，实施农资电商综合楼建设，开展电子商务"互联网+"技术应用和培训，提高农民技术水平和知识理念，提高电商产业运营效率。

目前猕猴桃互联网销售正处于微弱的增长期,项目建设符合适应市场需求、改进销售模式的需要。同时电商产品不同于实体店、公司直批市场、品牌店的产品销售,客户层次定位是以年轻人为主,产品包装均需要有特色,为满足终端消费不同需求,多样化经营有利于提高企业竞争力。

2. 具体操作方法

通过进行电子商务产业基础设施建设,建立"互联网+农资"模式、"互联网+果园托管"模式、"互联网+网店销售"模式,不断壮大规模,持续增强实力。首先,促进猕猴桃产品市场开发,为农民生计改善、加强推广土地管理提供平台。其次,通过软硬件配置,布设农资服务管理体系,改善农村基层培训条件,扩展网络销售渠道,组建合作社客户管理、财务管理、数据信息化及猕猴桃标准化种植模块。进而,在猕猴桃生产种植阶段,提高信息化水平,有效管控农肥使用,改善果品品质,降低果农投资成本,进一步提高农户猕猴桃的生产能力,引领眉县猕猴桃产业向国际化、标准化、有机化方向迈进(见图7-6)。

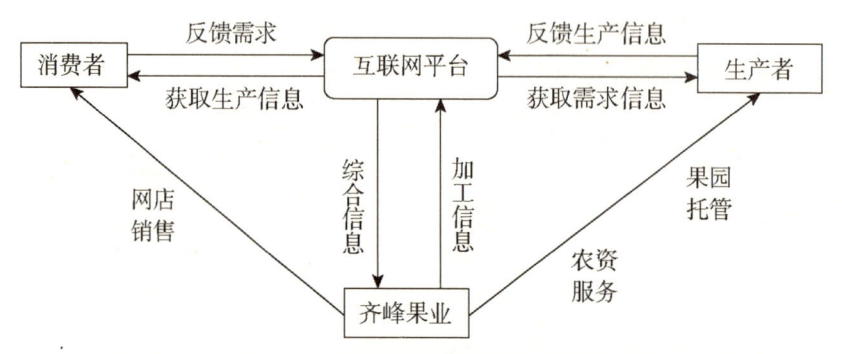

图7-6 齐峰果业正在筹建的"互联网+产销"一体化模式

3. 模式成效与前景

经过几年的不断发展与变革,社会效益及经济效益增长明显,新增就业人数500人,直接带动各项目区农民至少3000户直接受益,辐射带动10000户果农从中受益,使果农人均增收最少不低于3000元,各类项目的实施不仅促进了合作社的发展,而且促进了猕猴桃果品产业的发展。

可以说"互联网+绿色生产"的模式意图将田间地头的生产信息反馈到消费者手机平台,在以市场需求信息引导农户进行标准化生产,无疑是颇具创建的举动。但本质上该模式是为了赢得稳定的市场需求,如此便存在消费者是否信任企业所上传田间生产信息的问题,所以创建数字农业,单靠企业的一腔热情可能远远不够,需要政府部门以及第三方监督机构,形成共建体系,才能推动"互联网+农户绿色生产"模式的落实。

第三节 其他绿色发展模式

一、陕西眉县田家寨全环节绿色生产模式

（一）模式描述

1. 模式所在地点

金渠镇田家寨村位于陕西眉县东三千米处,属城郊接合部,310国道以及北京至宝鸡的高铁轨道于村北贯穿而过。全村辖三个自然村,七个村民小组,北部为田家寨,西南为下洪寺,东南为上洪寺。田家寨北经渭水,南讫秦岭,村内洪武古寺,饱经忧患,涅槃重生,共同见证了近30年来生民于斯的巨大变化,正如村口牌坊楹联所述:逢盛世穷则思变谋跨越,促增收洪武古寺迎远客（图7-7）。田家寨有498户农民,总人口2019人,其中劳动力1345人。全村土地总面积3675亩,发展猕猴桃种植3600亩,给群众带来了可观的经济效益,人均纯收入从2006年的2430元增长到2016年的17325元,成为远近知名的富贵村。

图7-7 G310国道南侧的田家寨村入口,入口处即可望见高铁高架桥

2. 模式形成过程

诱致性技术创新理论阐明市场需求会引导技术创新朝向节约稀缺要素的方向发展，田家寨村之所以形成现有的以猕猴桃水土肥药科学管理为主体的全环节绿色生产模式，本质上是农民立足自身禀赋应对市场需求尤其是绿色有机产品需求而主动调整、优化要素投入的产物。除资源禀赋和市场需求（企业）因素外，诱致性技术创新理论同时认为，社会文化、政策制度对一项技术的适应性应用同样具有不可忽视的作用，前者决定能否达成共识，后者决定能否形成合力，因而一项绿色生产模式的生发、结果必然和农民、政府和市场（企业）紧密相关，田家寨村绿色生产模式的形成恰恰印证了上述理论。

现任田家寨村党支部书记孙乐斌出生于 1962 年，1980—1986 年他曾在西藏边区边防四团特务连当兵，退伍后先是在眉县玻璃厂车队工作，掌握开车技能后，他干起个体户，跑各种水果的货运。1998 年，孙乐斌任田家寨一组组长，当时田家寨经营苹果、辣椒、樱桃等多种经济作物，小农户在大市场中飘摇不定，村庄未形成核心支柱产业。有着长期跑水果运输经验的孙乐斌看到了猕猴桃产业的可观前景，于是他和老支部书记田振斌、村民陈海州等两人形成五人小组，谋划发展猕猴桃产业。

1998 年田家寨村一组种上了 30 亩地的猕猴桃，这并不是该村第一次出现猕猴桃，但从这 30 亩开始，田家寨村的猕猴桃产业有了发展核心团队。猕猴桃品类繁多，不少品种的果实纤维太粗，只适合做饮品。孙乐斌独具慧眼，选定好管理、品质好的徐香、海沃德两个品种。老支部书记田振斌（2017 年底去世）爱钻研，村民对他的印象是干什么爱什么，他考取了农艺师证，获得乡土拔尖人才称号，对猕猴桃的"前世今生"可谓如数家珍，为猕猴桃经营管理技术的引进、本土化及村内推广做出了突出贡献。陈海洲等主抓电商、销售等。可以说 1998 年田家寨村初植的猕猴桃站在了很高的发展起点上。

到 2006 年底，田家寨村猕猴桃种植面积已经达到 1374 亩，另有韭薹 1028 亩，两项主导性产业都颇具规模。由于田家寨村人善于从发展中总结经验，猕猴桃起步不算太早，但势头迅猛。2006 年，陕西省开展校县合作项目，西北农林科技大学的专家进驻田家寨，每月一次，深入田间地头，开展实验，提供指导。2007 年，田家寨按一村一品的思路发展，获得政府每亩 200 元的种植补助，整村推进猕猴桃种植 2226 亩，至此猕猴桃已在田家寨完成拓土。

但受灌溉、交通不便等因素影响，一部分猕猴桃地块的表现始终不能令人满意。2012 年国家农业综合开发 500 万元的项目落户田家寨（图 7-8），完善了田间道路、灌溉设施、电网布局。加上 2004 年的村村通工程（20 万元）和

2011年的环境综合整治项目（100万元），田家寨村的基础设施，无论是生活方面的还是生产方面的，都取得了长足进步。2016年田家寨已拥有28千米水泥硬化道路，全村集体通上自来水和天然气。

图7-8　田家寨村的农业综合开发项目

与此同时，周边地区乃至全国的猕猴桃种植面积都迅速扩大，如何做大做强、保持市场竞争能力，一直萦绕在田家寨村人的心头。但他们的思路是清晰的，正如老支部书记田振斌所说："不怕别人有，就怕自己不够好。"孙乐斌书记也得意扬扬地说："不怕别人发展，我们走的是高端路线，产品价格有保障。"围绕"高端路线"，田家寨村人建立包括优选品种、规范建园、配方施肥等在内的十大技术标准，遵守绿色猕猴桃标准化生产基地农药使用准则、肥料使用准则等，严把质量关。齐峰和本真两家企业的进驻，北京、上海等私人订购，政府冷库建设项目，共同使得田家寨村以水土肥药科学管理为核心的全环节绿色生产模式有了方向（市场）、有了支撑（政府），该模式已经实践初步检验，并在进一步调整、优化之中。

3. 模式内容表达

田家寨村以水土肥药科学管理为核心的全环节绿色生产模式，不能简单地看作为农民自身实践的产物，而是政府支持、企业引导下农民为实现生计改善而优化资源配置以满足市场绿色产品需求的结果。因而该模式的任务目标可简洁地表达为，优先资源配置，进行土地可持续性管理，以绿色产品的生产实现农民发家致富。土壤肥力下降、病虫害多发、气候变动异常，是该模式要着重解决的核心问题。围绕上述核心问题，田家寨村采取优化育种、高接换头、枝蔓堆沤还田、自制无公害杀虫剂（硫磺和石灰熬制而成）、安装生物杀虫灯、林下套种毛苕子、收取灌溉用水费、冬季果树根部套袋等措施。三期项目尊重农民意愿，在田家寨进行枝蔓堆沤还田、林下植草、安装杀虫灯，迎合了该项目点村民的核心关切。

（二）模式特点

本模式具有如下特点：（1）生态性，为满足市场绿色猕猴桃产品的需求，田家寨村在生产经营的诸多环节，严格按照绿色产品生产的标准进行操作。以枝蔓堆肥还林为例，堆沤杀死了枯枝落叶中的病虫害，对来年猕猴桃园地生态系统的健康十分有利。（2）低碳性，田家寨村就地取材，将猕猴桃枝蔓进行堆沤，减少了其他肥料的使用，降低了农林景观的碳排放水平。（3）经济性，田家寨村的绿色生产模式符合经济性，一亩盛果园能修剪600斤的枝蔓，截枝、捆扎、运回合适的地方需要1个半人工（120元），且占用大量土地，而使用粉碎回收机一亩地只需80元，因而即使项目不在此地推动枝蔓粉碎堆沤还田，农民也会自发进行。（4）公平性，猕猴桃的经营的确是个技术活，但更多地需要农民付出心血照管，不管是大户还是普通农户，不管家庭初始经济水平如何，只要善于学习、多出劳力，都能获得可观的报酬。（5）和谐性（渐进性），从田家寨村的绿色发展模式演进来看，它采取了渐进性的推动策略，先是一部分人示范引导，待获得经济收益后，再推动其他村民参与，正如党支部书记孙乐斌所阐述的："示范一部分，引导一部分，有钱了，什么都好办，这无疑有利于村庄的和谐共进。"以枝蔓堆沤还田为例，现在并非所有的村民都采取此种策略，而是一部分人在积极尝试之中。（6）安全性，夏季温度高，田间管理劳动强度大，采用生物杀虫灯灭虫，减少了农药的使用，有利于人畜田间作业时免受农药损害。（7）可持续性（适应性），在气候扰动频繁的背景下，田家寨村人善于总结经验，采取适应性的应对措施，维持景观生产力的可持续性。2008

年大雪将一批猕猴桃冻伤、冻死，农民从此长了记性，2008年1月4日眉县又遇大雪，农民积极地清理包裹树根的积雪（图7-9）。

图7-9 村民正在清理包裹树根的积雪

（三）模式成效

从表7-2、表7-3和表7-4可以看出，猕猴桃的管理是个精细活，在全年各个月份都有对应的农事活动。调研中了解到2017年一亩盛果园，全年的各项投入平均为4320元，包括施4次肥料［含有机肥、生物菌肥、叶面喷肥（微量元素氮磷钾）、复合肥］共3200元，投工10个共800元（虽然只有十个工，但十分细碎，分散在全年各个月份），农药3次200元（高倍农药低残留），灌溉6次120元。非盛果园每亩投入在2500元左右。一亩盛果园产量平均为5800斤，公司给的收购价格为3.6元每斤，因而一亩地的平均收益为20880元，净利润为16560元。如果是北京、上海等地的私人前来订购，价格会更高一些，达到4元每斤。

表7－2 盛果园2017年农事活动概表

月份	物候期	农事活动
12月—1月	休眠	农事活动
2月		整形修剪清园冬灌
3月	萌芽	防溃疡病、架材管理、绑枝、春灌
4月—5月	展叶、现蕾、开花、坐果	施萌芽肥（复合肥含氮磷钾）、防治病害、高接换种、物理防治
6月	幼果发育	预防霜冻、疏芽、复减、疏蕾、充分授粉、摘心、疏果定果、防治病虫、高接管理
7月—8月	果实膨大	饱施彭大肥（氮肥居多）、防治病虫害、防日灼
9月—10月	成熟、采收	果实套袋、水分管理、补高接、夏剪、防根腐病、病虫防治、追施优果肥（钾肥）
11月	落叶	除袋、采果、冷藏、防溃疡病、叶面喷肥
		施基肥、秋栽、防冻

资料来源：著者实地调研获得。

表7－3 标准建园的路线图

步骤	内容
1. 品种	徐香和海沃德两种猕猴桃
2. 苗木要求	根系发达，无病虫害，未受冻，不脱水
3. 地块选择	地形平坦，土层深厚，肥沃疏松，灌排便利，地下水位的壤土或砂土壤
4. 栽植密度	每亩定值110株
5. 方法	挖深60cm、宽80cm的定植沟，施基肥，肥土搅拌均匀填埋，浇透水，栽植深度以根茎与地表平为宜，行间可种植玉米等，做好遮阴和土壤覆膜保墒工作

资料来源：根据实地调研资料整理。

表7-4 枝蔓堆沤还田的路线图

枝蔓堆肥还田	投入与成本
4月—5月果园生草	毛苕子1亩地130元
12月—1月修剪后枝条散落	枝条粉碎1亩地需60元
1月底—3月底堆肥	加入人畜粪便、渣土、菌种，一亩加入400斤，需100元
3月底还田	每棵10斤，每亩100棵，刚好够用

资料来源：作者实地调研获得。

田家寨村的土壤为黏土，猕猴桃的种子较小，发芽不易顶破土壤，不宜建设苗圃。村民一般从其他村子购买幼苗，集中培育，适应本地土壤气候条件后，一般于三月份再行栽植。标准建园一亩地猕猴桃杆花费2200元，肥料800元，整地、栽植需2个工160元，在第五年结果前每年投入大概1500元，因而前五年累积总投入为9160元，也就是说第五年和第六年结果的收益才能初步弥补前期投入，到第七年之后才开始进入盈利期。

果园所生之草可以作为堆沤还田的原材料。原先果园生草使用豆类，但豆类冠小、病虫害多，对田间小气候的改善不如冠大的毛苕子。据村民用温度计测量，夏季高温时，毛苕子所覆盖的林下，其温度比田边要低3—5℃。毛苕子一亩地种植成本为130元，一亩地枝条粉碎需60元，加入人畜粪便等需100元，因而枝蔓堆沤还田的总成本仅为290元。2016年试验枝条粉碎直接还田，但发现枯枝、病枝上有病菌，直接还田效果不佳，因此2017年改为枝蔓堆肥还田（表7-4）。堆沤还田既减少了来年园地的病虫害，又节省了堆放枝条的空间。

此外，据了解一个生物杀虫灯需投资1400元，能覆盖20亩地。村民表示使用杀虫灯后，基本不用农药来防虫，每亩地可节省100元，20亩地能节省2000元。一个杀虫灯的有效使用时间为5年，很明显安装杀虫灯是经济有效的。

（四）模式的优势与不足

田家寨村所形成的绿色发展模式的优势在于能充分地利用当地的资源禀赋，同时建立了稳定的高端市场的销售渠道。猕猴桃的管理技术门槛并不高，老年人、妇女等弱势群体也容易掌握，可以说能充分利用当地的劳动力资源。田家寨村做出名气之后，各种企业找上门，提前下订单，保证了销售渠道的稳定，使得农民在防病虫害、肥料投入上放心地按无公害标准来操作，不必担心卖不上好的价钱。该模式的不足之处在于田间地块的管理已经虽已趋于极致，但正因为如此,农民可能忽视了向地块之外寻求出路。调研中发现,一种不知名的鸟儿在雪地里啄食一个被遗弃的猕猴桃,我们由此发想,是否可以在猕猴桃收获之时在适宜的地方留下若干残次果,让鸟儿安全越冬,增加农林景观的生物多样性。田家寨村有六七个陵园,每个陵园大约10—20亩,陵园被树木覆盖,但种植的都为杨树。在农村环境整治中,田家寨村在田间生产道路上种上了冬青树,但和杨树类似,冬青也不是本地树种,而重在观赏。我们由此发想,是否可以模仿太白山野生猕猴桃的生境特性,植上能和猕猴桃互利互荣的农田防护林种,在增加农林景观生物多样性的基础上,让物种和谐共生。

(五)模式的影响与风险

田家寨村的猕猴桃产业的绿色发展创造了良好的社会、经济和生态效益。田家寨村的贫困发生率由2015年的3.5%降低到2017年的0.7%,水电气网一应俱全,社会发展程度远较周边地区更为卓越。调研时遇到村民在路边雪地里点燃废弃的树桩取暖,三五成群,闲聊攀谈,其乐融融。又恰逢村民去村内的洪武故寺读诵佛经,虔诚之心昭然,一派羲和之民的景象。村民的人均收入从2006的2430元(2010年为6414元、2011年为7913元、2012年的10650元)增加到2016年的17325元。农民在自家门口和田间生产道路种上了适宜观赏或其他果树(图7-10),村民人均环境得到恨到改观。

图7-10 一条田间生产道路两旁栽植了整齐的冬青树

田家寨村的绿色发展模式在现在时点、在此一村庄内部尚未看到太多风险，但放眼全县，猕猴桃一果独大，单一栽培的猕猴桃势必会减少生物多样性赖以生存的小生境。在气候变化日益显著的环境之中，猕猴桃能否应对高温、巨寒的环境，值得人审慎地提前思考，早做防范。如前所述，要尽量保护、栽植乡土树种，增加猕猴桃景观的生物多样性，尤其要以鸟类的多寡为指标，适时调整生物多样性保护的力度。

（六）模式推广的适用条件

1. 经济条件

在标准建园部分已述，猕猴桃的经营需要5—7年的初始投资期，对于农户而言，成本可谓十分高昂。除了国家各项补贴之外，田家寨村能突破投资门槛，进入投资收益良性循环的重要原因是该村一直有经营经济作物的优良传统，包括苹果、辣椒、蒜薹等，虽然并没有因此致富，但毕竟为猕猴桃的经营积累了一定的初始资金。

2. 制度条件

猕猴桃的经营涉及政府支持、院校合作、企业引导等诸多方面，是一个围绕绿色猕猴桃高端市场需求而生发的一整套有机政策制度体系。政府方面包括果业局出台的各项惠民补贴政策，为猕猴桃的存储建立冷库等。院校方面主要是指县校合作项目，将科研成果和田间地头的实践相结合，也互相催化。企业方面包括与农民签订购货协议、防止农民进行非绿色性的生产性投入等。

3. 资源条件

猕猴桃的生长对水土条件要求较高，它喜湿不喜涝，适合栽植在灌溉便利且排水条件较好的地域。猕猴桃适宜在沙壤土中生长，对于沙土而言，恰恰适合培育猕猴桃苗木。

4. 社会人文条件等

一种模式的生发是以一定规模为先决条件的，而形成一定规模需要一定范围内的群体互相协作，协作能否形成有赖于当地的社会人文条件。田家寨村人历来有经营经济作物的传统，勇于创新、勇争上流、善于学习是当地村民的鲜明特色。田家寨村人普遍信仰佛教，对当地群众心性的慑服具有无量裨益，形成了他们爱人、恕己、知人、达人的美好品格。最为关键的是以孙乐斌为党支部书记的基层党组织发挥了先锋模范作用，善于团结群众，事事为群众着想，因而在集体事务的解决上具有强大的执行能力。

(七) 模式的推广分析

1. 推广举措

田家寨村当前的绿色发展模式还处在不断完善的过程之中，之所以在调整、完善，一方面是因为市场需求会不断演变，另一方面气候扰动有所加剧，摸清楚需求和气候的脾气，都仍然需要相当长的时间。但田家寨毕竟取得了可资称道的成就，也成为政府推崇的美丽乡村建设的示范村，因而很多形式的模式输出正在悄然生发。但目前成规模、成体系的推广举措，只局限在田家寨村庄内部。前文已述，田家寨猕猴桃种植规模的扩大是渐进性的，群众对猕猴桃经营技术的掌握也是渐进性的，因而村委会组织农民集体学习，如宣传早摘猕猴桃的危害等。

2. 推广渠道

根据调研观感，当前田家寨猕猴桃经营技术的推广还集中在示范上，以良好示范吸引别人前来学习，此种模式具有相当的合理性，因为谁也没有清晰的标准去判断哪些地方、哪些群体，值得政府或企业去推广田家寨的模式。眉县果业局、齐峰企业等会在田家寨村的园地四周高竖该村经营实践的规范细节。个人层面似乎是当前猕猴桃经营模式向外推广的主体力量，据孙乐斌表示，很多人在网上看到田家寨村的猕猴桃故事后，慕名前来学习，田家寨自然欢迎。孙乐斌本人也受邀到四川某村上门指导猕猴桃的绿色生产技术。

3. 推广形式

猕猴桃的当前的推广形式包括发放材料、培训研讨、现场示范、实践推广等，但具有直接现实生产力的还是现场示范、实践推广。农民的接受能力是有限的，猕猴桃的管理具有阶段性特征，如果对一个仍处于建园阶段的农户阐述摘果的技术要领，无疑自讨不快。

4. 推广主体

农村技术能人、项目人员、村社干部、政府官员、院校专家等都能够参加到猕猴桃绿色生产技术的推广示范之中，但值得注意的是，技术的推广应以被推广方的需求为核心变量，才能发挥田家寨模式的本真价值，毕竟成功无法随便复制。

5. 推广成本效益

根据调研观感，田家寨模式最有经济成效的推广模式应该是私人私下进行的，如孙乐斌到四川某村指导当地开展猕猴桃经营。因为当地花费相当成本请技术专家前来，具有明确的问题导向，容易形成解决方案。推广上需要投入人力、交通等成本，预期产出为技术指导所增加的猕猴桃收益的边际价值，较难核算清楚。

6. 推广的成本承担

推广应该坚持谁受益谁买单的原则，但在实际操作中要考虑推广的目的（是否为政府组织的扶贫项目等）、被推广方的支付能力等，其他参与主体可给予一定程度的补偿。以孙乐斌去四川上门指导为例，请他的人和孙乐斌一样曾经参过军，他们有很多共同话语，可以想象，孙乐斌纵然耗费了时间、交通成本，对方也定然不会亏待了这位技术能手，而且孙乐并能从好为人师中获得自我满足感。

7. 推广风险

推广必然面临的风险在于如何将一个局域性的模式应用到它并不熟识的场景之中。举例而言，如果有另一个村子和田家寨在资源禀赋、经营技术、市场环境都完全相同，但恰恰政府没有支持建设冷库，猕猴桃缺少了一定时期的存储周转时间，那么这个翻版也是完全失败的。因而防范推广所致风险，最为关键的是要以推广形成被推广方本土化的技术能手、本土化的销售方式、本土化的存储设备。

二、崆峒区林场生态示范园绿色致富模式

（一）生态示范园概况

柳湖镇位于甘肃平凉市城郊，近年来随着城郊川区土地被征用，失地农民大量增加。为有效解决失地农民尤其是农村家庭妇女经营收入，柳湖镇积极引导群众把现有的山地、荒地、坡地有效利用起来，大力发展农业规模化经营，让农民转身"产业工人"，在家门口就业，增加农民收入。这不仅促进了柳湖镇现代农业发展，提高了土地利用率，更让当地农民真正得到了实惠。

走进崆峒区柳湖镇明晖农林发展有限公司生态示范园，每棵苗子都要栽得端端正正，地里的杂草也铲得干干净净，果树也栽植得整整齐齐，硕果累累（图7-11）。

图7-11 生态示范园实景

平凉市明晖农林发展有限责任公司成立于2013年5月底，注册资金300万元，法人代表为安顺道，经营地址为柳湖镇永红村三社，主要经营果品种植与销售、苗木培育与销售。现有管理人员8名，长期员工108名。近四年多来，公司坚持统一规划、分步实施的原则，边建设边经营，为持续发展奠定了坚实的基础。至上年底，企业总资产达到1800万元，其中固定资产1518.5万元，流动资金291.5万元。

近年来，平凉市明晖农林发展有限责任公司采取土地流转方式，先后从柳湖镇永红村流转各类土地4500多亩，将农民持有土地集中起来。公司以生态建设为主线，以观光农业为平台，集成应用新的农业科技，实施种、养、休闲、观光一体化综合开发，符合国家产业政策，有利于取得较好的经济社会效益，促进周边村社转变经济增长方式，带动周边近500户农户创富增收。

（二）生态示范园建设成效

目前果园已有成果如下。

1. 建成绿色种养一体化基地

（1）绿化苗木基地（200亩）：主要品种有油松、云杉、樟子松、速生柳等四个品种，两年生出圃。植株高度1.0m，胸径2.5 cm。年出圃苗木16万株。

（2）矮化密植苹果园（1000亩）：严格按照果园抚育管理技术规程，科学施肥，适时修剪、疏花疏果，防治病虫，提高果品质量。

(3) 瓜菜类（100亩）：主要包括西瓜、甜瓜，蔬菜类包括辣椒、黄瓜、西红柿等精细菜，均采取地膜覆盖栽培措施，实行春提早和秋延迟栽培，营养钵育苗移栽或催芽直播，确保壮苗，适应市场需求。

(4) 饲料种植（100亩）：主要种植小麦、玉米、豆科牧草、大燕麦等，以保证养殖区饲料需求。

(5) 设施养殖：建成存栏500只的养羊场，存栏100头的养猪场，存栏1000多只的养鸡场，严格执行设施养殖技术规范，放养与圈养结合，加强疫病防治和环保设施的落实。

(6) 生态防护林（2000亩）：主要以林下养殖为主，加强日常管理和防火管理，不断提高林地郁闭程度，放养鸽子、兔子、土鸡、火鸡、乌鸡、鹅等。

2. 建成绿色休闲基地

(1) 农田采摘：设桃、李、杏、葡萄、西瓜、蔬菜等六个采摘区，按照产品成熟季节开放，游客自采，自食免费，带走者按斤收费，为顾客提供体验生产的基地。服务价格随行就市，依照生产管理成本微利定价。

(2) 特色饮食：重点发展地方传统餐饮和素食文化，以本基地生产产品为主要食材，价位取市区同类餐饮收费标准。

(3) 垂钓休闲：以垂钓成果按斤计价，无成果者免费。配套茶艺、烧烤服务项目，收费不高于市场同类价格。为方便管理，实行门票管理制度。

经过全体员工的不懈努力，平凉市明晖农林发展有限责任公司近年来的发展势头良好，2015年、2016年、2017年的销售收入分别为928万元、1094万元、1175万元，利润分别为166万元、154万元、346万元，累计利润为1036万元。

(三) 生态示范园的二期投资建设规划

该生态示范园计划第二期继续投资5000万元，主要完成以下项目。

1. 善家沟新植矮化密植苹果示范园1000亩

苹果的栽植面积大，产量较高，尤其是对苹果树进行矮化密植以来，苹果的产量和品质取得了明显提高，也越来越受广大消费者与客商的青睐。对矮化密植苹果园进行标准化建设与管理，对于提高苹果的产量和质量、增加经济收入具有最要意义。因此，计划投资1600万元，用于建设新植矮化密植苹果示范园1000亩。

目前，平凉市主栽的品种为"长富2号"占苹果栽植总面积的80%以上，品种单一且趋于老化，枝条生长量大，树势强，不便于栽植管理。对苹果树进行矮化密植具有结果早、病虫害与自然灾害少、产量高以及取得经济效益好等多种优势。

(1) 果园建设的绿色技术

水分高效利用技术。对果树进行地膜覆盖，修建蓄水池、行间种植辅草，用以保持果树的水分不流失，并且协调水利局配合修建大型水包，进行果树灌溉。

无害化施肥技术。养殖区养殖有存栏1000只以上的小尾寒羊存栏、100头以上的陇东黑猪和存栏5000只以上的肉鸡，这些动物的粪便通过腐熟和无害化处理是果树的最佳有机肥，具有绿色生态环保的特色，是该公司绿色果品的有力保障。

病虫无害化控制技术。目前，果树病虫害的防治与农药的污染矛盾冲突，应在保护环境的前提下，尽快建立健全病虫无害化防治体系并大力推广该项技术，以大幅度提高"平凉金果"的果品质量。

(2) 优化矮化密植苹果园的管理措施

确定合理的栽培密度。足够的空间是提高矮化苹果产量的重要保障，但是不能运用乔化树的稀植种法。善家沟的土壤比较肥沃，光照充足。因此，果园是按照$4m \times 1.5m$的密度进行种植的，每$667m^2$栽植矮化苗木111株，相对而言较为适宜。

夏季与冬季修剪相结合。夏季修剪是对冬季修剪进行的辅助工作，这一过程不能忽视。在夏季修剪过程中不仅仅要将病枝、枯枝、纤细枝剪掉，还要把拉枝、拧枝等技术一并进行。

对负载量进行合理控制。在生长周期过程中，应适当地进行疏花、疏果，既要保证当年的收成，又要考虑下一年生长。

重视使用有机肥。施用有机肥是对土壤肥力进行调控的关键，每年在春秋季往土壤中施一定量的羊粪、鸡粪等农家肥，然后进行翻耕，使其效果得到充分发挥。在施用化肥时应将氮磷钾进行混合使用。随着树龄的逐渐增长，产量的逐渐增加，施肥量也应该逐量增加。目前所建的1000亩矮化密植苹果示范园，已定期有果树专业技术员进行指导，较前期会有更大的收获和成果。

2. 扩大养殖场规模

为了进一步引导群众发展畜牧养殖业，合作社扩大养殖场规模，果园计划投资200万元将建成的养羊、养猪、养鸡场进一步扩大，拟建成存栏5000只以上的小尾寒羊、存栏1000头以上的陇东黑猪和存栏10000只以上的肉鸡养殖基地。建成后不但能使销售畜产品的收入大幅提高，而且为扩大的苹果种植提供足够的有机肥料。该公司目前每年种植玉米、大燕麦、苜蓿等200亩，可以为养殖区提供草料，真正实现科学种养一体化和绿色循环农业体系。

3. 沼气循环利用系统

此外，该公司拟投资800万元建设沼气循环利用系统。沼气是一种可再生的清洁能源，燃烧后只产生二氧化碳和水，沼气的来源则是动物的粪便和农田产生的作物秸秆。这些原料经过厌氧发酵可以形成三种能源，即沼气、沼渣、沼液。沼气是清洁无污染的新型能源，可以提供给公司及其周边300多户农民用于照明、做饭、取暖；沼渣是最优质的果树肥料，具有无污染、绿色生态的特点，是现阶段国家鼓励发展的有机肥料；沼液则是各种农作物的绿色"药品"，用于防治农作物的病虫害同样具有绿色环保的优势。该项目建成后，该公司将摈弃所有化肥、农药等化工产品，全部使用该系统产生的清洁产品，从而为成功打造绿色果品实现现代循环农业打下坚实的基础。

4. 森林旅游休闲项目

该公司还致力于打造森林旅游休闲项目，依托当地得天独厚的地理位置和森林资源等，计划发展翟家沟垂钓休闲中心太平山道教旅游、樱花观赏中心。平凉明晖农林发展有限责任公司将继续打造"产、供、销"为一体、科学种养一体化和"公司+合作社+农户+基地"的综合型现代农业企业。

2017年，明晖农林发展公司被平凉市区两级政府确定为农村"三变"改革试点单位。2018年，该公司将与各级政府努力配合，积极推进农村"三变"改革，即资源变资产、资金变股金、农民变股东。通过改革，让公司有了更多可以用于经营的土地，让农民多了一条赚钱的路子，实现了公司与农户的双赢。农民通过土地流转让资源变成了资产，手里的资金变成了公司的股金，让农民变成公司的股东，也让公司经营的范围多了起来。真正实现了农民创富增收，公司效益加倍的良好局面。采取"公司+专业合作社+农户"的经营模式，打造生态示范园，发展现代农业不仅改善当地生态环境，还能带领农户通往致富之路。

第八章

GEF项目示范村绿色发展实践分析

就整个GEF三期项目而言，项目创新性地形成了一种在应对气候变化背景下围绕土地可持续管理核心，兼顾项目示范点生计改善和绿色发展的项目活动开展模式，即"应土生绿"四位一体模式（图8-1）。通过土地可持续管理来应对气候变化，同时围绕土地可持续管理开发和设计了一些绿色发展活动，形成了一些绿色发展模式，在可持续土地管理过程中改善社区和农户生计，从而最终也提高了应对气候变化的能力。

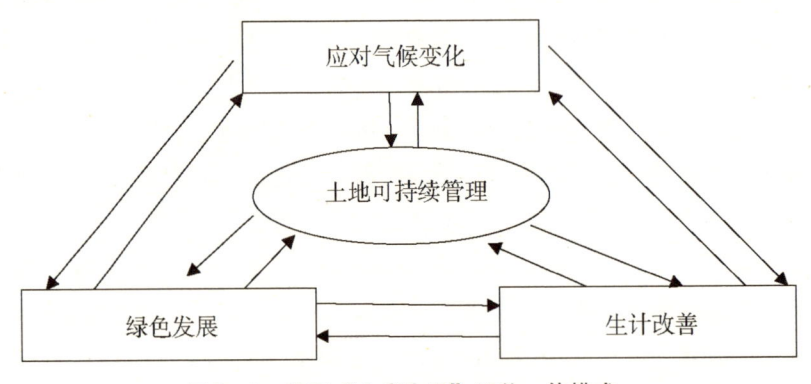

图8-1 项目"土应生绿"四位一体模式

其中，GEF项目中绿色发展活动主要包括：林下生态种养殖（林下种植、林下养殖）、观光采摘园（生态观光园、示范园）、节水示范活动（如刺梨节水示范、玉米覆膜生产）、生态施肥（猕猴桃枝蔓粉碎还田技术示范、生物堆肥场）、病虫害生态防治、抗旱种植试验示范、绿色产业扶持、美丽乡村生态文明示范村建设等。

基于这些活动，形成了一系列颇具特色的绿色发展模式，如陕西眉县田家寨村猕猴桃全环节绿色生产模式、陕西眉县齐峰果业"互联网+绿色生产"模式、四川仁和村"清脆李绿色种植+石漠化治理+休闲康养"模式、青海大通县将军沟村美丽乡村全域绿色发展建设模式、贵州茶香村刺梨"一花一果"绿色开发模式、甘肃平凉新李村多产业融合发展模式、内蒙古林下绿色养殖模式。后面重点介绍四川、甘肃和青海三个项目省的相关案例。

绿色发展项目活动所产生的主要影响有以下方面。

1. 生态影响

绿色发展项目活动的生态影响主要体现在：(1) 促进退化土地的修复和保护；(2) 增加了土地生态系统多样性和土地健康水平；(3) 促进了山水林田湖草的综合协同治理水平和治理效果的提升；(4) 促进了示范村或示范点的生态环境质量改善。

2. 经济影响

绿色发展项目活动的主要经济影响主要体现在：(1) 通过绿色发展活动，提高了示范户和活动参与户的收入水平；(2) 通过绿色发展活动的开展，提升了项目示范村的整体经济实力；(3) 通过绿色发展活动示范和推广，扩大了示范村的经济影响，带动了一些周边村落或周边地区的经济发展。

3. 社会影响

绿色发展活动的开展，产生了相应的一些社会影响：(1) 开拓了示范村村民的视野，提升了项目示范点村民的观念和能力，特别是组织协调沟通能力和发展带动能力；(2) 促进了项目示范村村民间的交流合作，促进了村与县乡相关职能部门间的交流，进一步促进了乡村和谐发展；(3) 通过绿色发展活动，关注弱势群体，促进了精准扶贫和乡村振兴；(4) 通过项目活动的示范、推广和宣传，扩大了项目活动的社会影响，甚至是国际影响。

第一节　四川筠连县春风村项目创新点绿色发展分析

一、春风村的地理位置与自然条件

腾达镇春风村位于筠连县城的东北部，距县城 6 千米。该创新点辖区面积 5470 亩，森林面积 2500 亩，森林覆盖率 46%。海拔在 500—1025 米之间，石漠化面积占辖区面积的 1/3，属典型喀斯特地貌的山区。春风村辖春风、中沙、龙塘三个村民小组，农户 203 户、人口 864 人。其中，位于山脚的春风组岩石广布、喀斯特地貌明显；位于山腰的中沙组坡地主导、壤土发育良好；位于山顶的龙塘组土壤砂质、十分贫瘠。1999 年前，春风村到处都是石头，土地贫瘠，村民贫穷，有民谣称："有女不嫁猫哘湾（春风俗名），那里只有乱石山，土地贫瘠路难走，一天只吃一两餐。"

二、春风村的发展历程与模式

春风村的发展起于基础设施的修建，奠基于农业产业的开拓，蓬勃于特色旅游的兴起。2004 年 12 月，村委会主任王家元上任后，组织村民投工投劳，通过两年的艰苦努力，打通了 2 千米的断头路，硬化了 7.8 千米的村道环线公路，新建了 5.6 千米的碎石组道和 12 千米的水泥便民路。

春风组大部分岩石缝隙中虽有黄泥堆积，但种植庄稼，产量极低。1999 年退耕还林时农民栽植李子树，发现所产李子纯正爽口，因而陆续扩大种植面积，如今李子种植面积已扩展到 1000 亩。中沙组和龙塘组海拔较高，土壤虽有发育，但较为贫瘠。2006 年，春风村将中沙组 320 亩土地以每亩 50 元的价格租给企业，发展花卉苗木。同时引进乌牛早等优质良繁茶苗，在中沙、龙塘陆续建起 1000 亩优质良繁茶基地。随着春风名气的不断增大，2006 年开始，春风人开始举办李花节、品果节，有的村民还办起了农家乐，特色旅游拓展了农民的收入。2015 年，春风人均收入 19200 元，成了远近闻名的富裕村。

三、项目创新点绿色发展活动开展情况

建立农民田间学校 1 个，组织农民参与田间生产技术培训，组织了 3 次技术培训，包括中草药种植培训 1 次、茶叶种植管理培训 1 次、花卉种植培训 1 次。

此外，完成林下套种茶叶 8.8 公顷（132 亩）；还开展了林下养鸡，林下种植花卉 4 公顷（60 亩），林下种植黄精 6 公顷（90 亩），林下种植砂仁 9.8 公顷（147 亩）。示范带动林下种植中草药 1 公顷（15 亩），老茶叶改造升级 9 公顷（135 亩），种植良种花椒 10 公顷（150 亩）。

此外，铺设 2000 米 PCR20 水管，安装有害生物杀虫灯 50 盏。

四、项目创新点活动的组织与实施

第一，县层面创新点的组织模式采取县村互动的模式，在尊重"农民"对种植品种和种植区域选择的基础上，由林业局根据项目资金规模、原则要求以及自身业务知识敲定具体的项目区域（即材料中的小班号）、项目内容（材料中的小班品种）。此外，在项目示范区之外还划定了发展带动区，后者补贴额度不及前者。第二，村级层面的参与机制采取项目区内自主参与的原则，由家庭林

场负责人、企业等带头组织，尊重项目区内农民的意愿，愿意参与欢迎，不愿也不勉强。以林下中草药套中为例，项目划定区域面积249亩，此一区域范围内的农户共27户，全部享有参与权。2015年11月有15户农民开始种植黄精，项目区域内的其他农户见长势良好也陆续种植，这对项目区域外的农户也产生了示范带动作用。

五、项目创新点活动的特色与不足

项目创新点活动的特色在于组织形式的多样性和立体高效林业发展中环境的正外部性。首先，在林下中草药的种植中，春风村组建了林下中草药种植专业合作社，共享技术、市场、原料等诸多方面的信息，组织农民更有成效地培育了黄精和砂仁，增强了对项目区域外农民的吸引力。在林下套中茶花，考虑到花卉苗木专业化程度高、市场操作较为复杂，农民知识水平以及承担风险的能力都较低，因而选择将茶花的种植交给企业。企业用工需求由是增大，50元每天的工资虽然不高，但对妇女、老年人仍具有一定吸引力。且企业承诺为村里提供1万株茶花，对于村庄面貌的改善具有长久效益。其次，原先李子树下除草、李子防虫害等都需要喷洒农药，但林下套种中草药之后，农民考虑到中草药的耐药性差，为保证其成活率，选择人工除草。虽然加大了成本，但品质提高必定能促进长久利益。

项目创新点活动的不足之处在于未能充分兼顾农产品生产规模扩张和产品质量提高间的同步性。以林下套种茶叶为例，春风村当地茶叶的采摘期要早于江浙一带，又引进了浙江的茶商就地加工，且龙井43号在茶质上又优于已有品种乌牛早，因此林下套种茶叶的项目即使没有项目支持，农民也会自发陆续采纳。但必须注意以下两点，第一，尽管当地林业部门和村委会三令五申，禁止砍伐树木，但仍存在一些农民出于树木可能和茶叶争夺生存空间的顾虑，考虑将树木砍去。当初，由种植玉米、红薯等季节性作物到种植多年生平茬作物（茶叶），减少了对土壤的扰动，自然有利于生态改善，但为了拓展茶叶的种植规模进一步砍伐树木就不利于环境保护。第二，品质改善和规模扩大在农林业领域似乎难以共存，茶叶种植规模的快速扩大，假使原先有绿肥，目前也无法保障；假使原先能人工除草，目前也人力不足。因此，春风村需要逐渐着力解决"规模化"加"高强度土地利用"背后的环境隐患。

六、结论与启示

（一）如何进一步发挥人的主观能动性

春风人在土壤贫瘠的石缝中创造了金山银山，这和春风村两委坚强领导下春风人自身的勤奋拼搏密切相关。春风精神由此广为流传，成为石漠化地区发展农林特色产业学习的典范。春风虽整体脱贫，但少部分人相对落后，原因可能是思想观念落后、自身懒惰等诸多原因。因此，要妥善应对春风村快速发展，成为时代宠儿的背后，一部分落后群体内心日渐产生的疏离感和不信任。微观上要研究落后群体落后的历史条件与现实约束，充分尊重其人格自主性。宏观上要进一步加强基层民主建设，严格程序公正，严格财务透明，加强落后群体在大家庭中的存在感和集体荣誉感。

（二）如何进一步高举绿色生态的旗帜

农林业的绿色发展一时间全部铺展开来有一定难度，但中国快速崛起的中产阶层对绿色产品有较高的购买需求。春风人已经瞄准方向，朝着绿色精品的方向迈进。因此，第一，要进一步重视科技的积累与传播。据科技人员和当地有经验的种茶能手介绍，茶叶农历春节前后开始采摘，四月底进行平茬，正好与林木的生长季节错开，且林冠的遮蔽有保湿、避风等利于茶叶生长的功能，因此现实中一部分农民的伐树种茶行为是盲目的，要归咎于宣传推广的不足。第二，要进一步加大组织的建设与管理力度。此一方面，春风已有良好的经验可供借鉴，如组织李子专业合作社，统一商标、包装、价格，集中销售，集体购买化肥、农药等。茶叶专业合作社也可依次复制，降低经营成本，规范农户行为，拓展产业价值链条。第三，要进一步增进发展的系统性与协调性。春风人意识到立体高效农业发展中纯林居多，生物多样性不够，这可能是近些年来樟子松死亡频现的主要原因，如今陆续种植起来的林下中草药和柑橘等，将提高生态系统结构的稳定性。春风早先建造了大量沼气池，依托于猪的饲养提供产气原料，但随着新居的建设与猪的饲养减少，大量沼气池遭到废弃，农民又开始要依赖一部分薪柴。此能源结构的变化，提醒春风人必须立足长远，协调生产结构与生活方式。

第二节 甘肃省平凉市崆峒区新李村绿色发展分析

一、自然资源概况

崆峒区地处甘肃东部，六盘山东麓，地理位置在东经106°25′—107°21′、北纬35°12′—35°45′，属陇东黄土高原丘陵沟壑区，西北高峻多山，东南丘陵起伏，中部河谷密布。气候属半干旱、半湿润季风型大陆性气候。地表水可利用量1.1亿立方米，地下水储量12亿立方米。植物资源1300多种，动物资源50多种。

崆峒区辖区内的新李村海拔在1500—1700m，山地和丘陵面积占村庄总面积的50%，而山地和丘陵的平均坡度为30°，均已纳入国家退耕还林工程。当地虽属于典型的温带大陆性气候，但由于近年来不可逆转的全球气温变暖的影响，十年间年均温呈不断上升态势，同时年降水量也增加到550—650mm，雨热同期特性更加显著。当地的植被90%左右由刺槐、油松、旱柳和白杨构成。

二、社会经济概况

新李村位于甘肃省平凉市崆峒区柳湖乡，距离乡镇政府10千米，是名副其实的近郊农村（图8-2）。全村是一个自然村，由6个村民小组构成，共计364户农户，总人口1624人，其中外出打工的人数仅为150人，占总人口的比重不到10%；返乡创业村民人数寥寥，仅有5人；贫困人口有25户，共计84人，目前均已脱贫。2017年全村现有土地面积5036亩（其中耕地2240亩，林地1915亩），总人口1467人，人均耕地1.5亩。农业人均纯收入达到6800多元；其中农业总收入占比为55%，林业总收入占比为10%；草畜收入占比为15%，其余包括外出务工等其他收入约占20%。全村主要经营的农作物以玉米为主，经济作物则以主要为大棚蔬菜。品种包括辣椒、西红柿、黄瓜、茼蒿、菠菜、香菜等。由于以苹果为主的经济林收益低且没有对品种进行改良，加之果树已经老化，在20世纪90年代末期，将150亩果树砍伐更种玉米、小麦等粮食作物。

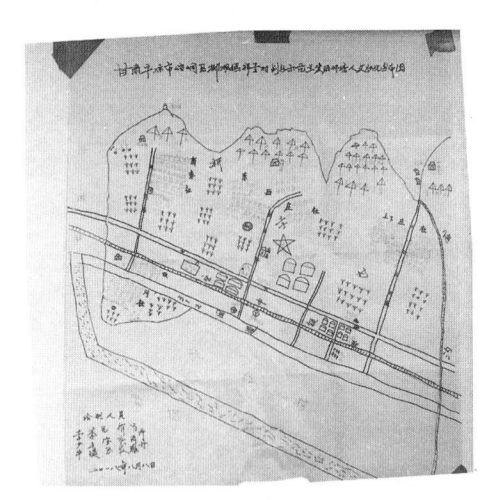

图 8-2 通过参与式农村评估（PRA）方法与村级主要负责人共同完成的村级地图

三、新李村的发展

（一）新李村改革大事记

新李村诞生于改革开放初期，经过改革开放 40 年的发展，新李村在土地制度、村庄建设和教育文化领域均发生了翻天覆地的变化，这些变化深深影响着村庄，不仅改变了村庄落后的面貌，影响着祖祖辈辈生活在这里的人们的衣食住行，同时也使村民的文化素质得到潜移默化的改变。

1. 土地制度的变迁

如表 8-1 所示，新李村在改革开放前一直是人民公社的一个生产大队。在 1981 年进行农村土地集体所有制改革，实施家庭联产承包责任制，同时在林业方面进行"林业三定"，是适应生产力发展前提下，在不改变生产关系的基础上的促进农林业大发展的重要举措。随后近 30 年间，尽管婚丧嫁娶等原因导致人口结构与土地结构不相匹配，但农村土地制度保持不变，促进了农林业稳步发展。2009 年，在集体林权制度改革率先试点成功的前提下，新李村也开始进行新一轮的集体林权制度改革，并于 2011 年全部完成确权颁证工作。表 8-2 则是分类介绍了当前新李村不同土地利用类型面积及主要种养殖品种，其中耕地面积最大，达到 2240 亩，约占土地总面积的 44.48%，而养殖占地面积最小，仅为 70，占比约为 1.39%。

表8-1 村土地改革历史大事记

时期	土地改革
改革开放前	自1956年三大改造完成后一直由人民公社领导的以生产队为基础的集体土地所有制
1981	家庭联产承包责任制开始在本村实施，同时实施"林业三定"政策
2009	新一轮集体林权制度改革开始
2011	将林地的使用权、收益权和处置权分发到户并确定地界、颁发了林权证

资料来源：实地调研获得。

表8-2 崆峒区柳湖乡新里村土地利用现状

土地利用	面积（亩）	主要产物种类	占土地总面积百分比（%）
耕地	2240	小麦、玉米	44.48
林地	1915	刺槐	38.03
宜林地	350	—	6.95
特色种植	213	苗木、蔬菜	4.23
居民点	248	—	4.92
养殖	70	猪、羊、牛、鸡	1.39
总土地面积	5036	—	100

资料来源：实地调研获得。

2. 村容村貌变化

根据村支书等人的口述和回忆，将近30年对村庄发展起到巨大影响力的大事进行汇总并绘制表8-3。如表中所示，新李村于1993年最早解决照明通电问题，随后于1995年解决清洁自来水饮用问题。进入21世纪以来，新李村进入基础设施建设快车道，紧随国家的政策方针及科技进步的步伐，先后参与了退耕还林、修路、危房改造及网络全覆盖等工程。

表8-3 村庄建设发展大事记

年份	建设发展事件
1993	全村通上电,从此告别蜡烛、煤油灯,迎来光明
1995	安装自来水装置,村民喝到清洁、健康、方便的饮用水
2001	村级荒山实施退耕还林工程
2010	村级主干道及小路全部实现硬化
2012	全村在政策扶持下进行危房改造,农户的居住条件显著提升
2016	全村实现无线网络全覆盖,村民与外界的沟通与联系更加紧密

资料来源:实地调研获得。

3. 村务管理及大力发展教育事业

随着新李村适龄人口的下降,加之就近入学政策的实施,新李村的小学面临关闭的风险。如果小学关闭,不仅可能造成村子适龄学生上学困难,还会促使人口从村子流出,造成村子相对紧缺的劳动力流失。为此,以村支书为核心的领导班子,着眼于学前幼儿教育,制定详细的办学规划,通过向上级申请项目支持和自筹资金两种方式,组建当地一家具有先进办学条件的公立幼儿园,一举三得不仅解决了儿童上学难的问题,扭转了学生不断流失、学校面临关停的不利局面,还为新李村吸引了更多的外来劳动力。村委会通过对教育事业尽心尽力的扶持发展,取得了良好的效果。通过表8-4可知,经过改革开放40年的发展,新李村村民的受教育水平发生了翻天覆地的变化。

表8-4 新李村改革开放40年学历水平对比

时间	文盲	小学	初中	高中(职业技校)	大学专科	大学本科及以上
20世纪80年代	4%	45%	40%	10%	1%	0
2018	0%	0%	20%	55%	15%	10%

数据来源:实地调研获得。

(二)GEF项目实施的五大工程及成效

GEF项目在新李村实施了五大工程,除一项工程因为国家环保政策的实施,未能达到预期效果外,其余的四项工程不仅达到预期效果,还发挥了种子效益,撬动更多资金的注入和相关配套政策实施(见表8-5),使新李村初步构建了生态补偿机制下，以一三产业为主体的产业体系（见图8-3）。

表8-5 新李村人均收入及项目投资情况

年度	农民纯收入	多种经营收入		粮食收入		新李村各项社会投资（2015—2017）					项目投资
						温棚建设	荒山治理	林下养殖	其他	投资合计	
	元	元	%	元	%						
2014	4700	2215	45	2585	55	建设温棚58座，投资464万元	水土流域治理350亩，投资70万元	林下特色养殖48万元	种植中药材（铁皮石斛）投资18万元	该项目累计社会投资600万元	设计投资15万美元
2017	6800	4624	68	2176	32						

资料来源：实地调研获得。

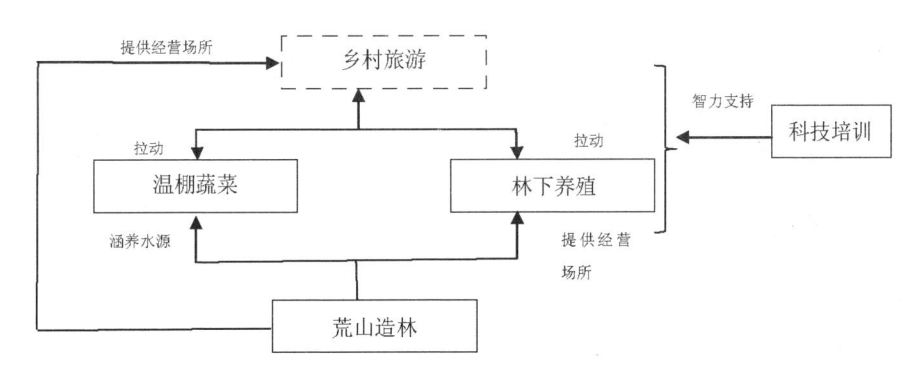

图8-3 GEF五大项目相关关系

1. 改造利用资源——荒地造林

新李村上下庄社北部面山完成项目设计的生态工程于2016年3月20日开工，在2个月内完成该村北部面山荒山造林面积350亩。具体项目实施的内容包括：（1）将苗木冠幅50厘米、高度1—1.2米的油松健壮树进行造林，造林的株行距为2m×2m，植树的密度为167株/亩；植树项目由采取乙方包栽包管护，同时在保证成活率达到85%以上前提下进行连续三年的补植及抚育；（2）造林前先进行整地作业，整地按照等高线进行水平整地，水平带宽0.8米，水平带距2米；（3）栽植后必须浇两次定根水，然后进行敷土作业以确保成活。

通过改善示范点替代生计的基础设施建设，为当地劳动力提供了就业机会，提高示范点群众生产技能和生活水平，促进土地的可持续利用水平和环境资源的提高，适应气候变化能力。同时，使创新点植被覆盖度一次性提高了8个百分点，水土流失的土地得到有效控制。

近年来，通过利用在项目点所积累的经验，村委会领导班子在将全村的荒山资源进行整合前提下，抓住崆峒区绿化荒山的机遇，先后在项目外造林共计1000多亩，荒山上的植被长势良好，也已实现涵养水源、防止水土流失的效果（图8-4）。

图8-4 荒山造林效果图

2. 拓展生产空间——林下养鸡

2015年，在平等协商、利益风险共担的基础上，本村六户村民参与组建的林下养鸡专业合作社注册资金50万元并成立平凉吉利养殖有限公司，法人为六户成员之一的赵吉利，主要经营林下散养土鸡、土鸡蛋（图8-5）。2016年8月10日前完成林下养殖基础设施建设，项目内容：建设林下养殖鸡舍300m^2，养殖场地达到50亩；免费提供5000只鸡苗，是其形成年养鸡10000只的规模；带动本示范点三户贫困户脱贫。目前项目已经实施完毕，达到项目要求。

生产成本方面，主要的喂养饲料以玉米为主，一只鸡出栏需要5个月的饲养周期，体重可达20斤左右，饲养10000只鸡年消耗粮食60吨左右，按照饲料0.8元/斤，仅饲料喂养一项就需花费9.6万元，除此之外，防疫消毒、人员工资费用、基础设施建设及维护均为经营成本。销售方面，尽管暂时还无注册品

图 8-5　农林复合经营——林下养鸡

牌，但由于提供绿色无污染产品，因而销售情况异常火爆，处于供不应求的状态，销售的方式以上门收购和网络销售为主，主要销售地为周边市场，同时由于产品优质还销往陕西、宁夏和甘肃等地区。销售价格一般在 10 元/斤，一只鸡的售价均价一百五十元左右，以鸡的成活率为 80% 为例，除去购买种鸡、饲料成本、人工管理成本、销售成本、鸡舍的维护成本等基本生产管理成本外，年均纯利润在 14 万左右，户均纯收入约 2.3 万元。

该项目有很大的撬动作用，在 GEF 项目投资的前提下，截止到 2017 年带动社会资本投资 48 万元。其中，在该养鸡场建设初期，村委会出面给予该养鸡合作社 2 万元的技术咨询入股，以保证当其他农户进行效仿经营养殖时，合作社可以无偿提供养殖技术指导。六户村民发展林下养鸡产业是对其中三户贫困户进行产业扶贫，并使其快速脱贫。通过改善示范点替代生计的基础设施建设，提高示范点群众生产技能和生活水平，促进土地的可持续利用水平和环境资源的提高，提升示范点群众适应气候变化的生计能力。

3. 支柱产业——设施农业

作为传统种植蔬菜的村庄，新李村村民普遍具有一定水平的蔬菜种植经验和技术。由于当地处于西北地区，存在年均光照时间长但年均温较低的问题。

为了充分利用土地资源、劳动力资源和充足的光照资源，本村大力发展设施农业。GEF项目为该村的20座标准化蔬菜大棚进行2万元/个的补贴政策。

村委领导班子调整土地资源，使优良的地块得以集中连片。同时向崆峒区农牧局申请蔬菜基地项目，建成标准化蔬菜大棚50座（图8-6），每个标准化大棚长50m，宽9.2m，占地0.68亩，平均每个大棚的造价（前体、膨体、钢管、棚膜、草帘、大门，不包含内部设施）为8.7万元，其中崆峒区政府财政补贴4万元/个棚，其余资金以贷款的方式自筹。一个大棚以2000—3000元不等租金出租给本村村民，优先选择拥有良好的种植经验、劳动力充足、家庭贫困的农户。村委会收取的租金主要用于偿还贷款。截止到2018年时，新李村拥有的蔬菜大棚已经达到180座，初步形成显著的规模效益。

在经营管理方面，设施农业内的蔬菜种植严格按照无公害蔬菜的种植标准进行管理，大棚内的墙壁均张贴《国家禁用和限用农药名录》《农业投入品使用管理制度》《农产品质量安全承诺书》等，因而用人工除草替代除草剂农药，采用粘虫板和低毒、高效的农药防止病虫害；使用的肥料为"化肥+农家肥+复合肥"的方式，其中化肥仅适用于作物生长中需要追肥的时期，以后两种为主。

图8-6 标准化温室大棚

耕种方式方面，不同品种在一年中按照生长周期和市场需求安排套种和轮作。此外，由于温室大棚内的温度和湿度不仅有利于作物生长，也有利于土壤中病虫害的滋生，因而，在全年均可种植蔬菜的过程中，选择7月实施休耕，同时打开棚膜，对土地深耕并暴晒。

产品销售方面，根据蔬菜产量的多少，可分为零售和批发两种形式，批发主要由批发商上门收购，零售则通过农户自己将产品送到附近的集贸市场去销售。销售市场主要以平凉市周边地区为主。蔬菜种植大户无偿使用由村委出资申请注册的"新李鼎旺"商标进行贴牌销售。

2018年预计纯收入达到450万元，平均单棚纯收入3万元。产业补偿模式为土地保护者提供了稳定的、长期的、可持续发展的平台，为保护增效提供了保障。2014年示范点人均收入为4700元，项目实施的2016—2017年人均收入达到了6800元，年增幅达到2100元，收入增幅率超40%。增长的这部分收入主要取决于项目的设施蔬菜种植及养殖。

4. 未来蓝图——乡村旅游

GEF项目曾对新李村发展乡村旅游业进行资金扶持，但新李村被崆峒区政府划入水资源生态涵养区，禁止一些形式的农家乐服务。为此该项目被迫搁浅。村委领导班子积极转换发展思路，结合设施农业构想发展农业观光采摘旅游业。

5. 人才培养——技能培训

设施农业、林下养鸡及畜牧业为新李村的支柱产业，面对市场的激烈竞争需要不断提升农户的种养殖管理技术。为此，GEF项目对全村劳动力先后进行四次的种养殖培训。由于培训的知识技能是农户在生产管理急需的关键技术，加之培训的时间集中在农闲时节，因而培训活动得到农户认可。通过参加培训，农户了解到市场需求，掌握了重要的经营管理方面的技能，培训收到良好效果。

图 8-7 GEF 项目农业种养殖技术培训会

四、当前新李村绿色发展中存在的问题及对策

荒山造林工程方面，尽管造林过程已经结束，种苗的成活率很高，初步实现了保持水土、涵养水源的功效。但当时为了保证造林成功，栽种密度过大，限制了树苗生长空间，为此，在造林工程结束后需要对其进行抚育修枝及疏密移植作业，保证树木间拥有适宜的生长空间；为了改善当地冬季景观，荒山造林主要以圆柏和油松纯林为主，造成生物多样性单一，为此，应当地林业部门已在林道两侧种植旱柳、刺槐等乡土树种，已达到丰富树木种类的作用；此外，由于缺少天敌，当地的鼠害较为严重，极易啃食树根，造成树苗死亡，目前尚无很好的防治手段，在不使用毒药的前提下，只能使用人工机械诱捕装置。为此，建议引入对当地环境较为适应且不易影响其他物种生存的动物天敌。

林下养殖方面，通过调研发现，如下问题：（1）林下鸡对树皮及地表的破坏力强；（2）由于林下鸡采用散养模式，因而家禽粪便的收集和处理难度极大（3）当前，林下养鸡公司的产品单一，产品附加值较低；（4）该林下养殖公司尽管向村民出售小鸡种苗，但公司规模和示范带动效益并不显著。为此，给出以下建议：（1）针对上述问题一、二，严格按照环评标准处理家禽的粪便，防止污染地下水，并在养殖经营的第十年后主动办搬离原有的养殖场所，让原来的场地内的植被得到自然恢复；（2）针对上述问题三、四，加强优惠政策，鼓励更多村民加入养殖公司，注册地理商标，实现规模效益，在达到一定规模的前提下，对产品进行深加工以提高附加值。

暖棚蔬菜种植方面，存在如下问题：（1）由于暖棚一年的四季可以人工控制温度和湿度，因而暖棚的生产时长是一年的十二个月，容易导致地力下降，尽管有规定正值酷夏的七月份要进行土地休耕和暴晒，但有些农户为追求经济利益，没有对土地实施这样的经营管理措施；（2）虽然以村级名义注册了"新李鼎旺"的蔬菜商标，但是未能很好地利用这一商标，商标产权管理较为松散；（3）新李村的蔬菜产量随着暖棚的大面积建设，蔬菜产量得到的大幅度的增长，但菜农的收入并未成比例的增长，在实现产量增长的同时需要转变思路提高产品的质量。基于上述问题，给出以下建议：（1）加强蔬菜合作社的监管机制，严格按照土地使用规范约束入会农户，保持地力，逐步减少最终达到不使用化肥的经营状态；（2）蔬菜合作社要有品牌的产权意识，实施有偿、合理使用商标的制度；（3）在科技培训、新品种的引进及管理理念的变革多管齐下，充分利用注册商标的知名度，将无公害蔬菜向有机蔬菜方向转变，在增加蔬菜产量的同时提升蔬菜产品的整体质量，增加菜农的实际收入；（4）加强蔬菜销售链条的拓展，减少中间转销环节。

五、新李村成功的绿色发展模式

当前，尽管新李村绿色发展出现各种问题，面临诸多挑战，但新李村绿色发展仍是成功的典范。基于本次调研情况，认为新李村的绿色发展模式应从以下几个方面分析。

一是以村支书为核心的基层村集体的探索和努力，这是新李村成功的最重要原因。在调研过程中，可知以村支书为核心的村两委领导班子以促进新李村发展，提高村民的生活水平作为一切工作的出发点和落脚点。积极申请和承办各项村级建设项目，整合争取到的各项资源，主动承担起村级经济组织的职能，代行蔬菜合作社的管理工作，同时不断解放思想，勇于创新发展模式，拓展发展道路，虽然乡村旅游项目一度出现问题，但仍积极尝试进行符合国家环保规定的良性旅游发展项目。此外，面对村庄适龄儿童数量锐减，严重影响小学发展前景，蔬菜基地缺少劳动的不利情况下，转换思路，大力发展学前教育，不仅保障了适龄儿童受教育权，方便学生就近入学，还吸引附近村庄的学生就读，连带学生家长在本村打工，缓解本村劳动力短缺的困境，一举多得。

二是上级政府以新李村为发展试点，对其进行产业、政策财政扶持，这是新李村成功的前提条件。以崆峒区农牧局和林业局为代表的政府部门，积极投身实践，通过整合政策、项目财政资金等资源，全方位扶持新李村。

三是能人带动效益，这是新李村发展成果惠及广大村民的重要保障。以林下养鸡有限公司为代表的能人通过多年养鸡的经验和积累资金，带动贫困农户创业，同时向其他农户出售种鸡并无偿提供养殖管理技术，一定程度上起到了示范带动作用。

四是区位优势和资源相对丰富是发展近郊农业的重要前提条件。新李村位于崆峒市区周边，是典型的近郊农村，又紧邻国道，交通运输便利。基于社能圈理论，这样的村庄最适应发展近郊农业。同时作为平原与丘陵面积近似相等且泾渭分明分布的村庄，新李村委会经过整合和治理使土地资源得到了较大规模的开发和利用，人均资源相对较为丰富，为绿色发展的成功奠定了坚实的物质基础。

第三节　青海大通县将军沟村绿色发展活动投入与产出分析

一、项目点地理人文情况

将军沟村地处青海省大通回族土族自治县（以下简称大通县）向化藏族乡西北部，东临互助土族自治县，南接东峡镇，西接桦林乡、门源回族自治县，距乡政府4千米，距县城30千米，地势西北高，东南低，三面环山，海拔2750—4284米，年平均气温0.8℃，年降雨量650毫米，无霜期80—90天，气候冷凉湿润，属山地地区。全村1个自然村，94户，376人，主要聚居着汉族、藏族两个民族，少数民族人口占全村总人口的51.4%。将军沟流域土地总面积为1939.3公顷，林业用地1528.5公顷，耕地面积127.8公顷，其他用地283公顷，森林覆盖率33.7%。主要以马铃薯、油菜、青稞、小麦种植及林下土鸡、马、牛、羊养殖为主。经济收入主要来源于劳务输出、种植业、养殖业，2015年全村经济总收入497.18万元，人均纯收入8836.09元。项目投资共计1479.29万元，其中政府补贴资金280万元，项目整合资金344.57万元，群众自筹854.72万元。

二、绿色发展活动投入产出情况

（一）植树造林

GEF项目计划在将军沟流域植树造林100公顷青海云杉（Picea crassifolia Kom.），达到净增林地面积100公顷，项目区森林覆盖率提高5.2个百分点，区域生态环境得到改善；森林活立木蓄积量增加20000立方米，生态系统总碳量增加1.6万吨的目标。青海云杉是松科、云杉属乔木，高可达23米，一年生嫩枝淡绿黄色，二年生小枝呈粉红色或淡褐黄色，4—5月花期，9—10月球果成熟。该种是中国特有树种，分布于中国祁连山区以及青海、甘肃、宁夏、内蒙古大山海拔1600—3800米地带，常在山谷与阴坡组成单纯林。其木材性质与云杉相似，供建筑、桥梁、舟车、家具、器具及木纤维工业原料等用材。2015年，青海云杉被确定为青海省省树。考虑到青海省的地理人文条件，以及青海云杉可在阴坡单独成林的特点，本次GEF项目计划在人工造林方面选择了青海云杉，并要求达到10年生、80厘米高的标准,并积极推广带土球大苗造林技术,增强碳汇能力。

将军沟流域的青海云杉人造林由大通县林业局负责于2010年开始实施,在2012年加大力度,在2014年全面建成,目前青海云杉人工林的成活率良好,树龄在6—7年之间,树高范围在30—120cm之间。项目主要投入为青海云杉幼苗与栽种人力成本,其劳动力来源主要为将军沟村当地人员。改人工林项目开展与国内重点生态公益林项目相结合,于示范点示范造林100公顷,并在栽成三年后移交将军沟村村委员进行管理,进行分林到户,实现林地确权,并带动将军沟流域目标区造林6000公顷(图8-8)。

图8-8 大通县将军沟流域云杉幼苗种植区域

目前,将军沟流域的青海云杉人工林项目生态效益较好,并在森林管护方面带动了当地的生态环保就业与生态扶贫发展。与此同时,将军沟村流域的大面积人工林建设以及管护与当地居民的畜牧要求之间存在替代效应,如何平衡当地居民的畜牧要求和生态环保是值得后续持续关注的。

(二)封山育林

将军沟村流域所在大通县水土流失严重,全县水土流失面积达19.78万公顷,占总土地面积的64%,属全国水土流失严重地区之一。其中严重流失面积为2.7万公顷,较严重的地区达3.7万多公顷,年侵蚀模数达2700吨/平方千米，年均输入黄河泥沙量达395.6万吨。GEF项目计划封山育林300公顷，通过拉设围栏、制作标示牌、购置防火工具、专职护林员等方式恢复林草植被，减轻水土流失强度，并在一定程度上起到涵养水源，改善生态环境的作用。

将军沟村的封山育林项目由大通县林业局于2013年左右开始具体负责实施，当年已完成围栏、标牌和防火工具等专用工具的购入与配备，目前仍在持续管护建设当中，项目建设与国内投资项目三北防护林、天然林保护、祁连山生态建设等结合开展封山育林，促进森林植被自然恢复，减少碳消耗，提高固碳能力。同时进行封造结合，对封育不易成功的宜林地采取人工辅助更新的办法，促进植被恢复。示范点封山育林300公顷，带动目标区造林8000公顷。将军沟村在封山育林项目中以护林员为第一责任人，成立以村主任为负责人的防火小组，小组规模达40人，对300公顷的项目林区进行防火等持续新管护措施。项目投入主要集中在持续性的护林员人力成本上，依照森林管护面积计算劳动报酬，每名护林员的平均年工资为12000元左右。其中部分护林员由贫困户担任，在实施封山育林项目的同时还达到了生态扶贫的目标。在产出方面，通过初步计算，项目建设完成后，当地水土保持面积增加3000亩，每年防止水土流失总量可达4800吨。可减少氮、磷、钾流失量13吨。以氮、磷、钾平均每吨2000元计，年保持水土效益为26000元。

（三）生态文明新农村建设

GEF生态文明新农村建设项目，对将军沟村项目区提出的生态文明新农村建设具体要求主要包括：土石路9千米进行全结构硬化，改善出行条件；原有89户土木结构房屋改造为砖木结构或砖混结构房屋，改善人居环境提高安全指数；修建文化广场，配备健身器材为群众提供休闲、健身场所，丰富当地群众文化生活。

生态文明新农村建设项目整体于2016年基本完成。其中危房改造项目在2010年开始就有所涉及，于2016年左右实现全村危房改造全覆盖，2010年的补贴标准为每户1万元的资金补助，其补贴标准随着时间的推移和物价指数变动有所上涨，2016年的补贴标准为每户4.5万元，该项目总投入为100多万元。道路硬化项目由2011年开始进行主路部分建设，2012年进入全面硬化阶段，确保每户居民门前都有硬化路面，其中自筹资金为每户1200元，项目总投入为100多万元。文化室项目与村委会建设同时进行，于2008年已有雏形，后期在GEF项目的帮助下不断更新建设，目前受赠书籍达到8000多册，类别包含十多项门类，以农业技术书籍为主，并由青海省文化厅赠送市场价值为10多万以上的文化演出设备，包含音响设备以及演出服饰等。2017年10月，为配套将军沟村旅游发展，建设生态文明新农村，改善村级生活环境，项目投资21.4万元，用于购置并栽种花灌木6400株，管护围栏5000米，在村级主干道路两旁及重要景点进行栽种及维护；家庭用小型垃圾箱94个，已全部发放到全村94户农户中。由于气候等因素制约，项目内容已购置完毕，具体栽种于2018年4月实施完成。同时将军沟流域项目点大力发展乡村生态旅游，2017年10月，配套将军沟村旅游扶贫村项目建设，GEF项目资金投入30万元，用于建设120平方米村级旅游服务中心1处，目前主体工程已全部完工，内部装修2018年实施；12月扶持10户农户发展旅游服务，每户购置1.2万元配套服务设施。

项目的实施旨在期望达到强化全民环保意识，树立文明风气的目标。通过项目建设，将军沟村项目区的环境与精神面貌将得到进一步改善，良好的文化氛围和生活环境与以前形成鲜明对比，流域居民在提高自身生活、文化水平的同时，可以切身体会到环境建设的重要性，从而增强环保意识、提高自身素质。目前将军沟村生态文明新农村建设当中主要存在村民积极性不高、配套设备使用率低的情况。

（四）特色农业发展科技示范与推广

大通县将军沟流域经济发展与资源环境矛盾突出，大通县的经济发展高度依赖于资源型产业，这种高度依赖资源开发利用的经济结构，使经济发展与资源环境之间、生态环境保护和可持续发展之间的矛盾日趋突出。从相关区位条件和资源禀赋来看，改变这种经济结构，发展新的环境友好型产业，构建生态经济体系，是一项长期的、艰巨的任务。在此基础上，GEF项目在将军沟流域实施半干旱山地农业区可持续土地管理创新，提高土地资源生产力，实施农业科技示范与推广，集中连片规模种植脱毒无公害马铃薯新品种100公顷。

将军沟流域本身气候与水文条件适宜马铃薯的生长，当地的粮食作物也以马铃薯为主，当地对于马铃薯的种植同样具有一定的历史和技术积累。但将军沟村原始的马铃薯种植过于粗放，无法实现经济发展与资源环境之间的平衡，造成了资源浪费。通过GEF项目，将军沟村建立了马铃薯种植合作社，与大通县农科站积极联系，免费提供种苗、化肥以及地膜，在特定项目区连片种植地膜覆盖马铃薯33公顷，测土配方施肥100公顷。通过测土配方等农业技术来调节和解决作物需肥与土壤供肥之间的矛盾，在农业科技人员指导下科学施用配方肥，以土壤测试和肥料田间试验为基础，根据作物需肥规律、土壤供肥性能和肥料效应，在合理施用有机肥料的基础上，提出氮、磷、钾及中、微量元素等肥料的施用数量、施肥时期和施用方法。相关农业技术的推广与示范有针对性地补充作物所需的营养元素，作物缺什么元素就补充什么元素，需要多少补多少，实现各种养分平衡供应，满足作物的需要，从而提高肥料利用率和减少用量，提高了作物产量，改善了农产品品质，并且达到了节省劳力、节支增收的目的。

通过该项目的实施，实验地区的马铃薯达到亩产8000斤的水平，以每斤0.4元的平均市场价格计算，每亩可为农民提供3200元的收入。综上所述特色农业发展科技示范与推广项目提高了劳动生产力，增加了就业机会。通过项目建设，土地资源将得到充分合理的利用，随着区域气候的改善、水土流失的有效控制和土壤肥力的提高，土地生产力将有所提高。项目实施后，必将促进种植业、养殖业的发展。同时可为社会提供更多的就业机会，减轻就业压力。通过可持续土地管理和修复技术，示范点农田、草地、林地等土地资源生产力提高，到2017年平均增加10%以上。

（五）林下生态鸡养殖

目前将军沟村存在着传统农业生产方式和农民生活方式加大对生态环境压力的现状。大通县地处黄土高原与青藏高原过渡地带，沟壑纵横，属自然灾害频发的脆弱生态环境。农业生产一直延续传统粗放型生产经营方式，使得大量荒山、荒坡变为耕地，破坏了大量的林草植被。因此，改变这些传统的生产生活方式，建立与现代发展理念相适应的新的生产生活方式，是缓解农村生态环境问题的主要途径，也是实施生态立省生态立县战略所必须要面对的挑战和要解决的主要问题。对此，GEF项目计划在将军沟村项目点发展林下养殖业，支持发展养鸡合作社1个，养殖示范户97户，养殖总规模20000只。

目前将军沟村已经依托大通县益民林下种养殖专业合作社进行了生态鸡养殖项目的实施。建设育雏室120平方米，鸡舍120平方米、围栏3000米。购置育雏设备1套、防疫设备1套，购置鸡苗20000羽。2017年6月，为扩大该村林下经济产业规模，发展适宜当地的生态产业，项目投资16.8万元用于购置养殖生态鸡苗8000只、饲料2吨，发放给全村72户农户及林下养鸡专业合作社，鼓励农户大力发展林下经济产业，通过出售成年土鸡及鸡蛋，进而增加收入，提高生活水平。项目分两批实施，第一批一半鸡苗及饲料已于2017年6月发放完毕，剩余一半于2018年6月实施完成。

发展林下养殖，对缩短林业周期，增加林业附加值，促进林业可持续发展，开辟农民增收渠道，发展循环经济，巩固生态建设成果，都具有重要意义。发展林下养殖,既是林业经济的延伸,又是循环经济的具体体现,更具有高效农业的显著特征。GEF所实施的林下经济项目有利于化解土地资源配置矛盾,解决养殖用地难问题。同时有利于巩固林权制度改革与造林绿化成果,林下养殖周期短、产量大、见效快,以牧养林,以林促牧,种植养殖结合,经济生态相统一。此外还带动了农民就业创业,培养新型种植养殖人才,就近就地解决农民就业创业问题,促进农村和谐稳定。

(六) 中藏药种植

目前的生态保护项目都在积极探索资源的综合高效利用,可持续利用有限资源,并将生态保护和当地居民生计相联系,做到两者之间的平衡,甚至以生态保护带动居民生计的提升。药材等经济价值较高且与大型乔木林相兼容的物种获得了越来越多的关注。林药间作等林下经济模式也成为生态保护与特色农业产业发展的方向。将军沟流域所处的青海省具有特殊的地理位置和自然条件,造就了其动植物资源优于其他地区生物,并具有活性强、药用成分含量高的特点。同时将军沟流域的高海拔等地理条件非常适合常规中藏药的种植,当地居民本身就有在相应季节采摘收获野生中藏药的传统。在此基础上将军沟村对原有退耕还林进行林药间作,种植特色药用植物林下种植25公顷(图8-9),主要种植青藏高原珍稀药用植物,如当归、党参、黄芪、大黄等。在此基础上,

图8-9 将军沟流域中藏药种植区域

该GEF项目2017年带动将军沟村中藏药种植1500亩,总投入960万元,包括基础建设费用、招标代理费、人工成本(平均1万元/人/年)等,其中项目补贴400万元。目前将军沟项目点的中藏药种植以合作社为形式,统一耕种与采收,2017年初步开始盈利85万元,后续的盈利将逐渐增加至稳定状态。

中藏药种植项目作为可持续农牧业发展和绿色发展活动可为当地群众直接增加人均收入近2000元,经济效益显著。同时积极发展了绿色产业,支持示范点农民发展特色产业,创新可持续生计模式,增加农民收入,改善生产生活条件。同时林药间作的模式充分利用原有的林地土地和退耕还林土地提高土地使用率和土地生产效益,使农民年年获得经济效益,达到生态保护效益和农民经济效益双赢的目的。从而推动退耕还林工程的顺利进行和提高农民造林管林护林的积极性。同时,林药间作使得农民因经济效益的驱动提高管理的积极性,在管理药材的同时(包括施肥、浇水、中耕除草、除虫)林木也得到了管理,有利于林木的成长与管护。总体而言林药间作的模式适应了农业和农村经济发展,体现出林业经济效益以及生态效益。

(七)节能减排

气候变化已成为人类社会发展进步面临的重大挑战。青海省的土地退化现状使得应对全球气候变化的能力大大减弱,与此同时青海省经济结构过度依赖能源和矿产资源开发利用,具有不可持续、不绿色科学的特点。在此基础上,大力发展低碳经济,积极应对气候变化不仅成为世界经济社会发展的主旋律,更是青海省的重要战略方向。积极开发绿色清洁能源是发展低碳经济的重要途径,日益得到世界各国的高度重视。太阳能产业是我国确定的战略新兴产业,也是重要的节能环保产业,对加快转方式、调结构,促进节能减排具有重要作用。

GEF节能减排项目计划在青海省将军沟流域项目区安装太阳能热水器119台,安装太阳能路灯8台。在此基础上积极开展利用太阳能,减少碳排放,为项目区进行低碳环保活动及理念宣传起到示范带动作用。将军沟村项目点于2016年开始实施为符合条件的村民进行太阳能热水器的发放、安装以及村中主要道路的太阳能路灯设置,于2018年初基本结束,实现项目要求。GEF与大通县美丽乡村建设项目为每台市场价值为3600元的太阳能热水器补贴2600元。

该项目的实施支持了示范点范围内的119户农牧民可持续生计改善,通过项目的实施到2017年示范点农民人均纯收入有较大提升,生产生活条件得到改善。对于青海省绿色发展和新能源应用做出了示范带头作用,将新能源应用带入基层农村,主动适应全球变暖,积极应对能源问题。

(八) 培训

发展低碳经济已经成为积极应对气候变化的重要举措。其对于加快经济结构战略性调整，推进新能源产业的大力发展等具有重要意义，而低碳经济的发展，特别是农村地区的绿色发展离不开教育培训的支撑。

GEF 项目为提高当地农牧民对气候变化适应措施和可持续低碳生活方式的认识，扩大就业门路，减少土地资源压力，通过集中授课、考察等形式在项目区内开展性别发展（妇女技能培训）；技能培训；应对气候变化；环保意识的宣传教育和培训；相关法律法规培训；项目经验宣传和推广等培训活动，培训人次达 800 人次（图 8-10）。

图 8-10　大通县将军沟流域培训现场

2017 年 10 月，为加强将军沟村项目点的乡村旅游宣传力度，打造特色宣传品牌，项目投资 1.6 万元，制作 3m×6m 双面大型宣传牌 1 座，放置于村委会门前河边醒目位置，宣传效果较好。2017 年 11 月，为提高村民发展旅游的主观认识，改善村庄旅游服务水平，项目投资 1 万元，组织将军沟村村民 100 人次分两批赴湟中县拦隆口镇卡阳村参观学习。

该项目的实施提高了示范点社区群众对气候变化的认识，普及了生态文化知识，提高了广大群众的生态意识，使之逐步意识到生活环境恶化的现状和严重的危害性，促使其改变传统的生活方式，并进一步推广和应用农村低碳生产生活方式。

第四节 GEF 项目创新示范点农户绿色生产和绿色生活状况分析
——基于 282 份农户问卷调查数据

绿色发展已成为当今世界的重要潮流。绿色发展已成为我国乡村振兴和可持续土地管理的重要方向。绿色发展活动是 GEF 三期项目"中国西部适应气候变化的可持续土地管理项目"的重要内容。GEF 三期项目组分二内容为:"加强退化土地管理,支持农村生计改善和绿色发展"。围绕退化土地可持续管理,GEF 三期项目设计了一系列绿色发展活动,如林下生态种植、林下绿色养殖、观光采摘农业示范、刺梨节水示范林、猕猴桃枝蔓粉碎还田技术示范及推广活动、生物堆肥技术示范及推广活动、森林病虫害生态防治活动等。

为了解项目创新示范点绿色发展状况,本书设计了一份专门针对绿色生产和绿色生活的调查问卷,内容涉及绿色发展认知、绿色生产状况、绿色生活状况以及 GEF 项目认知、态度及需求等。调查采取通过中央项目办发文给各项目省的项目办,并由各省项目办负责组织此次问卷调查开展。调查共涉及陕西、四川、内蒙古、甘肃、青海五个省(自治区)16 个县(市、旗),共完成了 282 份农户调查问卷,其中陕西 70 份,四川 21 份,内蒙古 42 份,甘肃 69 份,青海 80 份。下文基于农户调查问卷数据就相关调查内容进行了简要的描述性统计分析,以期能为 GEF 项目活动开展及总结提供一些参考。

一、受访者基本情况

受访农户中,女性户主比例是较低的,仅为 10.99%,有 31 户;男性户主比例高达 89.01%,有 251 户。从年龄分布来看,受访者平均年龄为 52.63 岁,最大的 82 岁,最小的 26 岁,标准差值为 10.549;受访者年龄在 45 岁以下的有 55 人,占比 22%;45 岁—59 岁之间的有 131 人,占比 53%;年龄在 60 岁以上的有 62 人,占比 25%。可以看出,受访者中中年农户占比最大。受访农户中,学历在大学以上的有 9 人,占比 3%;高中或中专学历的有 39 人,占比 14%;初中学历的有 134 人,占比 49%;小学学历的有 89 人,占比 32%;文盲有 4 人,占比 2%。可以看出,受访农户以小学或初中学历为主,学历水平均不高。受访农户平均每户 4.13 人,最多的为 9 人,最少的为 1 人,标准差值为 1.482。由图 8 - 11 可以看出,受访农户中占比最大的四口之家,共有 77 户,占比

27.80%；其次是五口之家，共有 62 户，占比 22.38%；7 人及以上人口数的家庭占比最少，仅 12 户，占比 4.33%。

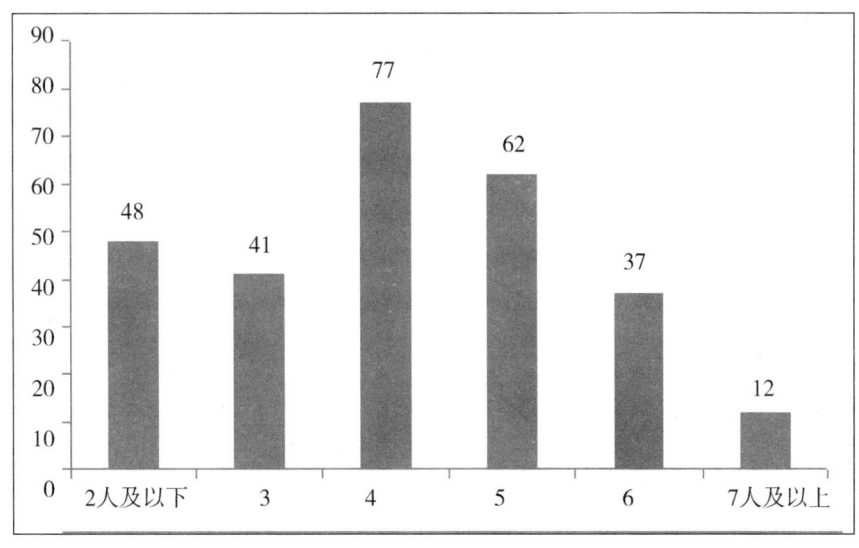

图 8-11 受访者家庭人口情况

受访者家中有少数民族人口的有 22 户，仅占受访农户总数的 10.43%，少数民族人口共计 68 人；没有少数民族人口的有 189 户，占比 89.57%。可以看出，受访农户还是以汉族家庭居多，少数民族家庭较少。

从家庭劳动力结构来看，数量上，平均每户劳动力为 2.55 人，最多的有 7 人，最少的为 0 人。受访农户家庭劳动力数量以 2 人/户—4 人/户为主，其中 2 人/户的最多，为 99 户，占比 38.4%；3 人/户的有 66 户，占比 25.6%；4 人/户的有 52 户，占比 20.2%；家里仅有一个劳动力的有 35 户，占比 13.6%；家里没有任何劳动力的有 6 户，占比 2.3%。性别上，由图 8-12 可以看出，受访农户家庭中，一般以男女性劳动力均有的性别结构为主，共有 220 户，占农户总数的 84.29%；其次是以男性劳动力为主的家庭，有 27 户，占比 10.34%；占比最少的是仅有女性劳动力的家庭，有 14 户，占比 5.36%，由此可以看出在劳动力性别配置上，受访农户还是较为均衡的。

从受访农户家庭子女受教育情况来看，目前家中无子女在上学的家庭最多，有 109 户，占比 38.65%；其次是家中有 1 个子女在上学的家庭，有 92 户，占比 32.62%；家中有 2 个子女在上学的家庭有 65 户，占比 23.05%；家中有 4 个及以上子女在上学的家庭占比 5.68%。

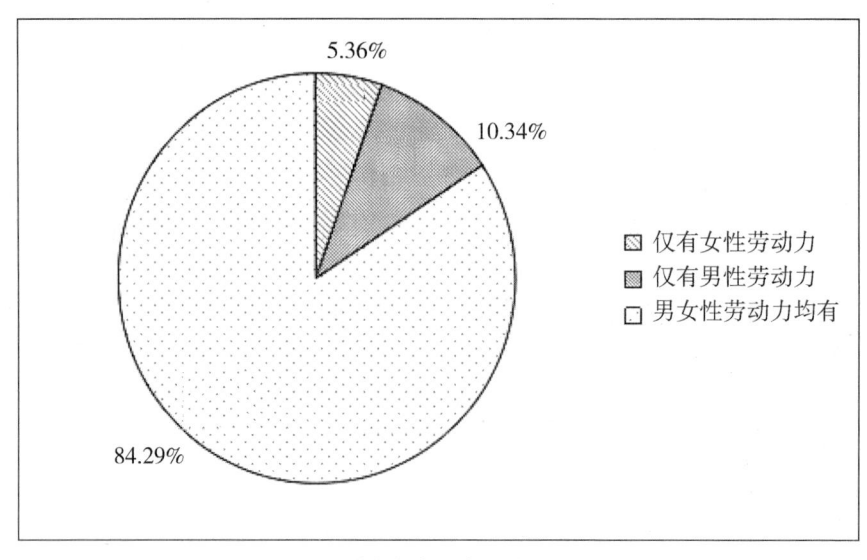

```
        5.36%
           10.34%

   ▨ 仅有女性劳动力
   ▦ 仅有男性劳动力
   □ 男女性劳动力均有

   84.29%
```

图 8-12 受访农户家庭劳动力性别结构

二、农户绿色生产情况

农户绿色生产情况主要表现为农户在生产中的行为、对待绿色生产的态度以及意识等多个方面，通过对农户生产行为和习惯、绿色生产态度和意识等方面的调查，能够较为全面反映其绿色生产情况。由表 8-6 可知，本节问卷设置了 13 个相关问题，其中问题 1 至 6、10 主要是为了了解农户的生产行为，问题 7 至 9、11、12 主要涉及对农户绿色生产意识和认知的了解，问题 13 则能反映农户对我国绿色生产相关政策的满意程度。本份问卷样本量为 260，其中有效问卷 249 份。下面将针对问卷所涉及的具体问题进行分析。

表 8-6 问卷中关于农户绿色生产情况及意识相关问题

序号	问题	性质
1	您家是否采取测土配方施肥	单选题
2	您家是否采取过农家肥替代化肥	单选题
3	您家是否采取绿色生态防治措施（如人工捉虫、生物杀虫灯、悬挂粘虫板等）替代农药	单选题
4	您家是否回收田地上的废旧农膜	单选题
5	您家土地上有节水灌溉设施吗（如喷灌、滴灌）	单选题
6	您家农作物秸秆最主要的处理方式是什么	多选题

续表

序号	问题	性质
7	您认为有必要保持土地的生物多样性吗（您认为田地上有必要保留一些树或草吗）	单选题
8	您认为保护土地生物多样性会有助于防治土地退化（或保持土壤质量）吗？	单选题
9	您认为土地生物多样性保护（保留一些树或草）对作物产生的影响是什么	单选题
10	您家畜禽粪污处理情况	单选题
11	您听说过"绿色发展"这个词吗	单选题
12	您了解我国的农村农业绿色生产政策（如绿色生产扶持补贴政策）吗	单选题
13	您对我国的农村农业绿色生产政策（如绿色生产扶持补贴政策）满意吗	单选题

农户生产化肥施用方面，主要涉及问卷中的两个问题，由表8-7可以看出，受访农户中有116户表示会采取测土配方施肥，占比48.54%，123户表示不会采取测土配方施肥，占比51.46%，说明受访农户中有近一半人了解并使用测土配方施肥这种更为科学的施肥方式；在是否采用农家肥替代化肥的问题上，157户回答为"是"，占比65.97%，有81户表示没有尝试过用农家肥替代化肥，约占比34.03%，可以看出大部分农户拥有一定的绿色化肥施用知识和意识，这可能是基于长期的生产经验积累而成的，但对于化肥的绿色使用知识和意识还需要进一步提高。

表8-7 农户生产化肥施用情况分析

问题序号	A是（份）	占比（%）	B否（份）	占比（%）	有效问卷（份）	有效问卷占比（%）
1	116	48.54	123	51.46	239	95.98
2	157	65.97	81	34.03	238	98.58

在农药使用和替代问题上，55%的受访农户（121户）表示会采取绿色生态防治措施如人工捉虫、生物杀虫灯、悬挂粘虫板等方式替代农药杀虫，但也有45%的农户（99户）表示没有采取上述绿色生态防治措施，这说明农户的绿

色防虫害意识还需要进一步提高,相关的生态防治措施应进一步推广使用。在田地废旧农膜的回收方面,58%的受访农户(138户)表示会进行废旧农膜的回收,42%的受访农户(98户)表示没有进行回收,由此可以看出受访地区的农膜回收率较低,近一半农户没有形成农膜回收的环保意识。在灌溉方面,仅有21%的受访农户(43户)表示使用喷灌或滴灌等节水灌溉设施进行灌溉,79%的农户(165户)表示没有使用过节水灌溉设施,说明这些地区节水灌溉设施的推广普及以及农户的节水生产意识还需要进一步提高。

在农作物秸秆的处理方式上,农户使用最多的处理方式为还肥还田,有116户;其次是饲料处理,有57户。这也是较为环保的两种处理方式,说明多数农户对农作物秸秆的处理较为合理。除此之外,选择烧掉煨炕和露天焚烧的分别有33户和25户,这两种处理方式尤其是露天焚烧对环境的负面影响较大,应教育引导农户采取其他更为环保的方式进行处理。具体见图8-13。

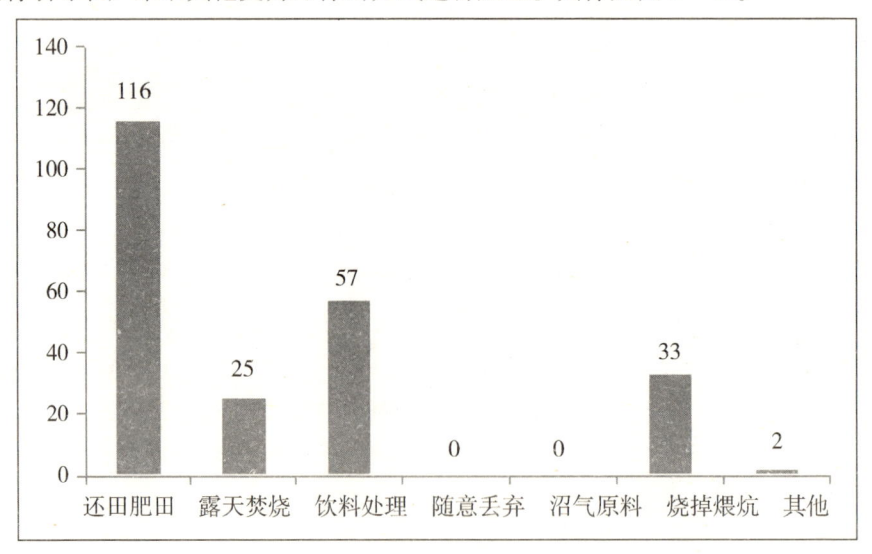

图8-13 农作物秸秆处理方式

在农户对保护土地生物多样性的认识方面主要涉及问卷中的三个问题,195户受访农户(约占80.91%)认为有必要通过保留树草等措施保持土地的生物多样性,38户(约占15.77%)认为没有必要,还有8户(约占3.32%)表示不知道。同时,有197户(约占82.77%)认为保护土地生物多样性会有助于防治土地退化或保持土壤质量,19户(约占7.98%)认为没有帮助,22户(约占9.24%)表示不知道。在土地生物多样性保护对作物产出的影响上,119户(约占50%)认为保护土地生物多样性或保留树草能够增加作物产出,66户

（约占28%）认为会减少产出，42户（约占18%）认为对作物产量没有影响，还有13户（约占5%）不知道是否有影响。从这三个问题的反馈情况来看，农户对于保护土地生物多样性的认识还是较为普遍的，多数农户对保护土地生物多样性能够有正确认识。

在家畜禽粪污的处理上，农户采取最多的处理方式是资源化处理，例如，积肥还田或用于生产沼气，采取这种方式的有150户，能够占到受访农户的73.53%；其次没有任何处理的农户有36户，占比17.65%；采取搜集后集中丢弃的农户有7户，占比3.43%；采取其他方式进行处理的农户有11户，占比5.39%，没有农户将家畜禽粪污作为燃料进行处理。从以上数据可以看出，多数农户对家畜禽粪污能够进行较为合理的处理，进行资源化再利用，仅有少部分农户还需进一步改进处理方式。具体见图8-14。

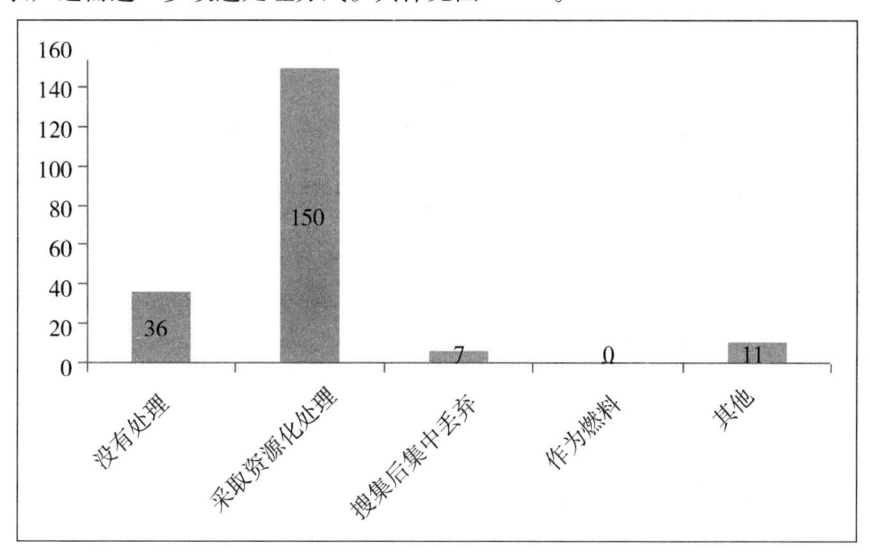

图8-14 农户家畜禽粪污处理情况

农户对绿色发展概念的认识情况上，92.18%的农户（224户）表示听说过"绿色发展"这个词，7.82%（19户）表示没有听说过，由此可以看出绿色发展概念在农户间的普及度还是较高的。

在农户对我国农村农业绿色生产政策如绿色生产扶持补贴政策的了解情况方面，根据调研数据，82.38%的农户（201户）表示对绿色生产的相关政策了解一些，13.11%的农户（32户）表示不了解，仅有4.51%的农户（11户）表示非常了解，由此可以看出在农村农业绿色生产相关政策的宣传方面还需要进一步加强，使农户增进对相关扶持补贴政策的认识，促使其提高绿色生产的积极性。

由图8-15可知，受访农户中，有192户对我国农村农业绿色生产相关政策表示满意，占到受访农户总数的78.69%；17户表示不满意，占比6.97%；9户认为无所谓，与自身利益无关，占比3.69%，还有26户表示不了解，没法答，这一部分农户占到了10.66%；这说明农户对绿色生产相关政策的满意程度还是比较高的，但是还是需要在加强政策宣传引导的基础上进行不断完善，以提高农户满意度。

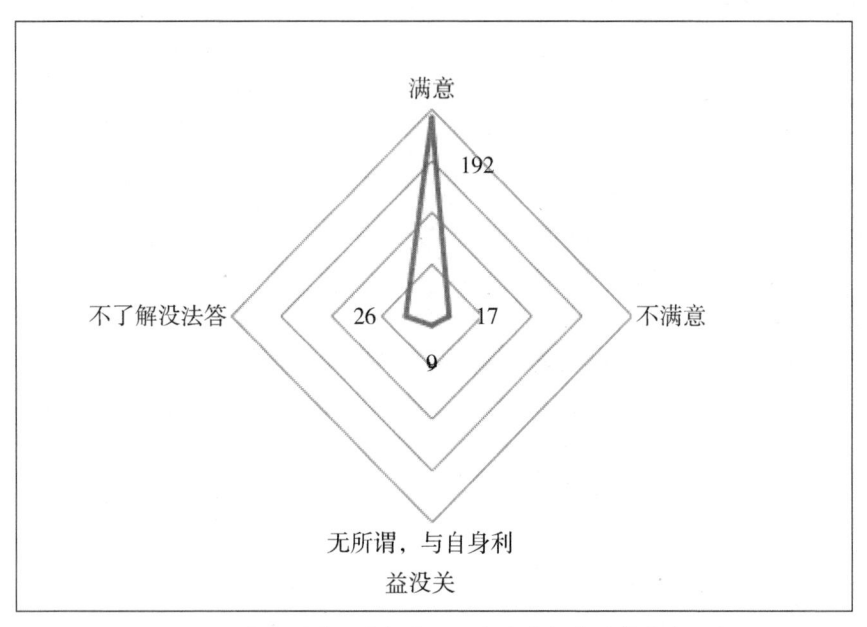

图8-15 农户对我国农村农业绿色生产相关政策满意程度

三、农户绿色生活状况

在农户对农村生活的看法问题上，由图8-16可以看出，51.17%的农户表示现在生活在农村很开心，30.08%的农户认为农村生活还可以，15.63%的农户表示农村生活还有很多不如意之处，还有3.13%的农户表示农村生活跟过去一样，没什么变化，谈不上开心不开心。从上述数据我们可以了解到，大部分农户对目前的生活状态还是比较满意的。同时，在问到对中国农村未来20年的看法是，高达99.61%的农户（256户）认为会越来越好，仅有0.39%的农户（1户）认为不会有大变化，由此可见，农户对中国农村未来发展持乐观态度。

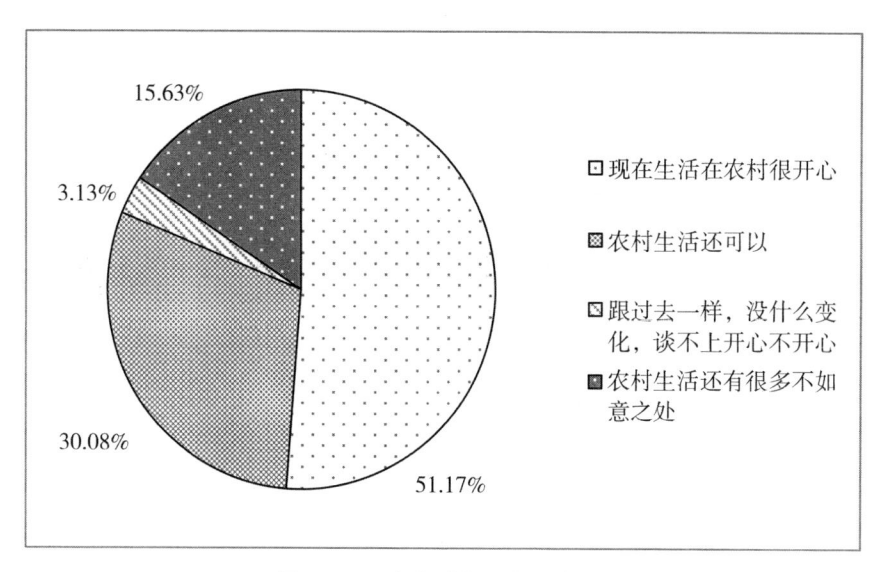

图 8-16 农户对农村生活的看法

农户在购买衣服时往往会考虑多种因素，在对这一问题进行调研时我们发现，农户考虑最多的因素是价钱，有 161 人，占比 63.64%；其次是舒适性，有 53.75% 的农户（136 人）看重这一因素；再次是生态环保，有 51 人，占比 20.16%；33 人表示看重衣服品牌，占比 13.04%；除此之外，11 人（约占 4.35%）表示会考虑样式、版型等因素。由此可见，价格和舒适性还是农户购买衣服时考虑最多的因素。具体见表 8-8。

表 8-8 农户购买衣服时考虑的因素情况

因素	人数	百分比（%）
价钱	161	63.64
品牌	33	13.04
舒适性	136	53.75
生态环保	51	20.16
样式、版型	11	4.35
其他因素	0	0.00

注：在 282 户中有 253 人做答，此题为多选题。

在废旧衣物的处理方式上，捐赠或送人是农户选择最多的方式，有 92 人选择，占比 37.86%；其次是废物利用作为他用，有 72 人选择，占比 29.63%，选择（当燃料）烧的有36人，占比14.81%；有34人选择扔掉，占比13.99%；除此之外，还有15人（占比6.17%）表示会将废旧衣物卖给收衣服的。由此可见，有一半以上的农户能够实现废旧衣物的再利用，具有一定的环保意识。具体见表8-9。

表8-9 农户废旧衣物处理情况

因素	人数	百分比（%）
扔掉	34	13.99
捐赠或送人	92	37.86
废物利用作为它用	72	29.63
卖给收衣服的	15	6.17
（当燃料）烧	36	14.81

注：此题为多选题，共有243人作答。

在家用节能设施的使用情况方面，58.19%的农户（135户）家里已经安装了太阳能热水器，41.81%的农户（97户）家里没有安装太阳能热水器。已安装太阳能热水器的农户中，大部分为自费安装，少数有政府补贴，未安装太阳能热水器的部分农户表示，如有政府补贴则愿意安装。在节能灯安装情况上，92.71%的农户（229户）表示已安装节能灯，仅有7.29%的农户（18户）表示未安装节能灯。可以看出，家用节能设施在农户家庭的普及度还是较高的。

在生活垃圾的处理问题上，调研数据显示，79.53%的农户（202户）会将生活垃圾扔到指定地点，18.90%的农户（48户）表示自己会进行集中回收分类处理，仅有1.18%的农户（3户）会随便丢弃，还有0.39%的农户（1户）会选择其他处理方式。见图8-17。

生活废水处理方面，农户使用最多的处理方式是直接排放，有165户，占比65.48%；其次是集中处理排放，有70户，占比27.78%；进行生活废水回收利用的仅有5户，占比1.98%；此外选择其他处理方式的有12户，占比4.76%。具体见表8-10。

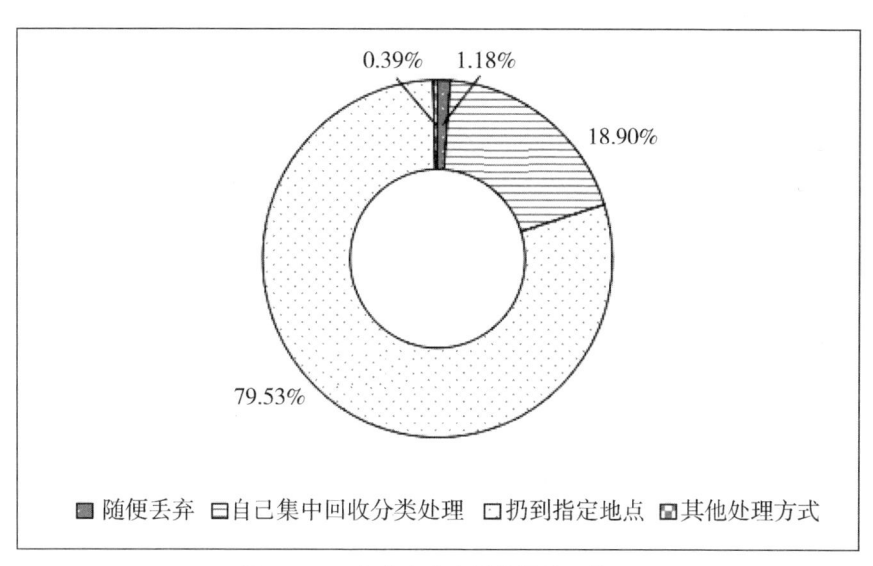

图 8-17 农户家庭生活垃圾处理情况

表 8-10 农户家庭生活废水处理情况

处理方式	人数	百分比（%）
直接排放	165	65.48
回收利用	5	1.98
集中处理后排放	70	27.78
其他处理方式	12	4.76

在生活粪便处理方面，从调研数据来看，79.60%的农户（199户）会将生活粪便蓄存后作肥还田，9.20%的农户（23户）会将其直接排入水沟，6.00%的农户（15户）表示会由村里集中清理，还有5.20%的农户（13户）会选择其他处理方式，具体见图8-18。

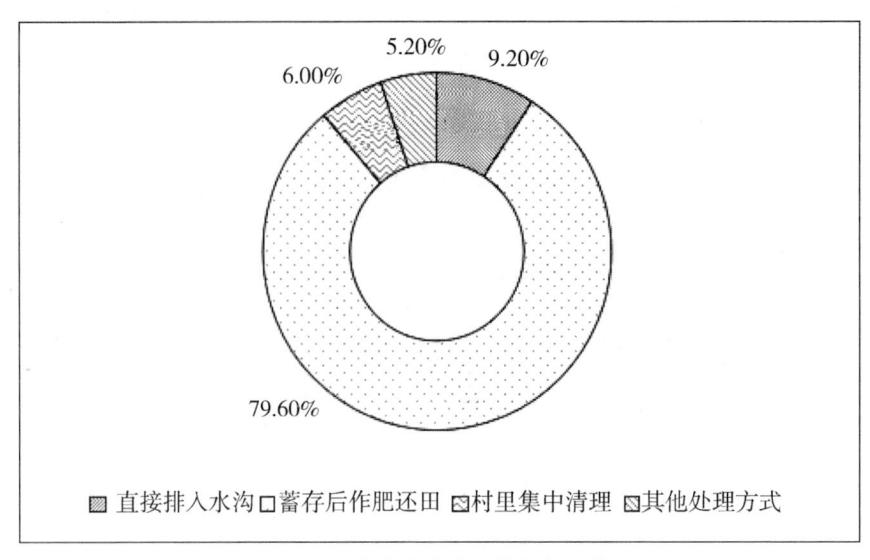

```
       5.20%  9.20%
   6.00%
                    
79.60%

■直接排入水沟 □蓄存后作肥还田 ▨村里集中清理 ▧其他处理方式
```

图 8-18 农户家庭生活粪便处理情况

在农户家庭出行方式方面（表 8-11），农户选择最多的出行方式是非电动小汽车（约占比 36.11%）、步行（约占 31.75%）和摩托车（约占比 29.76%），其次选择公共汽车和电动自行车等更为环保的出行方式的农户分别占到了 27.38% 和 20.63%，农户选择最少的出行方式是电动小汽车，仅占比 7.94%。由以上数据可以了解到，环保型出行方式虽在农户出行选择中占据一定比例，但还没有成为农户的主要选择。

表 8-11 农户家庭出行情况

出行方式	户数	占比（%）
步行	80	31.75%
摩托车	75	29.76
三轮车	32	12.70
电动小汽车	20	7.94
非电动小汽车	91	36.11
电动自行车	52	20.63
普通自行车	24	9.52
公共汽车	69	27.38
其他	0	0.00

注：此题为可多选题，共有 252 人作答。

在建房时考虑因素方面，农户考虑最多的因素是安全性，如灾害防御能力等，选择这一因素的农户有 188 户，占比 75.81%，其次是在绿色设计是否能尽可能节约能源，有 59 户农户表示会考虑这一因素，占比 23.79%，48 户农户（占比 19.35%）表示会尽可能多利用自然采光和天然能源，23 户（占比 9.27%）表示会在建房时考虑采用绿色环保建材，还有 1 户（占比 0.40%）表示会考虑其他因素。具体见表 8-12。

表 8-12　农户建房考虑因素

因素	户数	占比（%）
采用绿色环保建材	23	9.27
绿色设计，尽可能节约资源	59	23.79
尽可能多利用自然采光和天然能源	48	19.35
考虑安全性，注意抗震抗洪等灾害	188	75.81
其他因素	1	0.40

注：此题为可多选题，共有 248 人作答。

在选购家电考虑的因素方面，农户考虑最多的是价钱因素，有 157 户，占比 62.30%；其次 135 户看重家电的功能，占比 53.57%；看重环保节能因素的有 81 户，占比 32.14%；除此之外，品牌也是农户在选购家电时考虑的重要因素，有 68 户选择，占比 26.98%。可以看出，价钱和功能是农户在选购家电时关注最多的两个因素。具体见表 8-13。

表 8-13　农户选购家电考虑因素

因素	户数	占比（%）
价钱	157	62.30
品牌	68	26.98
功能	135	53.57
环保节能	81	32.14
其他	0	0.00

注：此题为可多选题，共有 252 人作答。

饮食结构方面，受访的 266 农户中，有 166 户（占比 62.41%）表示会比较注意荤素均衡搭配，53 户（占比 19.92%）偏好素食，47 户（占比 17.67%）偏好肉食，可以看出农户的饮食结构还是较为合理的，更多的农户选择均衡合理的饮食结构，具体情况见图 8-19。

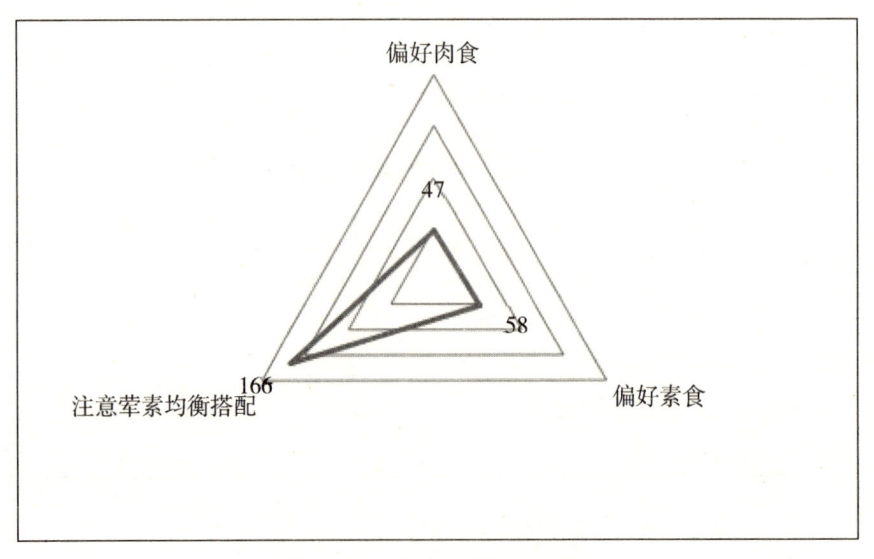

图 8-19　农户家庭饮食结构

外出就餐方面，54.84% 的农户（136 户）在外出就餐时会适量点菜，43.15% 的农户（107 户）表示会尽量光盘，40.32% 的农户（100 户）外出就餐后会将剩菜打包，仅有 0.81% 的农户（2 户）表示会自带餐具，还有 16.53% 的农户（41 户）表示没在外就过餐。由此可见，大多数的外出就餐习惯较好，节约意识较好，见表 8-14。

表 8-14　农户外出就餐行为习惯

就餐行为	户数	占比（%）
适量点菜	136	54.84
尽量光盘	107	43.15
剩菜打包	100	40.32
自带餐具	2	0.81
没在外就过餐	41	16.53

注：此题为可多选题，共有 248 人作答。

在对待村内公共事务的态度方面,78.66%的农户(188户)表示会热心参与,20.92%的农户(50户)对公共事务不太关心,会偶尔参与,仅有0.42%的农户(1户)对公共事务不关心,认为做好自己就可以了。

在对待红白喜事等人情来往的态度方面,62.50%的农户(155户)认为会看情况量力而行;32.26%的农户(80户)觉得负担较重,应尽量简化;还有5.24%的农户(13户)认为应该花钱好好办一下。

在外出购物方面,51.60%的农户表示会尽量自带环保购物袋,35.20%的农户表示会尽量减少使用包装袋,但仍有13.20%的农户表示会在购物时多要几个包装袋。由此可以看出,多数农户的购物习惯和环保意识还是较好的,部分农户需要进行进一步引导。

四、农户对 GEF 项目的认知、参与、受益、满意度及需求情况

本部分共设置了10个问题,其中前5个问题用于了解农户对 GEF 项目的认知、参与和满意度等情况,后5个问题主要从农户的角度测度 GEF 项目对农户的影响程度。

经过统计,89.84%的受访农户(230户)知道本村有 GEF 项目实施,10.16%的农户(26户)表示不知道该项目的实施,因此可以看出 GEF 项目在农户中的认知度还是比较高的。

在参与情况方面,由图8-20可知,81.18%的农户(151户)表示参加了本村的 GEF 项目活动,18.82%的农户(35户)没有参加。具体来看,117户(占比62.90%)参加过1—3次 GEF 项目培训,27户(占比14.52%)参加过4—6次,7户(占比3.76%)参加过7次或7次以上,可以看出,受访农户对 GEF 项目活动的参与度较高,但在参与活动频率上,还是以1—3次为主,保持较高频率参与活动的农户较少。农户对 GEF 项目的公平性和满意度评价方面,99.56%的农户(228户)认为 GEF 项目是公平的,大家都有机会参与,仅有0.44%的农户(1户)认为不公平,只有少部分人能参与,同时,100%的参与农户(215户)对参加过的 GEF 项目活动表示满意。由此可见,GEF 项目活动在农户中的认可度很高。

下面从农户的角度判断 GEF 项目活动对农户家庭的影响程度,主要涉及对收入、能力、视野、观念意识、村里地位以及其他等方面的影响。1—5表示影响程度的增加,正号和负号表示正向和负向影响,0表示无影响。

具体来看,基于调研数据和图表,在收入方面,有正面影响5的农户有91

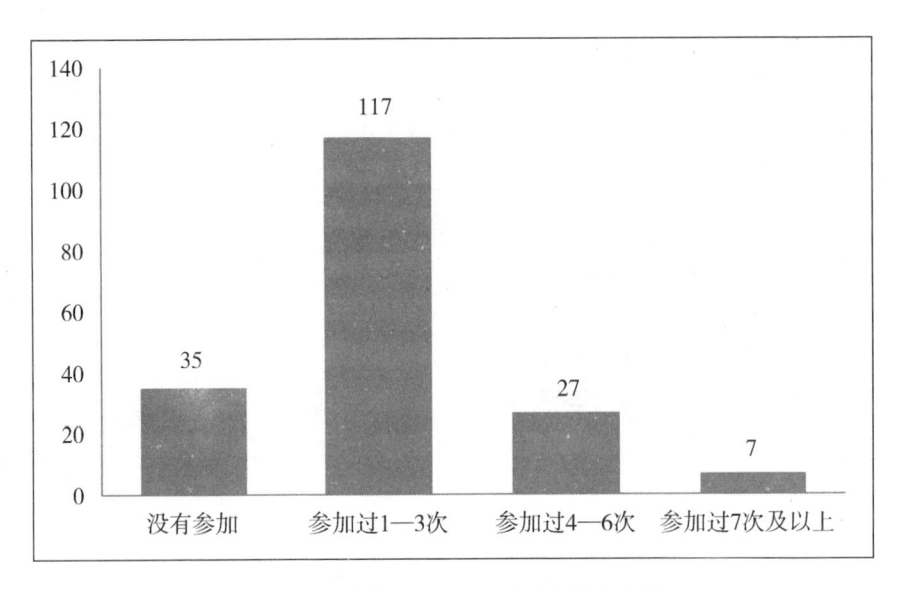

图 8-20 农户在 GEF 项目活动中的参与情况

户，正面影响 3 的农户有 59 户，正面影响 1 的农户有 38 户，认为无影响的有 23 户；能力方面，认为有正面影响 5 的有 74 户，有正面影响 3 的有 97 户，有正面影响 1 的有 12 户，认为无影响的有 28 户。除此之外，GEF 项目活动对农户视野、观念意识、村里地位等方面的影响情况具体见表 8-15 和图 8-21。由此可以看出，GEF 项目对农户在许多方面有着积极的影响，农户对 GEF 活动项目的效果还是比较认可的。

表 8-15 GEF 项目活动对农户的影响情况（1）

影响程度 \ 影响方面	收入	能力	视野	观念意识	村里地位
正面影响 5	91	74	99	116	54
正面影响 3	59	97	78	63	70
正面影响 1	38	12	15	14	50
无影响 0	23	28	19	15	37
负面影响 -1	0	0	0	0	0
负面影响 -3	0	0	0	0	0
负面影响 -5	0	0	0	0	0

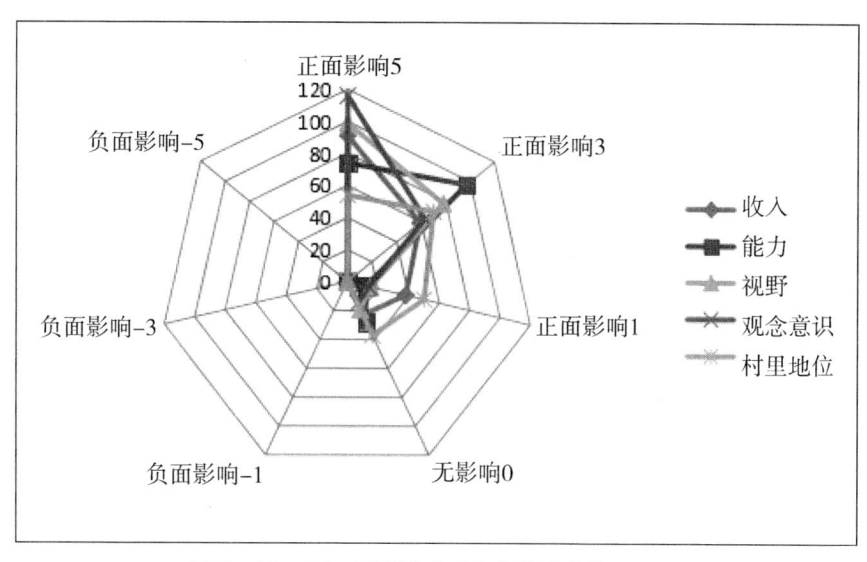

<<< 第八章 GEF项目示范村绿色发展实践分析

图 8-21 GEF 项目活动对农户的影响情况（2）

五、农户绿色生产生活总体评价、存在的问题与相关建议

通过对调研数据进行整理和统计分析，我们对调研地区的农户绿色生产生活状况有了客观基本的认识，在 GEF 相关项目措施的实施下，项目地区农户绿色生产生活状况有了较大改善，人们的绿色生产生活意识得到提高，绿色发展理念日益深入人心，项目地区绿色发展水平有所提高，可以说，GEF 项目的实施为这些地区的可持续发展注入了新的血液，但同时，通过调研走访和讨论分析，我们也发现了这些地区目前存在的问题如下。

一是农户生产方式还有待改善。在调研中我们发现，虽然部分农户已经采取了更为绿色环保的方式进行农业生产，如使用测土配方施肥、农家肥替代化肥、采取绿色生态防治措施替代农药、回收废旧农膜、使用节水灌溉设施、对农作物秸秆进行资源化利用等，但这些绿色生产方式在受访农户中还没有得到完全普及，部分农户在化肥、农药、农膜等生产资料的使用以及资源的节约利用方面还存在着资源、技术和观念上的欠缺，这可能对项目实施效果和这些地区的长久发展造成不利影响。

二是绿色生产生活设施不完善。农户不绿色的生产、生活方式产生的一个重要原因是基础设施不完善。由于缺乏一定的基础设施支持，农户即使有绿色生产、生活的观念和意识，相关设施的缺乏可能会限制其行为的实施。例如，节水灌溉设施、秸秆再利用技术的缺乏会导致资源的利用率低、环境污染，生活节能设施、生活废弃物处理设施及技术的缺乏也会给农户的绿色生活带来不

257

便，其至会产生生活污染，使原本脆弱的生态环境进一步恶化。

三是部分农户的绿色环保意识有待提高。通过调研我们发现，项目地区多数农户已经培养了良好的绿色环保意识和生产生活习惯，但还有一小部分农户的绿色环保意识明显不足，观念保守落后，对新技术、新理念的接受和采纳困难，从而导致这一部分农户的生产、生活状况没有得到改善，也不利于地区绿色发展整体水平的提高。

为了解决上述问题，可以采取以下相关措施。

首先，要加大项目地区支持力度，完善绿色发展基础设施。土地退化地区存在着经济发展与生态脆弱之间的矛盾的制约，缺乏自主发展能力，因此应该给予必要的支持助力其绿色转型和发展。资金方面，应建立完善的资金支持体系，为这些地区的生态环境改善和基础设施建设提供资金支持；技术方面，加大绿色生产生活技术的研发和推广宣传力度，引进专业技术人才提供后勤保障，给予必要的优惠补贴以提高新技术的普及率；管理方面，可以不断创新管理模式，探索更多类似 GEF 项目的管理合作方式，提高管理效率；等等。

其次，要进一步加大绿色生产生活的宣传力度，提高农户绿色环保意识。一是要加强政策层面的宣传，对有利于地区绿色发展的项目及优惠政策在农户中开展广泛而深入的宣传，增进农户对相关政策的认知，提高其参与的主动性和积极性；二是要加强理念层面的宣传，通过开展丰富而又贴近农户生产生活实际的推广宣传活动，提高其对绿色生产生活方式的了解，帮助其树立绿色发展理念，创新宣传和培训活动形式以引导其培养绿色环保行为习惯。

此外，GEF 项目之类的政策项目在设计、实施和评价的过程中，要注意贴近地区实际，根据项目地区的现实状况进行相关措施的调整的完善，注重实际效果，为项目地区农户改善生产生活条件和生态环境的治理与保护提供切实有效的支持和帮助。

参考文献

[1] Dong J W, Xiao X M, Chen B Q, et al. Mapping deciduous rubber plantations through integration of PALSAR and multi-temporal Landsat imagery [J]. Remote Sens. Environ. 2013（134）：392-402.

[2] Lambin E F, Meyfroidt P. Land use transitions：Socio-ecological feedback versus socio-economic change [J]. Land Use Policy, 2010（27）：108-118.

[3] Wolfersberger J. Analysis：An empirical analysis of forest transition and land-use change in developing countries [J]. Ecological Economics, 2015（119）：241-251.

[4] Xu J C, Grumbine RE, Bckschäfer P. Landscape transformation through the use of ecological and socioeconomic indicators in Xishuangbanna, Southwest China, Mekong Region [J]. Ecological Indicators, 2014（36）：749-756.

[5] 白叶飞, 李艳梅, 贺玲丽, 等. 内蒙古地区农村住宅现状与节能措施 [J]. 太阳能, 2011（6）：52-55.

[6] 白一丁. 发展沙产业：治理沙漠化的可持续发展思路 [D]. 呼和浩特：内蒙古大学, 2011.

[7] 蔡宁, 丛雅静, 吴婧文. 中国绿色发展与新型城镇化——基于SBM-DDF模型的双维度研究 [J]. 北京师范大学学报（社会科学版）, 2014（5）：130-139.

[8] 曹天义, 高立中, 李俊. 节水型畜牧业的三个思考 [J]. 中国牧业通讯, 2007（17）：46-47.

[9] 陆兆苏, 彭世揆, 佘光辉, 等. 高效林业指标体系的研究 [J]. 林业资源管理, 2000（1）：3-8.

[10] 王海莲. 草原绿色：青海的底色和价值——我省草原生态保护建设取得显著成效 [N]. 青海日报, 2017-09-01.

[11] 常山. 全面禁牧对牧民生产生活方式的影响调查研究 [D]. 呼和浩

特：内蒙古师范大学，2011.

[12] 车涤非. 把刺梨产业开发成为贵州精准脱贫特色产业 [N]. 贵州政协报，2016-05-06.

[13] 陈端计. 绿色发展：中国"十二五"发展转型升级的必然选择 [J]. 经济问题探索，2011 (8)：153-158.

[14] 陈建敏. 林业专业合作社利益分配研究——以福建省为例 [D]. 福州：福建农林大学，2013.

[15] 陈霖. 林业专业合作社在乡村治理中的作用研究——以广西昭平县为例 [D]. 南宁：广西大学，2017.

[16] 陈明. 西北地区新农村节约型庭院建设模式研究 [D]. 西安：西安建筑科技大学，2009.

[17] 陈琼琰. 山地生态畜牧业的牧草种植技术及其应用 [J]. 甘肃畜牧兽医，2017 (9)：116-117.

[18] 陈晓娜. 集体林权制度改革效益评价及模式选择研究 [D]. 泰安：山东农业大学，2012.

[19] 陈正林，葛敦. 退耕还林工程建设研究综述 [J]. 现代林业科技，2011 (22)：240-244.

[20] 崔德芹. 新农村住宅节能问题研究 [J]. 吉林农业科技学院学报，2010，19 (3)：18-21.

[21] 崔如波，王唯薇. 加快培育西部绿色消费模式 [J]. 探索，2014 (4)：92-98.

[22] 崔新旭. 基于SEM的陕西新农村绿色建筑农民满意度评测研究 [D]. 西安：西安建筑科技大学，2012.

[23] 戴星翼. 走向绿色的发展 [M]. 上海：复旦大学出版社，1998

[24] 丹尼斯·米都斯等. 增长的极限 [M]. 李宝恒，译. 长春：吉林人民教育出版社，1997.

[25] 单胜道，邵峰，周珊. 浙江省农村废弃物调查 [M]. 北京：北京科学出版社. 2009：42-43.

[26] 邓翠华，张伟娟. 生活方式绿色化及其推进机制论析 [J]. 福建师范大学学报（哲学社会科学版），2017 (4)：65-71.

[27] 董旭. 渭河流域陕西灌区节水灌溉模式分析研究 [J]. 安徽农业科学，2009，37 (10)：4649-4650.

[28] 董战峰，葛察忠，王金南，等. "一带一路"绿色发展的战略实施框

架［J］．中国环境管理，2016（2）：31-35.

［29］杜德鱼．陕西省林下经济发展模式研究［J］．西北林学院学报，2013，28（5）：264-268.

［30］樊卫国，安华明，刘国琴，等．刺梨的生物学特性与栽培技术［J］．林业科技开发，2004，18（4）：45-48.

［31］芳旭．西宁市全面推进绿色建筑发展［EB/OL］．人民网，2017-05-30.

［32］房玉双．青海省有机畜牧业发展现状、问题与对策［J］．广东农业科学，2010（7）：158-159.

［33］冯发龙，陈世文．贵州节水灌溉技术探讨［J］．贵州农业科学，2008（4）：64-66.

［34］冯嫘，秦成逊，王璐璐．西部地区绿色发展的制度构建研究——以云南省为例［J］．昆明理工大学学报（社会科学版），2013，13（3）：87-91.

［35］冯留建，管婧．中国共产党绿色发展思想的历史考察［J］．云南社会科学，2017（4）：9-14.

［36］甘肃：筑起一条生态绿色的"金山银山"［EB/OL］．甘肃商务网，2016-06-29.

［37］高贵龙，邓自民，熊康宁，等．喀斯特的呼唤与希望［M］．贵阳：贵州科技出版，2003：1-10.

［38］高加志．资源约束条件下石羊河流域特色农业发展研究［D］．兰州：甘肃农业大学，2008.

［39］高俊刚，陈睿珏，张壮．蒙草：一株小草的绿色生态梦［J］．国土绿化，2016（9）：20-23.

［40］高源，王美子，刘加平．秦巴山区农村传统民居绿色建筑模式初探［J］．建筑与文化，2013（10）：65-67.

［41］巩雪茹．推动西藏非公有制企业绿色发展的对策分析［J］．西藏大学学报（社会科学版），2016，31（3）：165-169.

［42］谷树忠，谢美娥，张新华．绿色转型发展［M］．杭州：浙江大学出版社，2016.

［43］关成华，韩晶，等．绿色发展经济学［M］．北京：北京大学出版社，2018.

［44］管延芳．中国农村土地流转信托推进农业绿色发展探究［J］．农业经济，2017（2）：18-20.

[45] 贵州省交通运输厅. 贵州：倾力打造"绿色交通"纪实［EB/OL］. 中国公路网, 2017-05-28.

[46] 郭斌. 绿色经济：中国经济由量向质切换的现实路径［J］. 湖南财政经济学院学报, 2013, 29 (4): 5-12.

[47] 国家环境保护局. 中国环境保护事业 (1981—1985)［M］. 北京：中国环境科学出版社, 1988.

[48] 韩晓军, 韩永荣. 青海省土地退化的防治对策［J］. 城市与减灾, 2012 (2): 4-6.

[49] 郝栋, 赵建军. 中国绿色发展道路探究［C］//北京：第十三届中国科协年会第6分会场-绿色经济与沿海城市可持续发展战略研讨会论文集. 中国科学技术协会、天津市人民政府：中国科学技术协会学会学术部, 2011: 25-28.

[50] 何剑, 王欣爱. 中国产业绿色发展的时空特征分析［J］. 科技管理研究, 2016, 36 (21): 240-246.

[51] 何娜. 我国西部农村地区生态文明建设研究［D］. 成都：西华大学, 2016.

[52] 侯向阳. 草业发展的节约型绿色道路（提纲）［C］//中国草协会. 2006中国草业发展论坛. 北京：中国草协会, 2006.

[53] 胡鞍钢, 门洪华. 绿色发展与绿色崛起——关于中国发展道路的探讨［J］. 中共天津市委党校学报, 2005 (1): 19-30.

[54] 胡鞍钢, 周绍杰. 绿色发展：功能界定、机制分析与发展战略［J］. 中国人口·资源与环境, 2014, 24 (1): 14-20.

[55] 胡鞍钢. 中国新发展观［M］. 杭州：浙江人民出版社, 2004.

[56] 胡鞍钢. 中国：创新绿色发展［M］. 北京：中国人民大学出版社, 2012.

[57] 胡鞍钢. 中国：绿色发展与绿色GDP (1970—2001年度)［J］. 中国科学基金, 2005 (2): 22-27.

[58] 胡雅琴. 内蒙古农村牧区公路客货运输网络优化发展对策研究［D］. 西安：长安大学, 2012.

[59] 胡耀军. 鄂尔多斯市沙产业发展研究［D］. 呼和浩特：内蒙古大学, 2012.

[60] 胡志桥, 田霄鸿, 张久东, 等. 石羊河流域节水高产高效轮作模式研究［J］. 中国生态农业学报, 2011, 19 (3): 561-567.

[61] 环境保护与综合治理编委会. 21世纪议程［M］. 北京：科学技术文

献出版社，2000．

［62］黄娟．科技创新与绿色发展的关系——兼论中国特色绿色科技创新之路［J］．新疆师范大学学报（哲学社会科学版），2017，38（2）：33－41．

［63］黄倩云．中国农村消费结构的变迁［J］．北方经贸，2015（8）：55．

［64］黄人杰．中国区域绿色发展效率与绿色全要素生产率：2000—2010［D］．广州：暨南大学，2014．

［65］黄跃，李琳．中国城市群绿色发展水平综合测度与时空演化［J］．地理研究，2017，36（7）：1309－1322．

［66］黄侦．环境约束下农村消费模式转型探讨［J］．价格月刊，2009（12）：77－79．

［67］江凌，肖燚，饶恩明，等．内蒙古土地利用变化对生态系统防风固沙功能的影响［J］．生态学报，2016，36（12）：3734－3747．

［68］蒋高明，吴光磊，程达，等．生态草业的特色产业体系与设计：以正蓝旗为例［J］．科学通报，2016（2）：224－230．

［69］蒋尉．西部地区绿色发展的非技术创新系统研究——一个多层治理的视角［J］．西南民族大学学报（人文社科版），2016，37（9）：152－160．

［70］蒋宵宵，邵秀秀，刘秀华．贫困地区气候环境与土地可持续管理研究——以重庆市酉阳自治县为例［J］．安徽农业科学，2013，41（15）：6930－6931．

［71］巨克军．互助县干旱山区雨水集蓄利用技术探讨［J］．现代农业科技，2010（5）：228－230．

［72］康清会．四川节水灌溉技术的应用及推广［J］．科学之友，2011（18）：162．

［73］柯水发．绿色经济理论与实务［M］．北京：中国农业出版社，2013：144－273．

［74］雷波．我国北方旱作区旱作节水农业综合效益评价研究——以山西寿阳为例［D］．北京：中国农业科学院，2005．

［75］雷德雨．贵州工业实现绿色发展的路径思考［J］．经济研究导刊，2017（15）：143－146．

［76］蕾切尔·卡逊．寂静的春天［M］．吴国盛，译．北京：科学出版社，2007．

［77］李大勇，通拉嘎，萨础日拉．内蒙古节水灌溉草产业发展模式研究——以内蒙古阿旗为例［J］．黑龙江畜牧兽医，2014（23）：117－120．

[78] 李广泳. 青海绿色发展的路径选择 [J]. 攀登, 2011, 30 (2): 75-79.

[79] 李国平, 李潇, 萧代基. 生态补偿的理论标准与测算方法探讨 [J]. 经济学家, 2013 (2): 42-49.

[80] 李宏. 基于生态足迹理论的四川省土地资源可持续利用评价 [D]. 雅安: 四川农业大学, 2006.

[81] 李丽颖. 内蒙古准格尔旗砒砂岩区复合农林系统及设计 [D]. 北京: 北京林业大学, 2007.

[82] 李美慧, 卓琳, 卢毅. 技术范式生态化转变下的四川秦巴山区绿色发展研究 [J]. 国土资源科技管理, 2016, 33 (4): 24-30.

[83] 李婷婷, 兰岚, 苏时鹏. 福建两种典型林改模式的农户获得感比较 [J]. 资源开发与市场, 2017, 33 (5): 524-528.

[84] 李文卿, 胡自治, 龙瑞军, 等. 甘肃省退牧还草工程实施绩效、存在问题和对策 [J]. 草业科学, 2007, 24 (1): 1-6.

[85] 李文正, 刘倩, 纪茜, 等. 陕西省城市绿色发展水平评价——基于同其他省区的比较 [J]. 江西农业学报, 2017, 29 (11): 124-128.

[86] 李晓西, 潘建成. 2011 中国绿色发展指数报告摘编总论 [J]. 经济研究参考, 2012 (13): 4-24.

[87] 李永胜. 从"金山银山"到"绿水青山"的美丽中国 [EB/OL]. 人民网, 2018-05-23.

[88] 李长福. 我国生态文明建设评价指标体系研究 [D]. 沈阳: 沈阳师范大学, 2017.

[89] 李正图. 中国发展绿色经济新探索的总体思路 [J]. 中国人口·资源与环境, 2013 (4): 11-17.

[90] 李志伟. 发展绿色能源 造福西部人民——倪维斗院士谈西部能源开发 [J]. 森林与人类, 2001 (1): 7-8.

[91] 李志霞. 绿色发展评价及实证研究 [D]. 济南: 山东大学, 2013.

[92] 李佐军. "十三五"我国绿色发展的途径与制度保障 [J]. 环境保护, 2016 (11): 20-23.

[93] 联合国计划发展署. 中国人类发展报告 2002: 绿色发展 必选之路 [M]. 北京: 中国财政经济出版社, 2002.

[94] 梁文英. 鄂尔多斯沙产业效益研究 [D]. 呼和浩特: 内蒙古师范大学, 2014.

[95] 林长松, 潘莎. 贵州喀斯特生态脆弱区农林复合模式初探 [J]. 安徽农业科学, 2007, 35 (17): 5269-5270.

[96] 刘爱东, 晓红, 燕晓琴. 对鄂尔多斯市能源产业发展的思考 [J]. 内蒙古统计, 2016 (1): 67-69.

[97] 刘春腊, 刘卫东, 陆大道. 生态补偿的地理学特征及内涵研究 [J]. 地理研究, 2014, 33 (5): 803-816.

[98] 刘纯彬, 张晨. 资源型城市绿色转型初探——山西省太原市的启发 [J]. 城市发展研究, 2009 (9): 41-47.

[99] 刘德海. 绿色发展 [M]. 南京: 江苏人民出版社, 2016.

[100] 刘辉. 西部农村可持续发展能力评价研究——基于熵权主成分法的分析 [J]. 西北农林科技大学学报 (社会科学版), 2013, 13 (1): 68-73.

[101] 刘纪远, 邓祥征, 刘卫东, 等. 中国西部绿色发展概念框架 [J]. 中国人口·资源与环境, 2013 (10): 1-7.

[102] 刘可文, 刘艳强, 刘桂菊. 绿色发展理念与西部贫困地区发展 [J]. 云南地理环境研究, 2005 (4): 54-57.

[103] 刘琳瑛. 四川退耕还林: 意义、问题与对策 [J]. 林业经济, 2003 (4): 25-26.

[104] 刘青扬. 释放绿色红利推动贵州少数民族地区绿色发展 [J]. 贵州民族研究, 2016, 37 (1): 136-139.

[105] 刘胜良. 广西少数民族地区绿色发展探析 [J]. 广西社会科学, 2016 (2): 18-22.

[106] 刘思化. 当代中国的绿色道路 [M]. 武汉: 湖北人民出版社, 1994.

[107] 刘彦随. 陕西地建推进土地重构研究——再现土地"健康态" [EB/OL]. 人民网, 2016-04-15.

[108] 刘燕华. 关于绿色经济和绿色发展若干问题的战略思考 [J]. 中国科技奖励, 2010 (12): 49-50.

[109] 柳映潇, 王衡. 基于智慧生态城市建设的西部主要城市绿色发展研究 [J]. 环境科学与管理, 2017, 42 (1): 162-167.

[110] 陆敬山. 内蒙古自治区土地资源退化与防治措施 [J]. 吉林农业, 2012 (5): 42.

[111] 陆兆苏, 彭世揆, 佘光辉. 高效林业模式的探讨 [J]. 华东森林经理, 1998 (2): 1-7.

[112] 罗斌. 我国旱区节水林业体系探讨 [J]. 世界林业研究, 1995 (5): 58-63.

[113] 罗国华, 宁道礼. 高效林业建设的途径 [J]. 中国林业, 2011 (1): 45.

[114] 罗国政, 向仕敏, 韦永秋. 金灿灿的刺梨让百姓心里乐开花 [N]. 中国绿色时报, 2013-12-04.

[115] 罗江红. 山地生态畜牧业的牧草种植技术及应用 [J]. 中国畜牧兽医文摘, 2015, 31 (11): 211-212.

[116] 罗桃, 田华林, 梁红燕, 等. 贵州省黔南州刺梨产业发展现状综述 [J]. 中国林副特产, 2014 (5): 97-98.

[117] 吕忠梅. 超越与保守——可持续发展视野下的环境法创新 [M]. 北京: 法律出版社, 2003.

[118] 马阿滨, 徐世文. 中国标准森林认证的实践 [J]. 森林工程, 2013, 29 (5): 36-38.

[119] 马洪, 王梦奎. 中国发展研究: 国务院发展研究中心研究报告选 (1999版) [M]. 北京: 中国发展出版社, 1999.

[120] 庞曜玮. 中国西部地区土地资源可持续发展研究 [J]. 中国新技术新产品, 2010 (23): 197.

[121] 裴雪姣. 国外城市绿色管理的经验及对中国的启示 [J]. 湖北社会科学, 2012 (11): 40-44.

[122] 彭日东, 刘畅. 推动资源型城市低碳经济的发展——对鄂尔多斯低碳经济发展的调查 [J]. 内蒙古金融研究, 2011 (8): 26-29.

[123] 彭日东, 刘畅. 走新型工业化之路 促绿色可持续发展——乌审旗坚持美丽与发展双赢综述 [J]. 实践 (党的教育版), 2017 (6): 60-61.

[124] 彭曦, 陈仲常. 西部大开发政策效应评价 [J]. 中国人口·资源与环境, 2016, 26 (3): 136-144.

[125] 彭智军, 田淑英. 绿色发展、中国制造2025与增值税改革 [J]. 福建师范大学学报 (哲学社会科学版), 2016 (5): 1-8.

[126] 秦成逊, 王杰. 西部地区基于生态文明的山地经济发展研究 [J]. 生态经济, 2012 (10): 62-65.

[127] 秦书生, 胡楠. 中国绿色发展理念的理论意蕴与实践路径 [J]. 东北大学学报 (社会科学版), 2017, 19 (6): 631-636.

[128] 邱高会. 绿色发展理念下四川产业结构绿色转型研究 [J]. 统计与

管理, 2016 (8): 85-86.

[129] 渠甲源. 农户生计多样性与土地可持续利用关系研究 [D]. 重庆: 西南大学, 2009.

[130] 陕西地建集团. 陕西省土地工程建设集团以工程技术手段改良改造土地 [EB/OL]. 人民网, 2016-04-19.

[131] 陕西省商务厅. 陕西省商务厅关于做好2017年绿色流通有关工作的通知 [A/OL]. 陕西省商务厅门户网站, 2017-04-06.

[132] 商务部. 推进消费方式绿色化——甘肃省出台加快发展生活性服务业促进消费结构升级的实施意见 [A/OL]. 甘肃商务网, 2016-03-15.

[133] 史新阳. 马克思生态伦理思想与中国绿色发展 [J]. 人民论坛, 2017 (23): 98-99.

[134] 世界环境与发展委员会. 我们共同的未来 [M]. 王之佳, 等译. 长春: 吉林人民出版社, 1997.

[135] 斯丽娟. 基于资源环境效率的我国西部城市绿色发展分析与评价——以甘肃省主要城市为例 [J]. 兰州学刊, 2016 (3): 179-183.

[136] 四川省商务厅. 四川省商务厅关于开展绿色商场示范创建工作的通知 [A/OL]. 四川省商务厅让户网站, 2016-04-13.

[137] 宋瑞恒. 中国共产党绿色发展理念研究 [D]. 长春: 长春理工大学, 2016.

[138] 孙凌宇. 青海绿色发展的目标、原则及主要特质 [J]. 攀登, 2011, 30 (2): 71-74.

[139] 覃德峰. 刺梨栽培技术要点 [J]. 耕作与栽培, 1994 (1) 30-32.

[140] 谭志雄. 西部欠发达地区推进绿色发展的路径与政策建议 [J]. 经济纵横, 2017 (5): 99-104.

[141] 铁燕. 中国环境管理体制改革研究 [D]. 武汉: 武汉大学, 2010.

[142] 童彤. 为绿色发展明确科学评价体系 [N]. 中国经济时报, 2017-12-27.

[143] 王傲雪. 中国地区工业绿色发展指数测度及影响因素研究 [D]. 重庆: 重庆工商大学, 2016.

[144] 王兵, 唐文狮, 吴延瑞, 等. 城镇化提高中国绿色发展效率了吗? [J]. 经济评论, 2014 (4): 38-49.

[145] 王灿发. 中国干旱地区土地退化防治政策与立法研究 [M]. 北京: 法律出版社, 2009.

[146] 王芳, 于少青. 绿色发展: 有机马克思主义发展观的中国超越 [J]. 中共天津市委党校学报, 2017, 19 (3): 32-37.

[147] 王光文. 文化产业与沙产业融合发展研究——以内蒙古恩格贝生态示范区为例 [J]. 农业现代化研究, 2013 (5): 533-537.

[148] 王会敏. 绿色发展: 中国发展的必由之路 [J]. 理论界, 2005 (S1): 14-15.

[149] 王瑾瑾. 中国农村绿色发展绩效评估与影响因素研究 [D]. 长沙: 湖南大学, 2016.

[150] 王珂, 秦成逊. 西部地区实现绿色发展的路径探析 [J]. 经济问题探索, 2013 (1): 89-93.

[151] 王良健, 陈浮, 包浩生. 区域土地资源可持续管理评估研究——以广西梧州市为例 [J]. 自然资源学报, 1999 (3): 9-14.

[152] 王良健. 中国土地资源可持续管理的策略选择 [J]. 农业经济, 1999 (11): 26-27.

[153] 王强, 杨波, 程霄峰, 等. 内蒙古西部地区绿色发电的规划与实现 [J]. 机电产品开发与创新, 2013, 26 (1): 25-27.

[154] 王全良. 财税政策对中国绿色发展的影响研究——基于空间计量模型的实证检验 [J]. 中国软科学, 2017 (9): 82-90.

[155] 王香奕. 主要森林认证体系认证标准比较研究 [D]. 北京: 中国林业科学研究院, 2005.

[156] 王笑菲. 晋西北传统民居的生态节能经验与应用研究 [D]. 太原: 太原理工大学, 2016.

[157] 王永芹. 中国城市绿色发展的路径选择 [J]. 河北经贸大学学报, 2014 (3): 51-53.

[158] 王永琴. 当代中国绿色发展观研究 [D]. 武汉: 武汉大学, 2014.

[159] 王桢. 蒙草集团: 用好生态修复技术 重塑都市生态环境 [J]. 绿化与生活, 2017 (8): 18-23.

[160] 王振, 刘林, 李凡, 等. 农业技术创新扩散视角下的节水灌溉农业——以甘肃内陆干旱区交替灌溉节水技术示范与推广试点项目为例 [J]. 山西农业大学学报 (社会科学版), 2013, 12 (7): 665-671.

[161] 魏静. 绿色发展对西部贫困地区发展的启示 [J]. 新疆社科论坛, 2016 (5): 63-65.

[162] 魏松. 内蒙古实施"退牧还草"工程的实效与问题研究 [D]. 呼和

浩特：内蒙古农业大学，2006.

[163] 魏媛，李儒童. 绿色发展视角下贵州经济发展与生态环境关系研究 [J]. 资源节约与环保，2016（12）：155-156.

[164] 魏媛. 贵州环境污染损失价值评估——绿色发展的视角 [J]. 社会科学家，2017（1）：80-85.

[165] 翁翊. 浙江省主要林下经济模式及关键技术研究 [D]. 杭州：浙江农林大学，2012.

[166] 巴巴拉·沃德，雷内·杜博斯. 只有一个地球 [M]. 国外公害资料编译组，译. 北京：燃料化学工业出版社，1974.

[167] 乌尼日. 内蒙古典型牧区"舍饲圈养"的理性思考 [D]. 内蒙古师范大学，2010.

[168] 吴献. 内蒙古提出到2050年适宜治理的沙化土地全部治理 [EB/OL]. 搜狐网，2008-01-18.

[169] 武传君. 2020年全省刺梨种植120万亩 [N]. 经济信息时报，2015-01-16.

[170] 辛晓彤. 基于后发优势推进内蒙古绿色发展的策略 [J]. 内蒙古财经大学学报，2016，14（4）：31-33.

[171] 熊洁，高媛. 刺梨栽培丰产技术及生产效果初探 [J]. 贵州林业科技，2010，38（4）：51-53.

[172] 徐晋涛，孙妍，姜雪梅，等. 我国集体林区林权制度改革模式和绩效分析 [J]. 林业经济，2008（9）：27-38.

[173] 许尔琪，张红旗. 中国生态脆弱区土地可持续利用评价研究 [J]. 中国农业资源与区划，2012，33（3）：1-6.

[174] 许国成. 甘肃省草地畜牧业转型发展战略与对策 [J]. 中国草食动物科学，2015，35（3）：64-67.

[175] 许亚军. 陕西省土地资源现状和土地退化防治策略研究 [D]. 咸阳：西北农林科技大学，2007.

[176] 薛宗保. 绿色发展理念下推进城市生态文明建设研究——以四川达州为例 [J]. 安徽农学通报，2016，22（19）：7-9.

[177] 郇建军. 践行低碳模式 沙产业和新能源协同发展 [J]. 今日国土，2011（4）：28.

[178] 闫泽涛. 推进中国经济绿色发展的体系构建 [J]. 华东经济管理，2016，30（12）：47-52.

[179] 严忠海. 陕南秦巴山区农林复合模式效益评价及优化 [D]. 咸阳：西北农林科技大学，2005.

[180] 颜景辰. 中国生态畜牧业发展战略研究 [D]. 武汉：华中农业大学，2007.

[181] 杨帆，阎婧. 石羊河流域循环农业发展的对策思考 [J]. 甘肃省经济管理干部学院学报. 2008 (1)：27-29.

[182] 杨戈，赵介篪. 对甘肃农村新能源利用现状及发展思路的思考 [J]. 甘肃科技纵横，2009，38 (4)：69-70.

[183] 杨解君. 当代中国发展道路及其推进方式的转变：绿色发展理念的法治化 [J]. 南京社会科学，2016 (10)：88-95.

[184] 杨解君. 论中国绿色发展的法律布局 [J]. 法学评论，2016，34 (4)：160-167.

[185] 杨娜，龙毅. 龙里刺梨产业精彩演绎"接二连三" [N]. 黔南日报，2016-08-25.

[186] 杨培玉. 探索四川地区土地退化原因 [J]. 现代农业科学，2009，16 (4)：174-175.

[187] 杨全生，汪有奎，李进军，等. 祁连山自然保护区天然林保护工程的成效分析 [J]. 中南林业科技大学学报，2015，35 (1)：89-95.

[188] 杨文静. 绿色发展框架下精准扶贫新思考 [J]. 青海社会科学，2016 (3)：138-142.

[189] 杨霞. 绿色照明推动贵州新农村建设 [J]. 中国高新技术企业，2010 (30)：76-78.

[190] 杨小玲，韩文亚. 绿色生活推动绿色发展 [J]. 环境保护科学，2015，41 (5)：22-25.

[191] 杨志江，文超祥. 中国绿色发展效率的评价与区域差异 [J]. 经济地理，2017，37 (3)：10-18.

[192] 杨致瑗. 农业供给侧改革背景下绿色生产方式的作用和意义 [J]. 安徽农业科学，2017，45 (14)：211-215.

[193] 姚步慧. 我国农村生活垃圾处理机制研究 [D]. 天津：天津商业大学，2010.

[194] 姚慧琴，徐璋勇. 西部蓝皮书 [M]. 北京：社会科学文献出版社，2015：16-22.

[195] 姚进忠，赵自明. 甘肃节水灌溉成效及发展途径 [J]. 节水灌溉，2008

(9)：54-56.

[196] 农经编辑部．亿利：绿色产业来致富 [J]．农经，2017 (10)：52-54.

[197] 尹传斌，蒋奇杰．绿色全要素生产率分析框架下的西部地区绿色发展研究 [J]．经济问题探索，2017 (3)：155-161.

[198] 尤怀墨，方虹，翟柱玉，等．基于 DEA 和 Tobit 模型的中国光伏企业绿色发展效率研究 [J]．数学的实践与认识，2017，47 (18)：63-71.

[199] 尤文鹏，顾龚平，纪元．国际森林认证与我国野生森林产品开发 [J]．中国野生植物资源，2008，27 (6)：23-26.

[200] 于法稳．习近平绿色发展新思想与农业的绿色转型发展 [J]．中国农村观察，2016 (5)：2-9.

[201] 袁道先．岩溶石漠化问题的全球视野和我国的治理对策与经验 [J]．草业科学，2008，25 (9)：19-25.

[202] 袁文华，李建春，刘呈庆，等．城市绿色发展评价体系及空间效应研究——基于山东省17地市时空面板数据的实证分析 [J]．华东经济管理，2017 (5)：19-27.

[203] 岳书敬，杨阳，许耀．市场化转型与城市集聚的综合绩效——基于绿色发展效率的视角 [J]．财经科学，2015 (12)：80-91.

[204] 岳书敬，邹玉琳，胡姚雨．产业集聚对中国城市绿色发展效率的影响 [J]．城市问题，2015 (10)：49-54.

[205] 张春霞，王海风，张寿荣，等．中国钢铁工业绿色发展工程科技战略及对策 [J]．钢铁，2015，50 (10)：1-7.

[206] 张龚雪．绿色发展视阈下构建西藏生态安全屏障的路径探析 [J]．山西农经，2016 (12)：38-39.

[207] 张红梅．多种林改模式引领唐县林兴民富 [N]．中国绿色时报，2009-06-30.

[208] 张红霞，余劲．退耕还林：中国农业政策转折点的研究综述 [J]．经济问题探索，2012 (7)：147-153.

[209] 张鸿，唐星明．绿色建筑与新农村建设刍议——以川北民居建筑为例 [J]．艺术探索，2009，23 (4)：134-135.

[210] 张金环．产业层面循环林业模式研究 [D]．北京：北京林业大学，2010.

[211] 张靖．浅谈农业节水灌溉的重要性 [J]．科技创新导报，2012 (22)：145.

[212] 张琳. 家电以旧换新走向纵深 [J]. 资源再生, 2010 (7): 12-13.

[213] 张佩, 杨伦增. 中国实施森林认证的影响研究综述 [J]. 林业经济, 2014, 36 (8): 103-108.

[214] 张潜. 甘肃省石羊河流域农业节水模式研究 [J]. 水利规划与设计. 2015 (11): 6-8.

[215] 张瑞雪. 贵州省农村新能源建设——沼气利用技术 [C] //贵州省科学技术协会. "建设资源节约型、环境友好型社会——节能、环保、可持续发展"研讨会论文集. 贵阳: 贵州省科学技术协会, 2006: 5.

[216] 张素芳. 浅谈极度干旱地区节水灌溉对林业生态建设的影响 [J]. 甘肃科技, 2009, 25 (20): 156-157, 175.

[217] 张伟, 徐旭. 金融业绿色化的区域实现路径探究 [J]. 四川师范大学学报（社会科学版）, 2017 (6): 46-53.

[218] 张晓娜. 基于生态足迹的陕西省土地可持续利用研究 [D]. 西安: 西北大学, 2009.

[219] 张晓艳. 鄂尔多斯: 绿色发展"全覆盖" [N]. 鄂尔多斯日报, 2017-09-12.

[220] 张欣莉, 赵巍, 阿周源源, 等. 四川秦巴山区绿色发展政策优化研究 [J]. 国土资源科技管理, 2016, 33 (2): 85-89.

[221] 张雅静. 绿色发展: 中国第三代现代化的路径选择 [J]. 洛阳师范学院学报, 2013, 32 (1): 11-13.

[222] 张运洲. 提质增效 创新驱动 绿色发展——中国能源与电力中长期发展重大问题分析 [J]. 国家电网, 2015 (12): 44-47.

[223] 张哲强. 绿色经济与绿色发展 [M]. 北京: 中国金融出版社, 2012.

[224] 张治忠. 论当代中国绿色发展观的伦理意蕴 [J]. 伦理学研究, 2014 (4): 123-127.

[225] 张中奎. 绿色发展理念下民族村寨的未来发展研究——以贵州黔东南民族村寨为例 [J]. 贵州大学学报（社会科学版）, 2016, 34 (5): 46-51.

[226] 张忠孝. 四川农村水电建设成就与开发前景 [J]. 四川水利, 2004 (6): 2-4.

[227] 赵建军, 杨发庭. 推进中国绿色发展的必要性及路径 [J]. 城市, 2011 (11): 24-27.

[228] 赵金才. 浅析农村生活垃圾处理与沼气的利用 [J]. 现代农业科学, 2009, 16 (2): 160-162.

[229] 赵蕾.四川阿坝:各类废弃地纳入土地整治[N].中国国土资源报,2015-11-05.

[230] 赵宇.阿巴嘎旗"减羊增牛"牵住牛鼻子 产值与生态协同递进[N].锡林郭勒日报,2017-05-25.

[231] 赵玉涛,余新晓,鲁少波,等.退耕还林工程效益及社会影响[J].林业经济,2008(2):21-23.

[232] 赵泽林.绿色GDP绩效评估指引地方治理的新探索[J].华中科技大学学报(社会科学版),2017(6):6-10.

[233] 赵峥.城市绿色发展:内涵检视及战略选择[J].中国发展观察,2016(3):36-40.

[234] 赵峥.基于绿色发展的中国城市公共支出效率研究——基于四阶段DEA和Bootstrap-DEA模型的实证分析[J].云南财经大学学报,2013,29(5):31-40.

[235] 甄霖,杜秉贞,刘纪远,等.国际经验对中国西部地区绿色发展的启示:政策及实践[J].中国人口·资源与环境,2013,23(10):8-16.

[236] 郑文英,刘健,余坤勇,等.三明市林业合作社提升模式的构建[J].三明学院学报,2016,33(6):94-100.

[237] 郑逸芳,黄森慰,张春霞.福建省林业合作社类别研究[J].林业经济,2013(10):17-22.

[238] 郑云玉.北京市林农林改模式选择及林业收入影响因素分析[D].北京:北京林业大学,2011.

[239] 国家统计局,国家发展和改革委员会,环境保护部,等.2016年生态文明建设年度评价结果公报[EB/OL].统计局网站,2017-12-26.

[240] 内蒙古史上最大规模绿色食品博览会开幕[EB/OL].中国新闻网,2017-08-18.

[241] 国务院.国务院印发《"十三五"脱贫攻坚规划》[EB/OL].新华网,2016-12-02.

[242] 国民经济和社会发展第十二个五年规划纲要[EB/OL].新华社,2011-03-16.

[243] 国民经济和社会发展第十三个五年规划[EB/OL].新华网,2016-03-17.

[244] 周斌,陈曦,金敬岗,等.浅议畜牧业的节水技术与养殖模式[J].浙江畜牧兽医.2015(3):11-12.

[245] 周闯. 绿色发展视野下内蒙古自治区节能减排与经济协调发展研究 [J]. 内蒙古科技与经济, 2016 (13): 58 – 59.

[246] 周宏春, 刘文强, 郭丰源. 绿色发展经济学概论 [M]. 杭州: 浙江教育出版社, 2018: 5.

[247] 周勇. 论四川节水灌溉的发展战略 [J]. 四川农业科技, 2002 (1): 29.

[248] 朱华. 青海省农村绿色能源建设回顾与发展战略研究 [J]. 青海社会科学, 2008 (4): 34 – 37.

鸣　谢

感谢全球环境基金、亚洲开发银行、国家林业和草原局科技司、中国林业科学研究院林业科技信息研究所、中国—全球环境基金防治土地退化项目执行办公室提供的相关研究支持！

感谢"中国西部适应气候变化的可持续土地管理项目"所提供的研究条件支持！

感谢 GEF 三期项目所有咨询专家对本研究所提供的宝贵意见！

感谢国家林业和草原局资助项目"林业草原'十四五'规划政策"（500102-5099）所提供的出版经费支持！

感谢各项目省领导、中央项目办和省市县项目办负责人及工作人员、项目区负责人及工作人员、示范村领导及村民朋友对调研工作的大力支持！

感谢所有参加此书撰写的所有人员的辛勤付出！